KB134022

고통은 ··· 나눌 수 있는가

고통과 함께함에 대한 성찰

고통은 나눌 수 있는가

엄기호 지음

나무연필

고통에 대한 이야기는
어떻게 만들어지는가

고통을 '마주 대하는 것'이 나에게 문제가 되기 시작한 것은 국제 인권운동을 하면서부터였다. 인권이란 늘 피해자를 만나고 그들의 고통을 다루는 일이었다. 어디를 가나 피해자를 만나 그들의 이야기를 듣는 것이 무엇보다 우선이었다. 그리고 그들의 이야기를 듣는 과정에서 절대 빠지지 않는 것이 그들이 결국 울음을 터트리고 그 울음 앞에서 모두가 침묵하는 장면이었다.

피해자가 자신의 피해를 증언하다가 클라이맥스에서는 결국 울음을 터트리는 것. 울음 말고는 자신이 겪은 것을 표현할 수 없기 때문이다. 그 순간은 고통의 절대성 앞에 모두가 말을 삼갈 수밖에 없는, 그런 경건함이 있었다. 침묵을 통해 피해자가 겪은 참혹함과 이를 견뎌온 세월에 경의를 표하는 것, 그것이 활동가를 비롯한 참석자들이 할 수 있는 일이었다. 그 침묵의 순간에는 짧은 시간이나마 강한 유대와 공감의 공기가 흘렀다. 말할 수 없다는 것이 말을 뛰어넘어 사람들을 교감하고 연대하게 했다. 고통의 힘이었다.

이런 자리에서 돌아올 때 활동가 대부분은 결기에 넘쳤다. 이 고통의 현장을 알리고 문제를 해결하기 위해 사람들을 모아야 한다는 것이었다. 그러기 위해 무엇보다 필요한 것이 고통을 알리는 것이었다. 그 고통의 강도와 파괴력을 보여준다면 측은지심이 일어나 사람들이 즉각 행동에 나서고 저절로 함께할 것이라고 믿었다. 그래서 그들이 본 피해로 인한 고통이 얼마나 크고 치명적이며 강한지를 보여주는 것이 그들의 고통을 해결하고 정의를 세우는 일이라고 생각했다.

처음에는 이것이 정당하고 정의로운 일이라고 확신하지만, 시간이 지나면 활동가 대부분은 의문에 빠지게 된다. 고통을 해결하기 위해 사람들의 고통을 강조하는 것이 정당한 일인가에 대해서 말이다. 그렇지 않아도 아직 고통을 겪고 있는 사람들을 매번 불러 그 고통에 대해 증언하게 하는 것이 윤리적으로 정당한 일인지를 되물으며 혼돈에 빠지게 된다. 그 사람이 증언을 자처한다고 하더라도 말이다.

'증언자'의 말을 어떻게 이해해야 하는지도 의문의 대상이었다. 보통 이런 행사들은 세 가지 단계로 구성된다. 첫 번째 단계는 고통에 대한 증언이다. 두 번째 단계가 이 증언에 대해 학자와 전문가, 그리고 활동가 등이 모여 토론하는 자리다. 마지막으로는 참가자 모두가 모여 고통에 대한 언어를 만들어 세상에 공표하며 행동을 개시하겠다는 정치적 선언을 하며 마무리된다.

이런 구성에서 증언자의 증언은 아무리 좋게 보더라도 전문가들의 해석을 기다리는 말로 여겨진다. 전문가들이 매우 조심하며 증언이 그 자체로 충분히 해석적인 말이라고 강조하더라도, 실상은 해석을 기다리는 '날것의 정보'인 셈이다. 전문가들은 무슨 권한으로 증언을 해석하며, 그 해석은 어떻게 정당성을 획득하는가. 때때로 이 문제로 자리가 소란스러워지곤 했다.

반대의 문제도 있었다. 증언자의 말이 절대적인 것으로 선언되는 경우였다. 증언자의 자기 서사는 그 자체로 완벽한 것이기에 그 자체로 들려야 하고 그 자체로 해석되어야 한다며 다른 어떤 개입도 거부하는 것이다. 증언자 자신이 이를 주장하는 경우도 있었지만, 주변 지식인들에 의해 그렇게 선언되는 경우도 있었다. 그 자리에 모인 다른 참석자들은 증언자의 말을 일방적으로 듣는 사람이지 대화를 나누는 사람으로 여겨지지 않았다.

이것은 증언을 중심으로 사람들을 모으고 사회적 행동을 촉발하려는 활동가들에게 실타래처럼 얽혀 있는 문제였다. 어떻게 하면 정의라는 이름으로 고통을 전시하여 소비하지 않되 고통의 절대성에 사람들이 충분히 공명하게 할 수 있을까? 또한 어떻게 하면 고통에 대한 증언을 전문가의 해석을 기다리는 날것의 정보도, 그렇다고 그 자체로 완벽한 말도 아닌, 고통에 대한 새로운 언어로 만들어낼 수 있을까? 그런 자리는 과연 어떻게 가능한가? 이것은 거의 불가능에 가까운 주문이었다.

그러나 이런 고민의 뒤에 더 큰 문제가 있었다. 증언자들이 힘차게 증언하고, 참석자들이 공명하고, 정치적 결의를 하고 난 다음이다. 참석자들이 떠나간 자리, 혹은 증언자들이 자기 자리로 돌아가고 난 다음의 문제다. 자신이 겪고 있는 고통을 이야기하고, 그 고통에 다른 사람들이 공명함으로써 증언자들은 힘을 받는다. 그러나 다시 홀로 남은 자리에서 사람들은 묻곤 했다. "이 고통이 끝나긴 할까요?"

끝이 없다는 것. 끝나지 않을 것이라고 느끼는 것. 그것이 고통의 끝자락에 단단히 붙어 있는 가장 큰 절망이라는 고통이었다. 그 고통이 고통을 고통으로 지속시켰다. 따라서 고통을 겪고 있는 사람들의 소원은 단 하나다. 고통이 끝나는 것. 고통을 통해 정의를 구현하는 것도, 고통에 대한 언어를 만드는 것도 아니다. 고통이 끝난다면 그 모든 걸 접을 수 있다고 했다.

끝이 없다는 것보다 더 절망적인 것이 있을까. 고통을 겪고 있는 사람들은 한결같이 이 절망에 몸부림치고 있었다. 인권 현장에서의 고통뿐만이 아니다. 모든 고통이 그랬다. 사회적 관계로 인한 것이건 육체적 질병에 의한 것이건 사람들을 가장 공포스럽고 절망하게 하는 것은 고통에 끝이 없을지도 모른다는 점이었다.

처음부터 끝이 없다고 느끼는 것은 아니었다. 처음 고통을 겪으면 그 고통으로부터 의미를 발견하려고 한다. 무엇을 배우려고 한다. 신의 의도든 삶의 의미든 혹은 고통을 다루는 역량이든 뭔가 고통을 통해 한 걸음 더 나아간 사람이 되려고 한다. 그 끝을 통해 새로운 것을 탄생시킬 수 있다고 생각한다. 이 단계에서 고통은 매우 부적절하게도 아이를 낳는 산고에 비유되는 경우가 많다. 끝이 있고 새로운 탄생이 있기 때문이다.

그러나 대부분의 고통은 한 번으로 끝나지 않는 경우가 많다. 어떤 고통은 그 강력한 파괴 때문에 한 번의 고통이 끝없이 지속된다. 또 어떤 고통은 끝났다고 생각하는 순간 다시 반복된다. "이제 다시는 나에게 찾아오지 마라"며 보내줬다고 생각하는 순간이 지나고 바로 다시 찾아오곤 한다. 고통의 의미를 찾아 뭔가를 배우려는 것은 그 사람의 내적인 과정인 데 반해 고통의 원인은 대개 바깥에 있기 때문이다. 원인이 제거되지 않았기에 반복되거나 혹은 원인이 제거되었다 하더라도 종종 다시 발생해버리는 것이다.

끝날 줄 알았던 고통이 반복되면 고통을 겪는 일은 무가치하고 무의미해진다. 의미는 끝이 있고 다시 새로운 것이 시작되는 데서 비롯되기 때문이다. 끝도 없는 것에서 의미를 발견하는 것은 득도하지 않는 한 거의 불가능에 가깝다. 아무리 생각하고 노력해도 끝이 없다고 절망하는 순간 사람들은 더 이상 생각하고 싶어하지 않는다. 말하고 싶어하지 않는다. 아무리 생각해봤자 답이 없기 때문이다.

그러나 이 단계에서 생각을 끊을 수 있는 사람은 그리 많지 않다. 고통을 겪는 사람들이 한결같이 하는 말이 있다. 생각해봤자 쓸모없으니 생각이라도 안 했으면 좋겠다는 말이다. 그러나 그 망할 생각은 끊이질 않고 계속해서 머릿속에 떠오르며 사람을 괴롭힌다. 잠시라도 가만히 있으면 엿가락처럼 들러붙어 사람을 허우적거리게 만든다. 뭐라도 하면서 잊을 때도 있지만 그것도 잠시일 뿐, 결국 다시 그 생각으로 돌아가는 경우가 많다. 따라서 오로지 바라는 것은 생각을 중단하는 것이다. 그래서 자고 싶다. 잠이 올 때가 제일 행복하고 잠에서 깨어날 때가 가장 괴롭다. 또 이 지긋지긋한 끝없는 것이 반복되기 때문이다.

———————— ◆ ————————

미리 밝혀둘 것이 있다. 고통 그 자체의 원인이나 과정, 그리고 고통을 어떻게 다루어야 하는지의 문제는 내가 말할 수 있는 일도, 내 관심사도 아니다. 감당할 수 없을 정도의 고통을 겪는다면 즉시 정신과 상담을 받고 치료를 받는 것이 현명하다. 혼자서 '내가 왜 이럴까?' 백번 고민해봤자 답도 없고 상황만 악화될 뿐이다. 마음을 다스러서 해결해보겠다고 시도해봤자 그 또한 위험한 일이다. "상담을 받고 약을 먹어라." 그리고 주변의 그 누구도 정신의학자를 대신해서 자기가 전문가인 척하면 그보다 더 위험한 것도 없다.

오히려 내가 주목하고 염려하는 것은 고통을 겪는 이들의 주변 세계다. 고통을 겪는 이들은 어떤 말로 주변 사람들과 소통하고 혹은 소통하지 못하면서 누구와 세계를 짓고 또 누구와의 세계는 부수고 있는가? 더 정확하게 말하면, 우리 사회에서 고통을 겪는 이들이 쓸 수 있는 언어로는 어떤 세계를 짓는 것이 가능한가. 혹 그 언어로 주변 세계를 짓는 것은 불가능하고 부수는 것만 가능한 것은 아닌가?

나는 인권 참사의 현장에서부터 육체적 고통으로 괴로워하는 사람에 이르기까지 고통을 겪는 이들이 그 곁을 함께하는 사람들과 관계 맺는 방식을 보면서 당황할 때가 많았다. 참사의 당사자들은 문제를 사회에 알리고 해결할 수 있는 지위의 사람들이 나타나면 어떻게 해서든 말을 한다. 호소한다. 우리 말을 들어주셔서 감사하다고 말한다. 당연한 일이다. 문제를 해결하는 것이 급선무이기 때문이다.

그러나 정작 참사의 현장에서 곁을 지키는 사람들과 이야기를 나눌 때는 전혀 다른 말이 나오곤 했다. 물론 평소에는 고마워하고 든든해한다. 그러나 저녁에 술이 들어가고 속에 있는 이야기를 할 때면 "너넨 내 고통을 모른다"는 말이 심심찮게 나왔다. 심지어 같은 일을 겪고 있는 이들 사이에서도 그랬다. "한자리에 있었지만 우린 달라." 그런 이야기는 종종 다툼으로 끝나곤 했다.

육체적 고통을 겪는 이들도 마찬가지다. 이들을 만나 이야기를 나누면서 똑같은 일이 반복되는 것을 지켜봤다. 이들은 의사나 의학에 대한 전문 지식이 다소 있는 사람의 말에는 귀를 기울이고 "진작 만났어야 했다"고 말한다. 그러나 자기 곁을 지키며 수발을 들고 있는 사람에게는 이런 말을 했다. "아무리 그래도 넌 내 고통을 모른다."

고통은 말할 수 없다고 생각하는 나로서는 그 말이 얼마나 절절한 말인지 안다. 그리고 그 말을 지식인이나 전문가가 아니라 자기 곁에 있는 사람에게 하는 것은 그를 믿고 의지하기 때문이라는 것도 안다. 잠시 잠깐 머무는 게 아니라 일상을 함께하는 그 시간의 문제라는 것도 안다. 그래서 곁에 머무는 이도 대부분 이렇게 말했다. "괜찮아요. 한두 번도 아닌데요, 뭐. 얼마나 외로우면 그러시겠어요. 저를 의지하니까 저렇게 속에 있는 말씀을 하시죠."

그러나 긴병에 효자 없다는 말은 단지 가부장적인 말이 아니다. 고통을 겪는 이가 자기에게 함몰되면 그 곁도 같이 파괴된다. 더욱 불길한 것은 이것이 사랑과 정의의 이름으로 행해지는 경우가 많다는 것이다.

자기에게 함몰된다는 것은 타인의 말을 듣고 바로 그 사람에게 말을 건네는 법을 잊는다는 말이다. 언어는 세계를 짓는 도구다. 우리는 타인의 말을 듣고 그 말에 응답하면서 그 사람과 나 사이에 관계를 맺고 유지한다. 말을 통해 의미 있는 관계를 맺으면서 그 안에 나와 그가 머무른다. 이것을 공동의 집, 세계라고 한다. 언어는 바로 이 공동의 집인 세계를 짓는 도구다.

이렇게 말로 세계를 짓기 위해 가장 중요한 것이 응답이다. 모든 말은 응답이다. 누군가의 표정이나 상황에 대한 응답으로 말은 시작된다. 그렇게 말이 시작되면 들은 사람은 그 말에 응답한다. 모든 말은 응답을 기대하며 응답하기에 말이 된다. 고통을 겪으며 자기에게 함몰된 이가 잃어버리는 것이 바로 이 응답으로서의 말이다. 응답을 무엇보다 간절히 바라지만 응답을 기대할 수 없다는 것이 고통을 겪는 이의 가장 큰 절망이자 딜레마다. 그래서 그 말이 파국적이라는 것을 알면서도 반복적으로 내뱉게 된다. "넌 내 고통을 모른다."

그렇다면 그 곁에 있는 사람은 어떤가? 그들은 고통에 가득 차 있는 사람이 자기로부터의 응답을 기대하지 않으면서도 자기에게 하고 있는 말을 들어야 한다. 또한 그 말에 응답하더라도 그에 대한 상대의 응답을 들을 수 없다. 그들이 번번이 경험하는 것은 어떤 말에 응답한 자기의 말과 그에 대한 상대의 응답이 전혀 연결되지 않고 뚝뚝 끊기는 것이다. 이렇게 되면 말을 하는 의미가 없어지지만, 그럼에도 불구하고 그들은 그 말을 듣고 해야 하는 자리, 즉 곁에 있어야 한다. 이것이 고통의 곁에 있는 이의 가장 큰 절망이자 고통이다. 그래서 "넌 내 고통을 모른다"는 말을 들으며 파국을 맞게 되는 경우가 많다.

이 책의 1부에서 나는 고통을 겪는 이의 언어가 어떻게 응답을 기대하지 않고 응답을 할 수 없는지, 그리하여 곁을 파국으로 몰아가는지를 '주문'이라는 말로 다루고 있다. 물론 고통을 겪는 이에게 주문은 필요하다. 이 점을 간과해서는 안 된다. 대부분의 종교에 '주문'이 있는 이유는, 그것이 깨달음에 이르기까지의 지난한 과정을 견디게 하는 '방편'이 되어주기 때문이다. 주문은 보통 사람이라면 도무지 버티기 힘든 그 과정을 견딜 수 있게 해준다. '옴마니반메훔' 같은 말이든 묵주나 염주를 돌리는 것이든, 이러한 것들을 반복 수행함으로써 사람을 견디게 하기 위해 고안된 것이 바로 주문이다.

그러나 이 주문들이 방편이 아니라 실체가 되면 곁은 걷잡을 수 없이 파괴된다. 사회과학에서 쓰는 말로 '물신物神'이 되면 말이다. 물신이 된 주문들은 잠시는 고통을 잊게 해주겠지만 정신을 차리게 하는 것이 아니라 정신을 더 잃고 주문의 노예가 되게 한다. 주문은 고통은 결국 말할 수 없다는 사실을 절실히 깨닫는 것을 방해한다. 고통의 곁에 있는 사람을 발견하고 감사하게 하는 것이 아니라 그 주문을 함께하지 않는다고 비난하게 만든다. 그러면서 고통을 겪는 이도, 그 곁을 지키고 있는 이도 파국으로 몰아간다. 나는 이 주문이라는 언어들이 만드는 삭막한 사막 같은 곁의 풍경을 1부에서 다뤄보았다.

오해하지 말았으면 한다. 고통을 겪는 이의 언어가 아니라 고통의 곁에 놓인 언어다. 물론 그 언어는 고통을 겪는 이의 입을 통해서 말해지고 있다. 하지만 그 언어는 우리 사회가 고통을 겪는 이의 곁에 놓아둔 언어다. 드러나야 하는 것은 고통을 겪는 이가 주문을 왼다는 사실이 아니라 이 사회가 고통을 겪는 이에게 앙상한 주문 말고는 다른 어떤 언어(침묵을 포함하여)를 가질 가능성을 주지 않고 있다는 점이다. 그러면서 주문을 외는 것 외에는 다른 것이 가능하지 않은 이들의 고통을 전시하고 소비하고 버린다.

이 책의 2부에서는 어떻게 고통이 이 사회의 정치이자 경제가 되었는지를 살펴보았다. 우리 사회는 오로지 고통의 비참함에만 주목하고 있다. 그리고 그 비참의 전시를 통해서만 사회의 주목을 받을 수 있다. 그렇지 않으면 사회적으로 잊힌 존재가 되어버린다. 고통을 겪으면서도 존재감이 전혀 없는 유령이 되어 이 사회를 배회하게 된다. 이 유령들이 죽었을 때만 오로지 그 존재를 눈치채는 잔인한 사회다. 그렇기에 유령이 되지 않으려면 고통의 참담함과 비참함을 강조하고 전시해야 한다. 고통을 당하고서 그것을 보여주는 사람으로서만 겨우 사회적으로 가시화될 수 있다. 이게 이 사회의 정치이자 경제가 되었다.

무엇보다 안타까운 것은 고통을 겪는 이들이 이제 막 자신의 고통을 이야기하기 시작하는 시점에 이런 일이 벌어지고 있다는 점이다. 한국 사회는 오랫동안 고통을 이야기하는 것을 억눌러왔다. 고통은 부끄러운 것이고 고통을 말하는 것은 나약한 짓이라고 비난했다. 이 때문에 고통을 겪는 이들은 그것을 감추려고 했지 고통을 드러내며 이에 대한 언어를 만들어내지 못했다. 고통을 겪는 이들은 '언어 없음'의 상황에서 극심한 고통을 당했다.

그러나 이제 고통을 겪는 이들이 고통이 없는 것은 '정상 상태'가 아니라고, 고통은 늘 상존하는 것이라고 말하기 시작했다. 사람과 사회를 바라보는 기초 값이 바뀌기 시작했다는 점에서 고통에 관한 이야기가 나오기 시작한 것은 좋은 전환이다. 이런 이야기들이 모여 우리 사회가 고통을 외면하고 고통을 겪는 이를 억압하거나 사회적 공간에서 제거하는 것이 아니라 언제 어디서나 있을 수 있는 고통에 대해 듣고 응답할 준비를 할 수 있기 때문이다.

그런데 불길한 조짐들이 곳곳에서 나타나고 있다. 더구나 이것이 사랑과 정의의 이름으로 행해지고 있다는 것이 더욱 불길하다. 사회적으로 존재하기 위해 자기의 고통을 전시하며 주문을 외우는 동안 곁은 빠르게 파괴된다. 대신 고통의 곁에 선 이에게 아무것도 아닌 존재로 가만히 있어주기를 기대한다. 심지어 이것은 "비를 맞는 이에게 가장 좋은 사람은 같이 비를 맞는 사람"이라는 말로 윤리화되고 미학화되어 있다.

이런 미학과 윤리학에서 그 곁에 선 이는 그저 '현존現存'하는 존재여야 한다. 현존이란 그저 눈앞에 존재하는 것을 말한다. 응답을 기대하지 않는 말을 들어야 하고, 응답을 기대하지 않고 응답해야 한다. 고통을 겪는 이가 고통을 전시하는 것을 통해 겨우 유령을 면하고 그나마 사회적으로 존재할 수 있다면, 그 곁에 선 이는 사랑과 정의의 이름으로 그저 유령으로만 존재해야 한다. 현존은 기쁨이 아니라 고통이 된다. 이렇게 곁에 현존을 강요함으로써 '아직 모든 것이 끝나지 않았음'에서 '모든 것이 끝장남'이라는 파국을 맞이한다.

이 파국에 어떻게 대처해야 하는 것일까? 사회라는 말을 다시 생각해보자. 우리가 '사회'라는 말로 기대했던 것은 반대였다. 고통을 겪는 이를 지원하는 것만큼이나 중요한 것이 그 곁을 지키고 있는 사람을 지원하는 것이다. 고통의 곁에 선 이가 감당할 수 있도록 해야 한다. 만약 버틸 수 없을 때 안전하게 물러날 수 있어야 한다. 물러남에 대해 죄책감을 가지지 않도록 고통을 겪는 이를 돌볼 수 있는 장치가 있어야 한다. 곁에 선 이가 '독박'

을 쓰지 않도록 해야 하며 그의 삶이 파괴되지 않도록 해야 한다. 그게 사회의 역할이다.

이런 사회를 만들기 위해서 물론 고통을 겪는 이와 그 곁에 선 이를 지원하고 보조하는 정책을 잘 만드는 것이 중요하다. 그러나 정책은 내가 말할 수 있는 것이 아니다. 내 능력 바깥의 문제다. 다만 내가 할 수 있는 것은 곁의 의미를 다듬고 곁에 필요한 것이 무엇인지에 대해 이야기하는 것이다.

이상적으로 말한다면 곁의 역할은 고통을 겪는 이가 자기 고통의 곁에 설 수 있도록 도와주는 것이다. 고통을 겪는 이는 대체로 바깥은 붕괴하고 자기에게 함몰되어 있는 상태다. 그렇기에 그에게 곁이 존재한다면, 그 곁은 '아직 모든 것이 끝나지 않았음'을 보증하는 희망의 근거가 된다.

이 곁의 존재를 보며 고통을 겪는 이는 드문드문 주문에서 벗어나 자기에게 돌아갈 자리가 있고 그 자리로 돌아가기 위한 언어를 만들어야 한다고 생각하게 된다. 비록 그것이 산발적인 찰나일지라도 말이다. 일이 잘 진행된다면 곁이라는 존재를 통해 자기가 그 함몰된 구덩이에서 나와 스스로 자기의 곁에 설 수 있게 된다.

이를 위해서는 말할 수 없는 고통을 전시하고 소비하는 것이 아니라 고통의 곁이 말을 할 수 있어야 한다. 사랑과 정의의 이름으로 곁의 현존을 착취하고 소비하지 말아야 한다. 고통의 곁이 이야기를 듣는 자리가 아니라 바로 고통에 관한 이야기가 만들어지는 자리라는 것을 알아차려야 한다. 언어가 파괴되는 것이 아니라 필요하고 또 만들어지는 곳이 바로 이 자리다. 이런 맥락에서 나는 이 책의 3부에서 왜 고통의 곁이 이야기가 만들어지는 자리인지, 그리고 그 이야기가 만들어지기 위해 어떤 동행이 필요한지에 대해 다루어보았다.

———————— ◈ ————————

이 책을 쓰기 위해 나는 여러 책들을 읽고 사람들의 이야기를 들었다. 고통은 말할 수 있는지에 대한 내 고민의 시작을 연 글은 가야트리 스피박 Gayatri Spivak의 「하위주체는 말할 수 있는가? Can the Subaltern Speak?」이다. 국제 인권운동을 하던 시기에 접했던 이 글에서 나는 하위주체를 '고통을 겪는 위치'라는 관점으로 해석해 읽었다. 늘 울부짖을 수밖에 없는 그들을 보며 '말'과 '소리'의 차이에 대해 고민하던 때였다.

이 시기에 인권운동에는 하위주체의 말이 전문가 혹은 지식인의 해석을 기다리는 '날것으로서의 자료'가 아니라 그 자체로 증언이며 충분한 말이라는 다소 낭만화된 시각이 번져가고 있었다. 처음엔 긍정적이었지만 점차 그에 대해 회의적으로 바뀌었다. 고통은 당사자라고 해서 명료하게 말할 수 있는 것이 아님을 여전히 경험하고 있었기 때문이다.

이후에는 고통에 대해 고민하는 많은 사람들이 그러하듯 아우슈비츠 생존자들의 이야기가 가장 중요한 참고 지점이 되었다. 자신이 겪었음에도 불구하고 끔찍한 생생함과 비현실성이 공존하는 경험에 대해 어떤 말을 할 수 있는지 들여다보려고 할 때 이들의 이야기는 원점과도 같다. 프리모 레비Primo Levi, 빅터 프랭클Viktor Frankl, 장 아메리Jean Améry의 책이 그렇다. 이 책들의 어떤 구절들이 어떤 영감을 주고 어떻게 인용되었는지를 밝히는 것 자체가 나는 무례하다고 생각한다. 고통의 공감 가능성, 고통을 겪는 당사자의 언어에 대한 낭만적 신비화, 고통 너머의 가능성, 이 모두를 근본에서부터 문제 제기하는 이 책들은 통째로 읽고 통째로 인용되어야 한다.

한국에서의 인권운동, 그리고 나이가 들어감에 따라 자연스럽게 따라온 주변 사람들의 일상적 고통에 주목하게 되면서 나에게 많은 영감과 가르침을 준 것은 정희진과 권김현영 등이다. 정희진은 많은 글들을 통해 고통을 통한 연대와 소통을 이야기하는 것이 얼마나 위험한지에 대해 일일이 밝히기 힘들 정도로 수차례 거론했다. 또한 고통을 경험하고 있는 이들이 어떻게 그 문제를 자기의 문제로 돌리고 버티면서 동시에 자기를 파괴해가는지를 탁월하게 보여줬다. 권김현영 역시 이 문제에 대해서는 오랜 시간 동안 고민해왔다. 『더 나은 논쟁을 할 권리』에 실린

「성폭력 폭로 이후의 새로운 문제, 피해자화를 넘어」는 이 책과 포개지는 지점이 많다. 고통과 피해를 구분해야 하는 것 등은 이 글뿐만 아니라 그의 다른 글과 말에서 배운 것들이다.

또 다른 고통에 대한 자기 서사가 있다. 『한낮의 우울』이나 『아픈 몸을 살다』처럼 정신적이거나 육체적인 고통을 겪으며 그 고통과 고통을 겪는 자신에 대해 서술한 책들이다. 특히 『한낮의 우울』에서 앤드류 솔로몬Andrew Solomon이 우울을 겪는 이를 넝쿨식물에 감겨 이미 말라 죽었지만 그 형체는 넝쿨식물이 유지하고 있는 고목에 비유한 것을 능가하는 표현은 없다고 생각한다. 여기에서 내가 깨달은 것은 고통을 겪는 이는 고통의 주체가 아니라는 점이다. 고통에서는 고통이 주체다.

고통을 겪는 이가 아니라 고통이 고통의 주체라는 점은 이 책을 쓰는 내내 나에게 고민거리였다. 고통을 겪는 이가 그럴 수밖에 없음을 이해하는 것과 고통이 그럴 수밖에 없다고 말하는 것은 아주 다르다. 늘 글이란 사람을 옹호하고 사회를 폭로해야 한다고 믿는 사람으로서 주체가 전도된 고통의 문제는 곤혹스러웠다. 특히 고통을 고통으로, 즉 고통의 어떤 장면을 통해 재현하고 드러내는 것은 고통을 겪는 사람을 옹호하는 것이 고통을 옹호하는 것이 되어버리는 잘못으로 미끄러질 수 있기 때문이다.

고통이라는 문제와 관련해 내가 참조한 글들에 대해서는

이 책에 실린 「참고 문헌을 대신해서」에 좀더 자세히 밝혀두었다. 이 밖에도 『개인의 발견』을 비롯한 많은 책과 글, 말에 빚지며 이 책을 쓰게 되었다. 그러나 무엇보다 내가 빚지고 있는 것은 나에게 자신의 이야기를 들려주는 용기를 내신 분들이다. 여전히 이야기를 통해 세계를 지어보고자 하는 나에게 자신의 이야기를 기꺼이 들려주는 분들은 아직 이야기가 끝나지 않았다는 희망을 준다. 이야기가 끝나지 않았다면, 이야기꾼으로 살아가고 싶은 나에게 아직은 할 일이 남아 있을 것이기 때문이다.

차례

책머리에
고통에 대한 이야기는 어떻게 만들어지는가   5

1부 고통의 지층들
고통의 결, 그 황량한 풍경에 대하여

1   아파보니 알겠더라, 내가 어떤 사람인지   29
      고통은 자기 자신을 발견하게 한다

2   당신들은 모른다, 내 억울함과 외로움을   41
      극심한 고통은 개인의 내면과 세계를 파괴한다

3   주님은 제 말이 무슨 뜻인지 다 아시죠   55
      실존의 위기를 신이나 동식물에 기대는 경우

4   그건 됐고요, 그래서 어떻게 된 겁니까   73
      사회적 해결을 모색하며 제도의 언어에 기대는 경우

5   다 필요 없어요, 하지만 뭐든 붙잡고 싶어요   85
      고통을 말끔하게 설명할 수 있는 마법의 언어는 없다

6   아무리 말해도 말할 수 없는 게 있어요   99
      말할 수 없는 그 불가능에 맞서야 한다

7   나만 외로운 줄 알았는데 아픈 사람은 다 외롭더라 115
      고통이 사서운 외로움, 그 이로우이 통한다

2부 고통의 사회학
고통을 전시하고 소비하는 메커니즘에 대하여

1 더 '쎄게' 말해야 눈길을 끈다 131
존재감을 위기에 빠뜨린 성과 사회의 풍경

2 도대체 뭘 어떻게 믿고 사랑을 하나 151
존중을 모르는 사랑, 친밀성의 세계를 무너뜨리다

3 애걔, 넌 고작 그거밖에 못하냐 162
내가 타인으로 대체될지 모른다는 불안에 대하여

4 저 자식, 그래도 재미는 있대 172
타인의 고통을 재미 삼고 그것을 전시하는 이들

5 아무리 친해도 신상이 알려지는 건 끔찍해요 184
관종, '정의'의 이름으로 신상털이 카니발을 벌이다

6 억울한 내 사연에 '좋아요'는 몇 개나 달렸나요 199
피해자를 관종으로 만드는 플랫폼의 시대

7 결국 자기를 빼곤 누구든 혐오한다 210
고통을 대결하는 콜로세움이 되어버린 공론장의 모습

3부 고통의 윤리학
고통의 이야기를 만들어내는 곁에 대하여

1 고통에 대해 말할 수 있는 자리는 어디인가 225
고통의 곁에 선다는 것에 대하여

2 고통의 곁에도 곁이 필요하다 239
고통의 곁에 선 사람을 지키는 법

3 '지금 당장'에서 '지금 여기'로 나아가기 250
고통을 매개하는 간극과 시야가 필요하다

4 세계를 보좌하는 글쓰기는 가능할 것인가 264
동원의 언어를 넘어, 동행의 언어를 찾아서

참고 문헌을 대신해서
신중한 읽기와 쓰기를 위하여 280

책 말미에
고통과 연대하는 우회로를 찾아서 293

고통의

1부

지층들

고통의 곁, 그 황량한 풍경에 대하여

아파보니 알겠더라,
내가 어떤 사람인지

고통은 자기 자신을 발견하게 한다

선아가 정신분석 단체를 찾은 것은 사는 게 괴로워서였다. 결혼 후 그는 자기가 행복하다는 생각을 해본 적이 없다. 남편이 나쁜 사람은 아니었지만, 결혼 생활은 생각과는 달랐다. 남편은 늘 늦게 들어왔다. 날이면 날마다 친구들을 만나고 술을 마셨다. 술 자체를 좋아하는 것 같진 않았다. 혼자서는 잘 마시지 않았다. 하지만 친구들을 만나면 이기지도 못하는 술을 마셨고, 선아가 남편과 제대로 된 이야기를 나눈 날은 손에 꼽을 정도였다. 남편은 자기보다 친구들을 더 좋아했다.

선아가 원한 결혼 생활은 이런 게 아니었다. 누구나 생각하듯 남편과 '공동'의 생활을 꾸리는 것이었다. 그게 특별하다고 생각하진 않았다. 흔히 가정적인 남편을 만나 소박하게 하는 생각이라고 여겼다. 그게 이렇게 힘든 것일지는 몰랐다. 이 정도로 자신을 늘 불행하다고 느끼게 할 줄 몰랐다. 늘 불행하다고 느끼는 게 이렇게 괴로울 줄도 몰랐다. 불행은 불행으로만 끝나는 게 아니라 정신적으로, 육체적으로 일상적인 고통을 낳았다.

부부 관계가 어그러진 결정적인 계기는 남편을 집에서 쫓아낸 일이었다. 어느 날 늘 그러하듯이 남편은 술에 취해 늦게 들어왔다. 평소와 다를 바 없었다. 그런데 그날은 이상하게 선아가 더 이상 참을 수 없었다고 한다. 남편에게 이럴 바엔 나가라고 했다. 이건 같이 사는 것도, 아무것도 아니라며 나가라고 했다. 몇 차례 언쟁이 오갔고 남편은 집을 나갔다. 그 상태로 몇 개월의 시간이 흘러갔다.

친한 친구에게 자신의 상황과 심정을 토로하자 그는 집단 상담을 권했다. 남편이 아닌 선아에게 문제가 있다고 생각해서 권한 게 아니었다. 대학 시절부터 배우고 종종 읽어왔던 여성학과 사회학 책들을 통해 선아도 이런 문제에 대한 파악과 이해는 하고 있었다. 그와는 별도로 선아가 자신의 불행을 다스릴 힘을 키우는 게 좋겠다는 이유에서였다. 친구가 보기에 선아에게는 그런 힘이 부족한 듯해서였다.

친구의 소개를 받아 정신분석 단체에 다닌 것을 선아는 '공부'라고 불렀다. 상담이나 치료가 아니라 '공부'라고 한 것이 신기해서 왜 그게 공부냐고 물었다. 선아는 '자기에 대해 알아가는 과정'이었기 때문에 그건 '공부'였다고 말했다. 자기에 대한 앎에 이르고 스스로를 다스리는 법을 배운다는 점에서 선아가 말한 '공부'는 그리스 사람들이 말하던 '공부'의 핵심에 닿아 있었다.

처음 집단 상담에 들어갔을 때 선아는 놀랐다고 한다. 그는 자기 불행에 대해 이야기하면 무조건적인 지지를 받을 것이라고 생각했었다. 그런데 선아가 남편을 쫓아냈다고 하자 사람들의 반응이 의외로 다양했다고 한다. 모두가 여성이었지만, 각자의 경험과 판단을 기준으로 자신을 지지하는 사람이 대다수였지만, "그 정도로 사람을 쫓아내냐?"고 말하는 사람도 있었다.

대화하면서 나오는 다양한 답변들을 보면서 선아는 궁금해졌다. '저 사람들은 왜 저런 생각을 하는 거지?' 선아에게 자신의 문제는 다르게 생각할 여지가 없는, 옳고 그름이 분명한 사안이었다. 그러나 자신과 다르게 생각하는 사람들의 이야기를 들으면서 선아에게는 또 다른 질문이 떠올랐다. '나는 왜 이렇게 생각하는 걸까?' 다른 사람들이 그렇게 생각하게 된 배경으로서의 삶, 즉 그들의 경험을 들으면서 자기가 이렇게 생각하게 된 배경으로서의 자기 삶을 반추하기 시작했다.

"나는 당연히 내가 옳고 다른 사람들이 내 편을 들어줄 거라고 생각했어요. 그게 명확했기 때문에 그전까지는 내가 왜 그렇게 생각하는지를 돌아볼 필요가 전혀 없었죠." 자기를 돌아보는 것은 선아에게 완전히 새로운 경험이었다. "부끄럽게도 난 나에 대해 생각해본 적이 없더라고요. 다들 사춘기 때 그런 걸 한다고 하는데, 그때 난 그저 친구들과 노는 게 좋았어요. 맛있는 거 먹고 놀러 다니는 걸로 만족하며 살았던 것 같아요. 화가 나면 그냥 화를 내고. 그렇게 아무 생각 없이 살았죠. 그러다가 처음으로 내가 나에 대해 생각하기 시작한 거예요."

불행한 결혼 생활 때문에 항상 괴로웠지만, 그런 삶이 집단 상담을 통해 이끈 곳은 자기를 발견해가는 공부였다. 그때부터 선아에게 중요한 것은 '자기'를 아는 것이었다. 자기 생각과 감정, 욕망과 마음을 알고 그 흐름을 파악해 다스리는 법을 배우는 게 좋았다고 한다. 남편에게 향했던 마음이 자기에게로 돌아왔고 스스로에게 집중할 수 있었다. 그 '공부'를 하는 동안 선아는 '행복'했었다고 말한다.

물론 그것이 남편과의 관계를 해결하는 방법이 될 수 없다는 것을 선아는 명확히 알고 있었다. 이는 전혀 다른 차원의 문제이기 때문이다. 다만 선아는 자기가 살아가면서 한번도 제대로 해보지 못한 '자기'를 알아가는 것의 기쁨을 말하고 있었다. 자기도 미처 알지 못했던 스스로에 대해 알아가게 되는 것 말이다. 자기를 알아간다는 것은 스스로를 납득해가기 시작하는 것을 말한다. 자기와의 화해가 시작되는 것이다.

왜 하필 다른 누구도 아닌

내가 아파야 하는가

사실 고통을 겪는 사람들의 첫 번째 반응은 '억울함'이다. 힘들
고 지치고 괴로운 일이 닥쳤을 때 '왜 하필 내가 이런 일을 당해
야 하는가?'라는 질문을 던지게 되는 것이다. 돌아보면 자기와
비슷한 처지이거나 자기보다 나쁜 상황에 있는 사람들이 겪지
않는 것을 자기'만' 겪고 있기 때문이다. 그렇기에 고통을 당하
는 이들이 느끼는 지배적인 감정 중 하나가 바로 '억울함'이다.

선아 역시 그랬다. 자기가 특별히 잘못하고 있는 것도 아니
고, 자기 남편이 특별히 나쁜 사람도 아니다. 둘 다 평범한 가정
에서 태어났고 평범하게 자랐다. 자신과 남편의 관계 역시 다른
부부들과 비교해보면 별다를 게 없이 평범한 편이다. 그런데도
왜 자기만 '유독' 이런 관계에 대해 힘들어할까?

물론 선아도 머리로는 알고 있었다. 자기만 억울해하는 게
아니라 대다수의 여성들이 억울해한다는 것을 말이다. 그러나
아무리 그걸 안다고 해도 자기만 '하필' 더 힘들다는 느낌을 지
울 순 없었다. 이런 고통을 가져온 사회적 구조와 원인에 대한
이야기가 억울함을 사라지게 하진 못했다. 그것은 늘 남아 명치
위에 머물렀다.

억울함을 풀기 위해서는 자기가 겪고 있는 고통이 어떤 가

치가 있다고 여겨야 했다. 이 고통을 통해 자기가 좀더 단단해진 다든지, 이 고통이 지나가고 나면 더 나은 행복이 찾아온다든지, 누구나 이런 일을 겪으며 인생에 대해 알게 된다든지, 그 어떤 것이라도 좋았다. 가치가 있다면 고통을 겪는 것이 의미가 있을 것이었다. 하지만 고통은 고통일 뿐 그 안에서 어떤 가치도 발견할 수 없었다.

이것은 질병의 경우에도 다르지 않다. 아니, 사회적 혹은 심리적 문제가 닥쳤을 때보다 몸이 아플 때 더 강하게 찾아오는 감정이 '억울함'이다. 생사와 맞닿아 있는 병에 걸렸을 때 사람들이 가장 많이 하는 말이 바로 "왜 하필 내가?"다. 남들보다 더 자기 몸을 혹사하거나 방치하지 않았는데, 왜 하필 자기에게 이런 일이 벌어졌는지에 대한 의문이 먼저 떠오르는 것이다. 그 생각과 동시에 느끼는 감정이 '억울함'이다.

물론 그 '억울함'은 '후회'와 항상 겹쳐서 반복된다. "그때 그러지 말았어야 했는데." 돌이켜보면 작은 사인들이 무수히 많이 있었다. 피할 수도 있었고, 조기에 찾아낼 수도 있었다. 그런데 그런 사인들을 모두 간과했다. 스스로에게 무감했던 데 대해 자책하게 된다. 하지만 여기에서 중요한 것은 이 '억울함'과 '후회'의 감정이 선아의 경우처럼 고통의 의미를 찾는 과정에서 삶에 대한 반추로 이르게 하여 자기를 발견하게 하기도 한다는 점이다.

고통을 통해 앎에 도달한다면
이 모든 것이 해피엔딩으로 끝날 수 있을까

승우의 경우도 그랬다. 대학을 졸업하고 회사 생활을 잘하던 차에 그는 청천벽력 같은 소식을 들었다. 허리가 아파서 척추 전문병원에 갔다. 처음에 의사는 디스크인 것 같다고 했다. 시술을 하기로 하고 정밀 검사를 했다. 디스크가 아니라 백혈병이라는 진단이 나왔다. 급히 큰 병원으로 옮기고 치료를 받게 되었다.

승우는 내가 문병을 가겠다고 하자 한사코 오지 말라고 했다. 귀찮게 하는 것 같아 가지 않으려고 했는데, 그는 다시 마음을 바꿔 나에게 와달라고 했다. 항암 치료로 인해 면역력이 0으로 떨어져 있는지라 숨 쉬는 것도 힘들어하는 상태였다. 한국 최고의 병원에 입원해 치료받고 있었지만, 그는 계속해서 "돌팔이들이에요, 돌팔이들. 다른 사람이 여기 온다고 하면 제가 말릴 거예요"라고 말했다. 병을 고치는 것도, 통증을 줄이는 것도 제대로 하지 못한다면서 "그들은 아는 게 하나도 없어요"라며 절망했다.

어머니는 옆에서 계속 찬송가를 부르고 있었다. 예전에는 한번도 어머니에게 소리를 질러본 적이 없는 그였지만, "그만 부르세요. 그런다고 낫지 않아요. 그리고 소리 듣는 거 힘들어요"라고 짜증스럽게 말했다. 어머니는 목소리를 낮춰 들릴 듯 말 듯하게 찬송가를 이어갔다. 그런 어머니를 바라보며 승우는 숨만 몰아쉬었다.

그는 사람들이 찾아오는 것이 귀찮고 지겹고, 찾아오지 않으면 외롭고 또 원망스럽다고 했다. 찾아오면 위로라며 이런저런 이야기를 해주지만 그 이야기를 듣는 것조차 힘들었다. 그들이 자기를 위로하는 것인지 아니면 자기가 그들을 응대하는 것인지 모르겠다고 했다. 그렇지만 아무도 찾아오지 않으면 승우는 무서움에 누구에게라도 전화를 걸었다.

사람들에게 듣는 말만큼이나 자신이 하는 말도 지겹도록 반복되는 말이었다. 문병 오는 사람에게마다 자신의 몸 상태가 어떤지 이야기해야 했다. 나아지고 있을 때는 그나마 할 말이 있었지만, 그때조차 이 상태가 지속될지는 알 수 없었다. 의사가 일단 지켜보자는 말만 반복하고 있었기 때문이다.

승우는 퇴원하게 되면 가장 친한 친구와 초콜릿 우유를 마실 것이라고 했다. 자신을 면회하고서 돌아가는 친구는 누릴 수 있지만 자기에게는 박탈된 일상이었다. 사람들과의 만남은 그 박탈을 재확인하는 허무함이었다. 백 마디 말보다 초콜릿 우유로 대표되는 그 삶으로 돌아가고 싶었다. 돌아갈 수만 있다면 말이다.

승우는 자기가 왜 이런 일을 당해야 하는지 모르겠다며 하나님이 다른 뜻이 있어 이런 시련을 주시는 것이라고 믿고 싶은

데 마음에서는 잘 받아들여지지 않는다고 토로했다. 나에게 하소연했다. 그리스도교 신앙이 매우 깊고 돈독한 친구였지만, 그는 자신의 고통 앞에서 왜 하필 자기가 그것을 겪어야 하는지 그 이유와 의미를 되묻고 있었다.

다행히 첫 번째 치료에 성공하고 승우는 퇴원했다. 이후 그가 한 첫 번째 일은 부모님과 함께 여행을 가는 것이었다. 승우는 항암 치료로 빡빡 민 머리를 한 채 부모님과 함께 여행지에서 찍은 사진을 SNS에 올렸다. 그리고 삶의 의미와 가치에 대해 완전히 다르게 생각하기 시작했다.

승우도 말했었다. 아프기 전까지 자기는 어쩌면 한번도 스스로에 대해 진지하게 생각해본 적이 없다고 말이다. 자기가 하고 싶은 것을 이루려고 노력하는 게 자기에 대한 생각의 전부였다고 했다. 사회적 욕망이 곧 자기라고 여겼던 것이다. 그리고 그 욕망을 현실로 만드는 것이 '자아실현'이라고 봤다. 그 외에 자기가 누구이고 어떤 존재인지에 대해 깊이 생각해본 적이 없었다. 심지어 자기가 '하고 싶다'고 느끼던 것이 진짜 자기가 하고 싶은 것인지에 대해서도 진지하게 살펴본 적이 없었다.

그러나 육체의 질병이 가져다준 고통은 '자기에 대한 앎'에 대해 완전한 다른 길로 승우를 이끌었다. 승우는 자신이 진정 하고 싶은 것이 무엇인지에 대해 제대로 생각해본 적이 없다는 것을 알고 당황했다. 성공과 같이 남들이 하고 싶은 것이라고 말하는 것을 자기도 하고 싶은 것이라고 당연히 받아들였다. 내면에서 만들어진 '하고 싶은 것'이 아니었다. 오히려 자기가 진짜 하고 싶은 것이 무엇인지를 물어보자마자 자기도 잘 모른다는 것을 알게 되었다. 다른 누구도 아닌 스스로가 던진 질문에 답할 말이 없다는 것은 당혹스러운 일이었다. 자기에 대해 진지해져본 적이 한번도 없었다는 것을 알게 되었다.

어머니는 승우가 아픈 내내 옆에서 간병하며 절망에 빠지지 않도록 그를 다독였다. 시련에는 다 이유가 있을 것이라며 찬송가를 부르고 기도하며 승우를 위로하는 신실한 분이었다. 하지만 병원에 누워 있는 동안에는 어머니의 찬송과 기도 소리가 제발 그치기를 바랐었다. 저런다고 내가 나을 것도 아니고 그 소리를 듣는 것 자체가 너무 괴로웠다. 다 필요없으니 혼자 있고 싶었다. 승우는 어릴 때 가장 기억나는 것이 어머니 등에 업혀 새벽기도회를 가던 일이라고 나에게 말할 정도로 신심이 깊었다. 그 어머니에게 보답하고 싶다고 늘 말하곤 했었다. 그런 어머니조차 아픈 동안에는 귀찮아 짜증을 냈었다.

항암 치료를 받고 난 다음에 어머니를 보며 눈물이 왈칵 나왔다. 병원에 있는 동안에는 주변의 모든 것이 통증을 이겨내는 게 아니라 보태는 것이라고 생각되어 어머니조차 귀찮고 짜증났었다. 그런데 어머니가 아니었다면 누가 그것을 다 받아줬을 것인가. 일을 마치고 밤마다 병원에 찾아와 어머니와 같이 기도하고는 집으로 돌아가 텅 빈 집을 혼자 다 감당하신 아버지가 아니었다면 어떻게 자신이 고통을 감당할 수 있었을 것인가. 고통이 지나가자 자기가 홀로 그것을 견딘 게 아니라는 것이 뼈저리게 다가왔다. 세상에 오직 나 혼자뿐라고 절망했지만 그것을 묵묵히 곁에서 받쳐준 저분들이 있었기에, 그들에게 기댔기에 지금의 자신이 있다는 생각이 들었다. 부모님께 죄스럽고 감사했다.

옆에서 자기를 위해 절실하게 찬송하고 기도해주었던 부모님과 여행을 가서 서로 즐거워해본 적이 별로 없다는 것도 알게 되었다. 늘 사랑한다고 말했지만 눈을 마주치며 함께하는 기쁨을 온전히 누려본 적이 없었다는 것이다. 승우가 항암 치료가 끝난 뒤 바로 부모님과 여행을 떠난 것은 이런 이유에서였다. 그러면서 이런 일을 하는 것이 제대로 사는 것이고 삶의 기쁨이라고 말했다. "내가 좋을 때든 무너져 있을 때든 항상 가까이에서 나를 돌보고 염려해주었던 이들이 있다는 데 감사하고, 그들과 함께하는 삶의 시간을 만들어나가는 거, 그게 기쁨이에요." 이처럼 고통은 "왜 하필 내가?"라는 억울함을 거치면서 자기의 삶을 돌아보고 '자기에 대한 앎'에 이르게 하기도 한다.

만일 이렇게만 끝난다면 고통에 대한 이야기는 해피엔딩일 것이다. 한 번의 고통으로 자기에 대한 앎에 이르고 그 앎이 가져다주는 기쁨을 누린다면, 고통은 견딜 만한 것이고 겪어볼 만한 것이 된다. 그러나 고통에 대한 이야기는 이렇게 해피엔딩으로 끝나지 않는다. 고통은 이제 겨우 끝났다고 생각하는 순간에 다시 반복된다. 감당할 수 있을 것 같다고 생각하는 순간에 더 감당할 수 없는 것으로 찾아온다. 그렇게 고통을 통해 도달한 기쁨은 흔적도 없이 무너지며 내가 도달한 앎이 앎이 아니라는 것을 뼈저리게 느끼게 한다.

고통이 자기에 대한 앎에 이르는 것으로 끝나지 않는 데는 이유가 있다. 고통을 다른 사람보다 더 예민하게 혹은 격렬하게 겪는 것은 아마도 그 고통을 겪는 개인에게 이유가 있는 것일지 모른다. 그러나 고통을 야기한 원인은 그 개인에게 있지 않다. 선아가 고통을 겪는 것은 선아의 생애사나 개인적 특성에 원인이 있는 것이 아니다. 반면 선아가 그 문제를 다른 사람들과 다르게 겪는 이유는 선아의 삶의 과정에서 찾을 수 있다.

자기에 대한 앎이란 그 문제를 그런 방식으로 겪는 자기를 알고 자기를 다루는 과정이지 고통의 원인을 알고 제거해가는 것이 아니다. 오히려 자기에 대한 앎은 고통의 이유를 원인으로 착각하여 마치 자기를 통제하는 것을 통해 고통의 원인을 없앨 수 있을 것 같은 착각을 불러일으킨다. 이런 상태에서 고통을 제대로 보지 못하고 자기만 채근하며 원인을 더 키우는 경우가 종종 있다. 제거되지 않은 원인은 대개의 경우 더 악화되고 더 감당할 수 없는 형태로 닥쳐온다. 그럴 때 자기에 대한 앎은 무력하게 무너진다.

2

당신들은 모른다,
내 억울함과 외로움을

극심한 고통은 개인의 내면과 세계를 파괴한다

한동안 선아는 자기를 알기 위한 '공부'에 매진했다. 난생처음 자기를 문제화하고 자기에 대해 알아가는 것은 무엇보다 기쁜 일이었다. 그 기쁨을 이어가는 공부가 줄곧 가지를 쳤다. 하지만 몇 년 집단 상담을 다니면서 그런 방식으로 자기를 알아가는 것은 이 정도면 충분하다는 생각이 들었다. 그즈음에 다른 친구가 불교식 수양 단체를 소개해줬다. 명상과 참선을 통해 자기에 대한 집착을 끊게 하는 데 꽤 정통하다는 수양 단체였다.

그 단체에서 공부와 수양을 하면서 선아는 자기를 끊어내는 법을 배웠다. 하루에 정기적으로 꼬박꼬박 108배를 올렸다. 육체적으로 힘들어하는 자신을 보면서 힘들다는 느낌을 그저 바라보는 정진을 했다. 이런 수양을 통해 감정을 다스리는 법을 배웠다. 또 자기가 왜 다른 사람과 다른 감정을 가지게 되었는지를 과거 자신의 경험에서 찾아냈다.

이런 공부와 수양은 선아의 삶을 많이 안정시켰다. 남편과의 관계가 좋아진 것은 아니었다. 그러나 이전까지 자기 삶의 행복과 불행을 남편과의 관계에서만 찾고자 했다면, 점차 자기 삶을 자기의 것으로 바라보면서 문제를 뒤섞지 않고 '분리'할 수 있는 힘이 생겼다. 남편과의 문제를 다루는 자기의 문제는 또 다른 것이었다. 자기에게 문제가 있어 남편과 문제가 있는 것이 아니다. 남편과의 문제를 다루는 과정에서 그것과 별개로 자기 자신의 문제를 발견한 것이다. 전자가 해결된다고 후자가 해결되는 것도 아니고, 후자가 해결된다고 전자가 해결되는 것도 아니라는 것을 알게 되었다.

그러나 선아의 이런 공부는 곧 중단되었다. 더 이상 대처할 수 없는 더 큰 불행이 밀려왔기 때문이다. 남편이 그동안 왜 집에서 겉돌았는지가 드러났다. 사업이 망했던 것이다. 사업을 회생하기 위해 남편은 여기저기서 빚을 끌어다 들였고 그것이 더 큰 화를 불러왔다. 더 이상 감당할 수 없는 수준으로 빚이 늘어났다. 남편은 선아에게 마지막으로 남은 자금을 남겨두고 잠적했다.

그날을 선아는 잊을 수가 없다. 남편에 대한 배신감 때문만은 아니었다. 자기가 할 수 있는 일이 하나도 없었다. 아무 느낌도, 생각도 없었다고 한다. 직장에 가서 기계처럼 일을 했다. 눈물도 나지 않았다. 집에 돌아와 누웠는데 잠이 오지 않았다. 하얗게 밤을 새웠다. 며칠을 그렇게 보냈다고 한다. 잠을 자지 않았지만 피곤하지도 않았다고 한다. 그렇게 며칠이 지나고 나서 죽고 싶다는 딱 하나의 생각만 들었다고 한다. 더 이상 견디기도 힘들고 견딜 필요도 없다고 생각했다.

상담 단체와 수양 단체도 끊었다. 이런 상태에서 그런 데 다니는 것은 엄두도 안 나고 더 힘들기만 하다고 했다. "108배를 하면 뭐하겠어요? 이미 육체는 잠을 못 자서 힘들 대로 힘든데, 육체를 더 힘들게 한다고 마음이 분리가 될까요? 집단 상담에 가서는 무슨 말을 해요? 나는 그때 무슨 말을 해야 할지도 몰랐고, 입도 뻥긋하고 싶지 않았어요."

집단 상담과 수양을 통해 어느 정도 분리할 수 있다고 생각했던 억울함이 다시 솟아났다. 그러나 이때는 그 강도가 완전히 달랐다. 이전까지의 억울함이 나 자신을 알게 되면 다스릴 수 있는 것이었다면, 이때의 억울함은 절대적인 것이었다. 이해할 수도 없고 납득할 수도 없었다. 도대체 내가 왜 이런 일을 당해야 하는지에 대한 답은 전혀 자기 안에 있지 않았다. 자기를 돌아보는 것 자체가 불필요한 일이었다.

이러한 고통은 자기에 대한 앎에 이르는 데 전혀 도움이 되지 않는다는 점에서 쓸모없는 것이었다. 고통 자체가 자기와 무관하게 온 것이기 때문이다. 자책할 것도 없었다. 이전에 눈치채고 남편의 상황을 좀더 자세히 알아봤어야 했나 싶은 생각이 가끔 들기는 했지만, 그런다고 달라졌을 것 같진 않았다. 전적으로 내 책임이 아닌, 내 통제 바깥에서 닥쳐온 문제였다. 당하는 것 말고는 다른 수가 없었다.

아무런 의미를 찾을 수 없는
고통이 밀려들었다

그때 선아가 죽고 싶었던 것은 고통이 너무 압도적으로 컸기 때문만은 아니었다. 그럼에도 그 고통이 손톱만 한 가치라도 있었더라면 그것을 붙잡고 늘어졌을 것이다. 가치가 있다는 것은 무엇인가? 무엇이 가치가 있다고 여길 때는 그것이 어떤 좋은 열매, 즉 교훈을 남길 때다. 또한 그것으로 끝난다는 것을 의미한다. 끝이 있고, 그 끝이 더 좋은 열매를 남길 때 우리는 가치가 있다고 말한다. 고통 역시 가치가 있다면 교훈을 남기며 끝이 나야 한다. 교훈을 바탕으로 자기 삶의 성장을 꾀할 수 있을 때 고통도 가치가 있다.

그런데 아무리 봐도 이번에 당하고 있는 고통은 선아에게 아무런 가치가 없었다. 그 고통을 능동적으로 겪어낼 방법부터가 없었다. 그저 수동적으로 당하는 수밖에 없었다. 고통을 당하는 것 말고는 아무런 가치도 없는 고통을 계속 겪어야만 한다는 게 더 큰 고통이었다. 그때 선아는 알게 되었다. 인간에게 가장 큰 고통이 '무가치'이며 '무의미'라는 것을 말이다. 무의미한 고통을 계속 겪고 있어야 하는 게 가장 큰 고통이었다.

무의미한 고통이었기에 이전에 선아가 공부를 통해 구축했던 내면의 세계 역시 무너졌다. 압도적이고 전적으로 외부적인 고통을 겪기 전까지 고통은 선아가 자기 스스로와 대화를 나눌 수 있는 계기가 되어주었다. 그러나 무의미한데 누구에게 무엇을 말한단 말인가? 남은 고사하고 나에게조차 말할 필요가 없고, 말할 것도 없었다.

"자고 싶었어요. 눈을 뜨면 생각을 해야 하는데, 생각해봤자 달라지는 것도 없었지만 생각나는 것도 없었어요. 생각나는 것들도 다 아무 소용없는 거였고. 그러다 보니 생각하는 게 제일 괴로웠죠." 생각하는 것 전체가 소용이 없으니 아침에 눈뜨는 것이 망했다는 사실보다 더 괴로웠다. 죽고 싶다는 마음은 이럴 때 드는 것 같았다. "생각하기 싫어서, 생각하는 게 너무 힘들어서, 아침에 눈뜨는 게 끔찍해서 죽고 싶었어요." 병을 치료하기 위해서가 아니라 잠을 자고 싶어서 정신과 상담을 받고 약을 처방받았다.

그렇다고 선아가 다른 사람들에게 자기가 망했다는 것을 말할 수 있는 것도 아니었다. 대다수의 친구들에게는 창피해서 말을 꺼낼 수 없었다. 자기가 망했다고 말했을 때 그들이 자기를 바라볼 그 연민의 시선이 끔찍했다. 부모님에게는 더더욱 말할 수 없었다. 가뜩이나 연로하신 분들에게 그런 충격을 줄 수는 없었다. 왜 김 서방은 요즘 잘 안 나타나는 것이냐며 섭섭해하는 분들이었다. 망했다는 것을 선아가 알기 직전에 남편을 닦달해서 친정에 찾아갔을 때 아버지는 오랜만에 나타난 김 서방을 안고 눈물을 글썽거리기까지 했다.

이런 부모님에게 망했다는 말은 절대 할 수 없었다. 그래서 친정에 갈 때마다 연기를 해야 했다. 아무 일도 없는 것처럼 말이다. 부모님이 귀신같이 눈치를 채고 무슨 일이 있냐고 물었지만 완강히 부인해야 했다. 속은 타들어가고 미칠 것 같았다. 이야기를 할 수 있는 사람은 하나뿐인 친언니밖에 없었다. 며칠을 견디다 언니에게 전화를 했다. 무슨 말을 했는지 전혀 생각이 나지 않는다. 대성통곡을 했다. 언니는 바로 다음 날 선아를 찾아왔다. 그나마 언니가 이야기를 들어주지 않았다면 미쳤을지도 모른다.

이 상황에서도 정신을 차려야 하는 것은 자기밖에 없었다. 아직 아이들은 학교를 다니고 있었다. 곧 첫째는 대입을 준비해

야하는 고3이 되었다. 부모님에게는 아무 일도 없는 것처럼 행세하고 아이들에게는 전혀 문제 없이 엄마가 다 해결해줄 수 있다고 의연하게 행동해야 했다. 학원비며 생활비를 마련하고 삶을 챙겨야 했다. 자기가 무너지면 무너질 사람들이 너무 많았다. 이 와중에도 다그칠 것은 자기밖에 없었다.

"돌이켜보면 모든 걸 마음의 문제라고 생각한 것이 그때는 큰 힘이 되었던 것 같아." 그랬다. 선아가 겪고 있는 고통에서 선아가 통제할 수 있는 것은 자기 마음밖에 없었다. 잠적한 남편과의 관계를 자기가 통제할 수 있는 것도 아니었다. 경제적으로 파산한 상태를 선아가 어찌할 수 있는 것도 아니었다. 선아의 손에 남겨진 것은 유일하게 선아 자신뿐이었다. 원인이 자기가 아니면서도 자기를 닦달하며 나가는 수밖에 없었다. 그게 자기가 할 수 있는 유일한 것이었다.

선아의 이야기는 고통의 가장 어두운 측면에 대해 말하고 있다. 많은 사람들은 고통을 겪을 때 그 고통이 가치가 있고 어떤 교훈을 준다고 생각한다. 특히 자기 자신에 대한 가르침을 주는 것이라고 생각한다. 그렇기에 고통을 대면할 때마다 이를 회피하려고 하면서도 그 고통으로부터 삶의 의미와 가치를 끌어내고 싶어한다. 이를 위한 노력이 사람으로 하여금 자기 자신과 대화하는 공간인 내면을 구축하게 한다.

그러나 이런 내면의 구축 자체를 무화시키는 고통이 있다.

정도가 압도적인 고통, 결말이 죽음에 이르는 절대적인 고통, 전적으로 자기와는 무관하게 외부로부터 찾아오는 고통의 경우에는 자기 자신에 대해 질문하는 것이 무의미하다. 그런 고통은 자기 자신에 대한 그 어떤 앎에도 이르게 하지 못한다. 설혹 자기에 대해 알게 되는 것이 있다 해도 그것은 그 고통을 다루고 해결하는 데 아무런 쓸모가 없다. 소위 말하는 '정신 승리'에 불과하다.

이때 직면하게 되는 것이 바로 고통의 '무의미'다. 인간이 겪는 참혹한 고통을 깊이 들여다보았던 많은 학자들이 말해왔듯이, 절대적 고통 앞에서 사람이 깨닫게 되는 것은 사실 고통에 아무 의미가 없다는 것이다. 그럼에도 그저 그 고통을 겪는 수밖에 없다. 그런 고통을 겪다보면 사람은 무기력해질 수밖에 없다. 고통의 무의미성이야말로 인간이 겪어야 하는 가장 큰 고통이다.

고통의 무의미성은 고통을 통해 구축해낸 자기와의 대화 공간인 내면을 파괴한다. 내면이란 자기가 자기와 대화를 나누는 공간이다. 대화를 나눈다는 것은 어떤 언어로든 말을 주고받는다는 뜻이다. 말은 의미를 전달한다. 의미에 대해 물을 때 말은 시작되고, 의미가 있을 때 말을 돌려준다. 의미가 없다면 질문하지도 않고, 의미가 없다면 대답하지도 않는다. 극심한 고통이 닥쳤을 때는 "왜 하필 내가 이 일을?"이라는 질문에 대해 대답할 말이 아무것도 없다. 그저 질문만 허공에서 맴돌 뿐이다. 자기가 자기와 대화를 나누는 내면은 공허한 메아리만 몰아치는 쓸쓸한 폐허의 공간이 된다.

사람은 자기가 겪고 있는 고통에 대해 말하는 것 자체가 무의미하다고 생각할 때 허무함을 느낀다. 지금 겪고 있는 것에 대해 내가 할 수 있는 말이 없을 때, 사람은 완전히 절망하게 된다. 만사가 무의미해진다. 사람에게 이런 절망보다 더 큰 고통이 있을까? 이 절망의 핵심은 스스로가 겪고 있는 것에 대해 자기 자신에게조차 말할 필요도 없으며, 또한 할 말도 없다는 데 있다. 말할 필요가 없어서 말을 안 하지만 막상 말하려고 해도 할 말이 없다.

말을 상실하면 사람은 세상으로부터도, 자기 자신으로부터도 떨어져 나온다. 사람과 사람 사이를 이어주는 '말'이라는 매체가 사라지면서 사람은 고립된다. 자기 자신으로부터도 고립된다. 절대적 외로움의 상태에 빠진다. 따라서 절망이란 세계와 자기 자신으로부터 단절된 상태인 '외로움'과 동의어가 된다. 여기에서는 모든 것이 무가치하며 무의미하다.

그럼에도 불구하고 이 고통에 가득 찬 사람에게 남는 것은 자기밖에 없다. 나머지는 자기가 어쩔 수 없는 것이기 때문이다. 따라서 고통이 만들어내는 최후의 비극적인 면은 도망간 사람이 아니라 남은 사람이 모든 것을 책임져야 하고 그 책임을 지기 위해 자기를 닦달하며 나아가야 한다는 것이다. 평화연구자 정희

진이 말한 것처럼, 정신을 차려야 하는 것은 자기가 아니지만 상황을 겪어내기 위해서는 자기가 정신을 차려야 한다고 채근하게 된다. 십자가를 지는 자는 무고한 자이며, 무고한 자는 그 모든 걸 홀로 감당해야 한다.

그렇게라도 소리를 쳐야지
그러지 않으면 견딜 수가 없었다

육체적 고통 역시 마찬가지다. 아니, 무의미로 사람을 절망과 외로움에 밀어 넣는 고통은 육체적 고통일 경우 더 심할 수 있다. 재희 어머니는 젊었을 때 혈기 왕성한 사람이었다. 남편이 돈을 벌어왔지만 그 돈을 굴리고 자식들을 가르치며 집안을 중산층으로 이끈 것은 전적으로 재희 어머니의 능력이었다. 남편 역시 그런 재희 어머니를 거의 전적으로 신뢰했다. 가족의 지지 속에서 그는 자신이 늘 옳다고 생각했다. 그가 옳지 않으면 집안이 무너졌다.

집안을 주도했을 뿐만 아니라 사회 활동도 왕성했다. 사람들은 동네 대소사를 재희 어머니와 상의했다. 새마을 부녀회를 비롯한 여러 모임에 적극 참여했다. 없는 살림이었지만 동네 사람들과 계를 해서 전국 팔도강산으로 유람도 많이 다녔다. "앨

범을 보면 깜짝깜짝 놀랄 때가 많아. 전라도 홍도에서부터 경남 남해, 강화도에서 속초까지 안 다닌 데가 없더라고. 단칸 셋방 살던 가난한 때였고 도로도 안 좋던 그 시절에 말이야." 그런 모임에서 재희 어머니는 늘 신뢰받는 리더였다.

그러던 재희 어머니가 일흔을 넘기면서 무너졌다. 퇴행성 관절염, 골다공증, 척추 압박골절, 요실금, 방광염 등 온갖 노인성 질환이 그를 찾아왔다. 무릎 관절을 인공으로 치환하는 수술을 받았지만 후유증이 있었다. "다른 사람들은 아무 탈 없이 잘 낫던데 왜 나만 후유증이 있는 거야?" 골다공증은 걸핏하면 척추에 압박골절을 일으켰다. "나보다 뚱뚱한 사람들도 별 탈 없는데 왜 나만 이렇게 압박골절이 생기는 거야?" 요실금 수술은 봉합이 잘못되어서 실 가닥이 몸에 남아 방광염을 일으켰다. "왜 나한테만 자꾸 이런 일이 생기는 거지?"

재희 어머니의 입에서 가장 많이 나오는 말은 "왜 하필 나에게?"였다. 그 말에는 억울함이 잔뜩 묻어 있었다. 재희를 비롯한 자식들은 어머니에게 당신이 겪고 있는 일이 특별한 게 아니라고 말했다. 대다수 노인들이 겪는 질병이며 오히려 어머니의 경우에는 행운일 수도 있다고 말했다. 다른 사람들은 압박골절 정도가 아니라 고관절 골절로 사망한다는 것도 말했다. 소용없다. 재희 어머니는 그때마다 자기보다 더 나은 사람의 사례를 꺼내 들었다. 그러면서 이 모든 불행은 다 자기에게만 찾아오는 것이라며 억울해했다.

나아가 육체적 고통은 고립되어 있다는 위기로 이어졌다. 무엇보다 이전과는 달리 사회적으로 고립되었다. 더 이상 몸을 크게 움직일 수 없게 되면서 다른 데 찾아갈 수도 없었고, 재희 어머니를 찾아오는 사람도 없었다. 그의 사회적 행동반경은 급격히 축소되었다. 가족과의 관계 역시 마찬가지였다. 어머니가 보기에 가족 중에서 자기를 편들어주면서 지지하는 사람은 아무도 없었다. 재희 어머니는 외롭다고 느끼기 시작했다.

그때마다 그는 가족을 맹비난했다. 남편과 자식들은 다른 사람도 다 마찬가지라고 말하지만 자기가 보기엔 그렇지 않았다. 자기만 당하는 것 같아서 억울한데 그렇지 않다고 말하는 게 더 화를 북돋았다. 자기를 가장 잘 이해할 것 같았던 이들이 도무지 자기를 이해하려고 하지 않는 것 같았다. 세상에 자기만 고립되어 있다는 외로움과 슬픔이 아침부터 저녁까지 밀물처럼 밀려왔다.

선아의 경우 내면이 무너졌다면, 재희 어머니의 경우에는 세계가 무너졌다. 재희 어머니의 그런 생활이 오래가면서 친구들도, 남편과 자식들도 멀어져 갔다. 남편과는 하루가 멀다 하고 싸웠다. 자식들에게도 이런저런 호소를 했지만, 재희 어머니의 말로는 이들이 자기 편을 들어주지 않았다고 한다. 결국 다 나가라고 소리를 쳤다. 그렇게 재희 어머니는 세계를 스스로 파괴했다.

그렇다고 그가 혼자서 상황을 감당할 수 있을 만큼 내면이 튼튼한 사람은 아니었다. 자기 자신과 대화를 나누는 게 훈련되어 있는 분이 아니었다. 그래서 조금만 몸에 새로운 이상이 생기면 방금 다 필요 없다고 소리를 친 남편과 자식들을 찾았다. 그렇게 소리를 지르고도 곧 다시 식구들에게 자신의 억울함을 호소했다. 그렇게 하지 않으면 견딜 수가 없었다. 식구들이 힘들어했지만 그렇게라도 말을 해야 했다.

"그렇게라도 소리를 쳐야지. 그러지 않으면 견딜 수가 없잖아." 이 말은 재희 어머니의 세계가 어떻게 파괴되어 있는지를 보여준다. 그는 가족들에게 자신이 겪고 있는 고통에 대해 말을 했다고 말하지 않았다. 이들을 향해 소리를 쳤다고 말한다. 재희 어머니 역시 무의식적으로 자신이 한 말이 의미를 전달하는 말이 아니라 소리라는 것을 알고 있는 것이다. 그가 자신의 고통에 대해 다른 사람에게 전달할 수 있는 의미는 아무것도 없었다. 소리를 지르며 신호를 보낼 수 있을 뿐이다.

가끔 재희 어머니는 밤중에 일어나 미칠 것 같다고 말한다. 속에서 불이 올라와서 마당에 나가 미친 듯이 팔짝팔짝 뛰고 싶고 소리를 지르고 싶다고 말한다. 몸이 덜덜덜 떨리다가도 집 안에 있는 것을 다 때려 부수고 싶다며 어쩔 줄 몰라 한다. 남편이 와서 손을 잡아주면 울음을 터트리며 "내가 왜 이러지, 내가 왜 이러지, 귀신 들렸는갑다"고 절규한다. 자기가 귀신 들린 것 같다고 느껴 점쟁이나 무당을 찾아가봐야 할 것 같다고 진지하게 말한 적도 있다.

재희 어머니의 이야기는 고통을 겪는 사람이 고통의 주체가 아니라 고통이 그 주체임을 보여준다. 고통이 몸과 마음을 모두 장악하면 눈앞에 다른 타자들은 보이지 않는다. 오직 고통만이 타자이다. 그러나 그 타자와 주체의 자리는 바뀌어 있다. 고통이 주체가 되어 타자가 된 자신을 응시하고 이끌어간다. 귀신 들린 몸이 내 몸이지만 내 몸이 아닌 것처럼 말이다. 그럴 때는 내 몸이 아닌 이 몸을 부수어버리고 싶고 절규하고 싶어진다.

선아와 재희 어머니가 겪고 있는 고통이 공통적으로 던지는 질문이 있다. 고통은 소리치는 것 말고, 말할 수 있는 것인가. 이 말은 고통을 묘사하고 설명하고 분석하는 게 불가능하다는 뜻만이 아니다. '고통은 말할 수 있는가'라는 질문이 우리에게 묻는 것은 고통의 가치와 의미다. 억지로 외부로부터 갖다 붙이는 것이 아니라면 고통에는 어떤 의미가 있는가? 고통이 만일 무의미한 것이라면 고통을 통해 우리는 어떤 내면과 세계도 지을 수 없다. 말을 통해 소통되는 '의미'가 있어야 비로소 내면과 세계를 구축할 수 있기 때문이다.

3

주님은 제 말이 무슨 뜻인지
다 아시죠

실존의 위기를 신이나 동식물에 기대는 경우

재희 어머니는 끊임없이 자기 몸과 병에 대해 이야기했다. 어제는 어디가 아팠고, 오늘은 어디가 아프고를 쉴 새 없이 사람들에게 늘어놨다. 처음에는 측은하게 여기던 사람들이 시간이 지날수록 건성으로 듣기 시작했다. 남편과 자식들도 마찬가지였다. 그들이 듣지 않을수록 재희 어머니가 할 수 있는 것은 하나밖에 없었다. 소리를 지르는 것이었다. 때로는 아프다는 비명이었고, 때로는 너희는 내가 얼마나 아픈지 모른다는 원망의 소리였다. 급기야 자식들에게 "내가 아픈 것은 다 너희들 때문"이라며 악다구니를 쓰기도 했다.

가족에 대한 원망은 일종의 '파업'으로 이어졌다. 재희 어머니는 하루가 멀다 하고 병원에 다녔지만 자식들이 병원에 가자고 하면 거부했다. 그냥 죽겠다고 어깃장을 놨다. 어머니를 병원에 데려가기 위해 자식들이 하소연을 하고 읍소를 했다. 그때서야 겨우 마음이 풀린 듯 병원에 갔다. 그럴 때마다 자식들에게 똑같은 소리를 했다. "내가 사실 말을 안 해서 그렇지, 말을 하면 한도 끝도 없다. 너넨 내가 얼마나 아픈지 모른다."

재희 어머니는 늘 자기 병에 대해, 몸에 대해, 고통에 대해 말을 했지만 자기는 정말 "아파서 다 죽게 되어서야 말을 한 것"이라고 했다. 식구들이 좀 전에 한 말은 뭐냐고 물어보면 "그건 다른 이야기"이며 "너넨 모른다"는 말로 대화를 종결짓고 돌아누웠다. 그러고 나서 '파업'은 또다시 시작되었다. 가족들은 그가 자신의 고통에 대해 말하지 않고 있다는 것을 받아들이는 수밖에 없었다.

아무리 말해도 알아주질 않으니
"너넨 모른다"라고 말할 수밖에 없다

그렇다면 재희 어머니는 거짓말을 한 것일까? 그를 만나 이야기를 나눠보면서 사정이 완전히 다르다는 것을 알게 되었다. 재희 어머니도 알고 있었다. 사람을 만나면 자신의 고통에 대해 끊임없이 호소하고 있다는 것을 말이다. 그런 자기 모습에 대해 재희 어머니는 부끄러워하고 있었다. 가족들이 뭔가를 지적할 때마다 소리 지르는 것은 그들이 아니라 자기 자신에게 하는 말이었다.

재희 어머니는 다른 사람들이 자기를 이해하기 바랐다. 자기가 왜 이렇게 끊임없이 몸과 병에 대해 이야기하는지, 그게 얼마나 힘든지 말이다. 그래서 될 수 있는 한 자세하게 자신이 겪고 있는 고통을 말하고 싶었다. 그런데 말을 하면 그 고통이 너무 별것 아닌 게 되어버려서 스스로도 당황스러웠다. 아무리 다른 말로 설명해보려 해도 마찬가지였다. 말로 표현되는 순간, 보통 노인들이 다 겪고 있는 그저 그런 평범한 고통이 되고 말았다. 재희 어머니는 그게 더 참을 수 없었다.

결국 그가 알게 된 것은 이 고통을 말로 묘사하고 설명할 수 없다는 것이었다. 남에게뿐만이 아니다. 종종 자기 스스로도 이게 정말 그렇게 극심한 고통을 동반하는 병인지 의문이 들 정도였다. 그래서 별것 아닐 거라고 생각해보기도 했지만, 자기 몸이 느끼고 있는 것은 분명 별것 아닌 게 아니었다. 몸은, 아니 '뇌'는 이미 별것 아닌 게 아니라고 판정해놓았기 때문에 아무리 의식적으로 부정하려고 해도 마음대로 되지 않았다. 말로 표현하면 할수록 그게 되지 않았기 때문에 더더욱 속상하고 화가 나서 견딜 수가 없었다.

그럴 때마다 그 원망은 남편과 자식들에게 다시 튀었다. 자신의 고통을 말로 설명할 수 없다는 걸 알아주지 못하고, 자기가 말할 때마다 아무것도 아니라며 무시하고 핀잔이나 주는 가족들이 너무 원망스러웠다. 어머니가 진정으로 바라는 것은 자신의 상황을 말하지 않더라도 그들이 알아주는 것이었다. 아니, 말할 수 없다는 걸 알아주길 바랐다.

당연한 일이지만, 스스로도 못하는 걸 다른 사람이 해줄 순 없다. 어머니의 바람과 달리 가족들은 "말해. 어디가 어떻게 아픈지 말을 해봐"라고 했다. 그때마다 재희 어머니는 '실망스러운' 말로 자기 고통을 말할 수밖에 없었고, 그 말이 드러내는 고통의 평범함에 듣는 남편과 자식들은 '실망'했다. 그러고는 고작 그런 걸 가지고 지금 이 난리를 치냐는 시선으로 바라봤다. 말할 수 없는 것을 말하라고 하고는 그 말에 실망하는 가족들을 보며 어머니는 돌아누웠다. "너넨 모른다."

어머니는 끊임없이 말했지만 아무것도 말한 게 없다. 말을 할수록 아무것도 제대로 말할 수 없다는 것만 확인하고 실망하고 절망했다. 육체적 고통에 대한 자신의 호소가 이어지면서 가족들과 그동안 함께 구축해왔던 공감과 존중, 사랑과 정 등 온갖 끈끈한 '공동의 감정'이 무너졌다. 그들과 자신이 교감할 수 있는 것은 이제 아무것도 없었다. 홀로 버려졌고, 아무에게도 말할 수 없다는 고통만이 남겨졌다. 이보다 더 강력한 실존적 고통은 없다.

인간은 홀로 존재할 수 없다. '홀로' 존재하는 것이 허락된 것은 신이나 사물이다. 인간人間은 그 말이 의미하는 것처럼 사람과 사람 사이에 존재한다. '홀로'라는 단수로 존재할 수 없고 다른 무엇과 함께 그 사이 안에서만 존재할 수 있다. 한나 아렌트 Hannah Arendt라는 철학자는 이를 인간 존재의 근원적 성격인 '복수성plurality'이라고 말했다.

그러하기에 인간은 안팎으로 누군가와 공동으로 거주하는 공통의 공간을 필요로 한다. 바깥에서의 공통 공간이 세계라면, 안에서의 공통 공간은 타자로서의 자기 자신과 함께 머무는 내면이다. 그런데 이 '공동'이 붕괴할 때, 복수성의 존재인 인간은 끔찍한 실존적 죽음에 다다를 수밖에 없다. 내가 '공동의 집'이라고 믿던 곳이 '공동'이 아니고 내가 '공동의 관계'라고 믿던 것이 '공동'이 아님을 확인할 때, 인간은 실존적 죽음을 맛보게 된다.

이에 맞서 다시 '공동의 집'을 지으려 하지만, '고통은 말할 수 없다'는 사실은 이를 재구축하려는 시도를 방어한다. 공동의 집은 서로 교감하고 소통하는 '언어'로 지을 수 있는데, 고통을 말할 수 있는 언어가 없기 때문이다. 이 때문에 언어를 매개 삼아 공동의 붕괴에 대응하는 인간의 응전은 실패할 수밖에 없다.

공동의 붕괴가 야기하는 실존적 죽음은 극단적인 경우 실제 죽음으로 이어진다. 실존적 죽음을 견디는 것이 인간으로서는 무엇보다 힘든 일이기 때문이다. 선아가 아침에 눈뜨는 것이 가장 괴롭고 밤에 잠드는 순간이 무엇보다 행복했던 것, 그래서 오로지 자고 싶다고 생각했던 것도 이런 실존적 죽음이 야기하는 고통 때문이었다.

실존적 죽음이 야기할 수 있는 실제 죽음을 회피하기 위해 사람들은 다시 공동의 집을 짓는다. 그러나 그는 이미 알고 있다. 그 공동의 집을 지을 수 있는 도구인 '언어'가 자신에게 없다는 것을 말이다. 그렇기에 언어가 아닌 언어로 집을 지어야 하고, 언어가 아닌 언어로 말이 통하는 존재와 집을 지어야 한다. 그렇지 않으면 많은 사람들은 이 실존적 죽음이 야기하는 고통을 견뎌낼 수 없다. 그래서 찾게 되는 것이 종교다. 종교 중에서도 많은 말을 필요로 하지 않는 종교가 그렇다.

내 마음 붙일 곳은
내 주문을 알아듣는 신밖에 없었다

덕룡 아버지 경우가 그랬다. 그는 독실한 불교 신자였다. 대학 교수로 불교의 몇몇 경전을 영어로 옮길 정도의 지식인이었다. 참선 수련도 꾸준히 하고 매일 108배를 바쳤다. 주변 사람들에게는 불교에서 말하는 '참된 나'에 대해 이야기하며 감정과 느낌에 휘둘리지 말라고 조언했었다.

그러나 노년이 되면서 덕룡 아버지 역시 재희 어머니처럼 무너졌다. 사랑하는 아내와의 사별이 그렇게 된 무엇보다 큰 계기였다. 죽음이 죽음이 아니라고 말해오던 그였지만 아내의 죽음 앞에서 그런 말은 아무런 의미가 없었다. 오히려 아내의 죽음을 모독하는 말로 들렸다. 이후 덕룡 아버지는 건강을 제대로 돌보지 않으면서 더더욱 무너져 갔다. 소변을 제대로 볼 수 없게 되면서 바지를 적시는 일이 생겼다. 누구보다도 깔끔했던 그로서는 치욕스러운 일이었다. 이전에 불경을 언급하며 자신이 이야기해왔던 허망함과는 비교도 안 되는 크나큰 허망함이 밀려들면서 우울증이 찾아왔다.

아내와는 한국에서 불가능하다는 말을 들을 정도로 금실이 좋았다. 아내도 그도 평생을 서로 존중하고 아꼈다. 다른 사람들이 이해할 수 없다고 말할 정도였다. 아내가 죽고 그의 말수가 급격히 줄어들자 다들 "얼마나 사랑했으면 저럴까?"라며 안타까워할 정도로 주변 사람들이 다 알고 있던 사이였다. 그런 만큼 아내가 없다는 것은 덕룡 아버지에게 받아들이기 힘든 일이었다. "아내가 죽으면 그다음 날 나도 따라 죽을 것"이라고 말하던 그였다.

아내가 죽고 없다는 고통은 견디기 힘들 정도로 생생했지만 아내의 부재는 믿기 어려울 정도로 비현실적이었다. 기이한 일이었다. 견딜 수 없이 괴로운데 비현실적이었다. 잠을 자고 아침에 눈을 뜨면 아내가 곁에 다시 나타날 것 같았다. 그래서 일부러 잠을 더 자기도 했다. 그러다가 아내의 손길이 느껴지는 물건을 보면 창자가 끊어질 것 같은 슬픔이 밀려왔다. 자기도 그만 죽고 싶었다. 곡기가 입으로 들어오지 않았다. 고기는 입에도 대지 않았다. 고기에서 나는 그 냄새를 견딜 수가 없었다. 살은 점점 빠졌지만 차라리 그게 낫다고 생각했다.

주변 사람들과의 관계도 서서히 정리했다. 그가 지금까지 만나던 사람들은 주로 지식인이었다. 만나면 여전히 삶의 의미, 한국 사회, 문학 등 '고상한' 이야기를 나눴다. 이 모든 고담준론들이 허무했다. 한 세계가 무너졌는데 거기서 무슨 의미를 논한다는 말인가. 늘 교류하던 사람들과 말을 나누는 것이 무의미하고 귀찮고 괴로웠다. 그 자리에 앉아 있는 것조차 힘들었다. 혼자 있는 게 나았다.

밖에 나갈 일이 없으니 삶을 챙기는 것도 불필요했다. 어디선가 본 "나이 오십이 넘으면 바지 주름이 구겨지는 것만으로도 부끄러움을 느껴 집으로 돌아간다"는 말을 즐겨 인용하던 그였다. 나갈 일이 없으니 다림질을 할 필요가 없었다. 자식들은 이런 아버지를 걱정하며 가사를 도와주는 노동자를 고용하자고 했지만, 그는 거부했다. 아직까지 그 정도는 자기가 챙길 수 있었다. 무엇보다 아내의 자리에 누가 대신 들어오는 것이 싫었다. 자기 삶이 망가지더라도 말이다.

얼마 후 덕룡 아버지는 서가를 가득 채우고 있던 책들을 다 치워버렸다. 평생을 모은 책들이고 평생을 함께한 책들이었다. 그런데 그 책들이 다 무엇이란 말인가. 저 책들을 읽느라고 아내와 함께하지 못한 시간이 더 원망스러웠다. 저 수많은 글자는 세계의 비밀은커녕 한 사람의 마음조차 위로하지 못하는 아무 짝에도 쓸모없는 것들이었다. 나이 오십에 급성 심근경색을 당해 죽다 살아난 다음 모든 책을 버리고 아내와 귀향해버린 친구가 너무 부러웠다. 뼈저린 후회가 밀려왔다. 나도 그랬어야 하는데.

가끔 절에 나가 승려들과 이야기를 나눠봤지만, 그럴수록 허무함이 깊어지기만 했다. 그들이 하는 말에는 아무런 힘이 없었다. 위로가 되지도 않았다. 삶이 허무하다는 말만큼 허무한 말이 없었다. 내가 지금 느끼는 이 고통이 나의 것이 아니라는 말만큼 가소로운 말도 없었다. 그 고통은 너무나 뚜렷하게 현존하는 고통인데 어떻게 나의 것이 아니란 말인가? 불교는 말과 글을 앞세우지 않는 '불립문자不立文字'의 종교라고들 했지만 그 또한 말이었다. 말하지 않고 침묵한다고 했지만 불교는 역설적으로 말로 가득 찬 종교였다.

그즈음 동생이 찾아와서 일본에서 건너온 신흥종교를 권했다. 오빠가 아는 도道는 참 도가 아니며 이 도를 받아들이면 고통을 이겨낼 수 있을 것이라고 말했다. 처음에는 말도 안 되는 소리라고 생각했다. 아무리 자기 처지가 곤궁해졌다 하더라도 그런 '사이비' 종교에 의탁할 수는 없다고 생각했다. 지금까지 자기가 지켜온 고고한 정신세계를 그렇게 싼값에 처분할 순 없었다.

동생은 오빠를 거의 매일 방문했다. 종교를 권했지만 강권하진 않았다. 돌아가기 전에는 옆방으로 가서 종교의 주문을 정성껏 외우고 갔다. 그 모습을 지켜보면서 덕룡 아버지의 마음이 조금씩 흔들렸다. 주문을 왼다고 자기 마음이 달라질 것 같진 않았지만, 동생의 정성에 호응하는 척이라도 해야 할 것 같았다. 마침내 동생을 따라서 '회관'에 갔다. 그리고 그의 인생은 180도로 달라졌다.

"이 주문을 외면 정말 마음이 평안해져. 내가 왜 이렇게 큰 도를 몰랐나 몰라." 덕룡 아버지를 다시 만났을 때 그의 마음은 이전과 비교도 할 수 없을 정도로 편안해 보였다. 그는 이제 시간만 나면 그 종교의 주문을 왼다고 했다. 이전에 가지고 있던 종교적 신념은 깨끗이 버렸다. 다른 사람들과 함께 '전도'를 다닐 정도로 열성적이 되었다. 그는 나에게도 눈치를 보며 '큰 도'를 믿어보는 게 어떻겠느냐고 권했다.

처음 그의 마음을 돌린 것은 그 종교가 구축하는 '주변'이었다. 우선 동생이었다. 우울증이 심해진 그는 동생에게 소리를 지르기도 하고 하소연을 하기도 하고 때로는 아무 말도 하지 않은 채 입을 닫아버렸다. 하지만 동생은 오빠를 포기하지 않았다. 거의 매일 와서 오빠를 위로하고 돌보고 기도했다. 동생을 따라간 회관에서 만난 사람들 역시 그랬다. 네다섯 명이 한 조로 움직이는 소규모 단위의 그들은 서로를 정말 진심으로 돌봤다. "서로 '쿨'하게 거리를 유지하던 절하고는 너무 달랐어. 절은 차가웠지." 그들의 존재는 모든 것을 잃은 것만 같았던 그에게 새로운 '주변', 곁이었다.

그러나 무엇보다 그의 마음을 돌린 것은 '주문'이었다. 마음이 답답할 때마다 주문을 외웠다. 마음이 흐트러질 때도 주문을 외웠다. 그러면 분심이 사라졌다. 참선을 할 때와는 달랐다. 참선이 매달리기 않기 위해 애써 노력해서 겨우 마음을 붙드는 것이라면, 이 주문은 열성적으로 매달리고 있으면 마음을 붙들 수있었다. 잡생각이 들 때마다 바로 돌아서서 정좌하고 주문을 외웠다.

신도들과 신, 즉 곁이 생겼다는 말은 다시 나갈 장소가 생겼다는 것이다. 이것이 무엇보다 중요한 변화였다. 덕룡 아버지는 자식들이 권한 가사 노동자의 도움마저 거부하면서 예전에 비해 몰라보게 추레해져 갔었다. 그래도 상관없다고 생각했다. 그런데 갈 곳이 생기면서 그는 다시 옷을 다리고 머리를 매만졌다. 몸에 냄새를 풍기며 머리가 엉클어진 상태로 그들을 만나러 갈

수는 없었다. 집에서 주문을 욀 때도 그랬다. 정갈한 몸과 마음으로 주문을 외어야 했다. 다시 바지런히 씻고 삶을 챙기기 시작했다.

처음 아버지가 고모를 따라 신흥종교를 믿게 되었다는 말을 듣고 질색했던 자식들도 더 이상 아무 말을 하지 않았다. 자신들이 아무리 말해도 듣지 않던 아버지가 씻고 말하고 외출한다는 것이 중요하고 감사했다. 그 종교가 무엇인지는 더 이상 생각하지 않기로 했다. 그것이 무엇이건 오히려 자기도 못하는 것을 해줬다는 데 감사하게 되었다. 아버지는 자기가 죽으면 장례식도 그 종교에 의탁하겠다고 했다. 자식들은 그 말을 따르기로 했다.

자기가 겪은 것을 제대로 말할 수 없는 사람이 붙잡을 수 있는 존재 중 하나가 신이다. 신은 내가 말하지 않은 것도 듣는 존재다. 신에게 기도할 때 절박한 사람들은 이렇게 말한다. "제가 이렇게 말하지만, 제가 무슨 말을 하는지 당신은 아시지요?" 앞의 말과 뒤의 말이 다르다. 앞의 말은 내가 내 입으로 주절주절 떠든 말이고, 뒤의 말은 그 주절주절 떠든 말 사이로 빠져나간, 그러나 오로지 신의 귀에만 들릴 수 있는 말이다. 그렇기에 이 말은 신에게만 할 수 있다. 신만이 알아들을 수 있는 말이니 말이다.

결국 신에게는 아무 말이나 아무렇게나 할 수 있다. '방언'

이다. 덕룡 아버지가 수행하는 '주문' 역시 비슷하다. 방언과 주문은 일종의 '텅 빈 기표' 역할을 한다. 말을 하는 것이긴 하되 그 말에 특정한 의미가 고정되어 있지 않다. 빈 밥그릇 같은 것이다. 중요한 것은 내가 입을 열고 그 말을 소리 내어 했다는 점이다. 그 '소리'에 내가 말할 수 없었던 그 '말'이 담긴다. 그 소리를 말로 듣는 것은 오로지 신밖에 없다.

주문과 방언으로만 말을 할 수 있다. 그것은 말할 수 있는 것이 아니기 때문이다. 그러나 여전히 그것은 말이다. 왜냐하면 그 말을 알아듣는 존재가 있기 때문이다. 첫 번째는 신이요, 두 번째는 그 주문과 방언을 공유하는 '공동체'다. 그래서 방언은 여전히 말일 수 있다. 새벽기도회에, 신흥종교 집단의 집회에 넘쳐나는 말, 그 말은 말 같지도 않은 말이 아니라 신만이 알아들을 수 있는 가장 말다운 말이다. 어린아이의 옹알거림이 말은 아니지만 너무나 명확한 말인 것처럼 말이다.

말로 만들 수 없는 '공동의 집'을 다시 짓는 말은 '소리'다. 어떤 말이든 담을 수 있는 소리를 공유하고 그 소리를 통해 소통하고 교감하는 공동의 집은 말을 뛰어넘는 존재론적 안정감과 실존적 의미를 줄 수 있다. "주님은 제 말이 무슨 뜻인지 다 아시죠?"와 "이 주문에는 다 들어 있어"는 같은 말이다. 말하고 싶은데 말할 수 없는 사람들의 말, 그들이 공동의 집을 짓는 말, 그것이 바로 '소리'다.

배신이나 해대는 이들과 말 섞느니
차라리 정직한 식물에 기대겠다

이 소리를 들을 수 있는 또 다른 존재가 있다. 이들은 신의 역할
을 대신하여 사람의 말을 듣고 다른 사람들과는 불가능했던 공
동의 집을 짓는다. 식물이나 동물이다. 우스갯소리처럼 하는 말
이 있다. 어떤 집을 방문했을 때 그 집에 화분이 많다면, 주인은
자연을 사랑하고 식물을 잘 돌볼 줄 아는 '금손'이거나 혹은 우
울증에 빠져 있는 사람일 것이라고 말이다. 사람과의 관계, 그
관계의 불가능성에 절망하고 체념한 사람들이 공동의 파트너로
손 내미는 것이 동식물, 새로운 반려다.

　준석의 경우가 그랬다. 그가 실연을 당한 것은 거의 배신에
가까웠다. 애인은 준석과 함께하겠다고 했지만, 그건 거짓말이
었다. 바람을 피웠다. 준석은 화가 났지만 조금 시간이 지나고서
용서한 다음 다시 관계를 시작할 마음도 있었다. 그런데 바람을
피워놓고서 그만 만나자고 했다. 자기가 바람을 피운 것은 준석
과의 관계가 더 이상 설레지 않기 때문이며, 앞으로도 다시 설레
지 않을 것 같다고 했다. 그런 관계를 더 이상 지속하고 싶지 않
다고 했다. 그리고 미안하다는 말 대신 자신을 설레지 않게 한
준석을 비난했다. 만일 그때 준석이 "미안하다"는 말만 들었더
라도 그는 용서할 수 있었을지 모른다.

그 후 준석은 사람을 만나는 것을 기피했다. 주변에서는 그가 사람을 너무 믿어서 벌어진 일이라고 했다. 사람들은 배신한 상대방을 비난하면서도 문제의 원인이 '순진한' 그에게 있다고 말했다. 채이기 전에 찼어야 하며 걔는 애초부터 싹수가 없었다고 했다. 그렇게 말하는 사람들을 준석은 믿을 수 없었다. 위로인 듯 보이지만 책임을 자신에게 전가하는 사람들의 말, 자기가 무엇 때문에 힘든지 전혀 이해하지 못하는 그들에게 다시 곁을 내주고 싶지 않았다. 갈수록 집에 홀로 있는 시간이 많아졌다.

그런 그가 손대기 시작한 것이 식물이었다. 처음에는 쉽다는 다육식물부터 시작했다. 식물과 화분의 세계는 신비로웠다. 인간의 세계와는 달랐다. 인간의 세계가 '말'로 이루어진 것이라면 식물과의 관계는 '손'으로 이뤄졌다. 말로 이뤄진 인간의 세계가 불안하고 언제든 배신으로 무너질 수 있는 것이라면 식물과 만든 세계는 정직했다. "걔들은 정직해요. 내가 정성을 기울인 만큼 정직하게 반응하죠. 조금이라도 소홀히 하면 곧바로 죽고, 정성을 기울이면 문제가 있다가도 다시 살아나고요."

말이 필요 없는 관계였다. 말이 없더라도 교감하고 소통하고 구축할 수 있는 관계였다. 말에 의해 배신당하고, 배신의 고통을 그 어떤 말로도 표현할 수 없다는 또 다른 고통 때문에 힘들어하던 그에게 식물은 '손'이라는 새로운 언어를 알게 해주었다. 그 관계는 배신이 없는 깨끗한 세계였다. "식물들은 배신하지 않아요. 내가 정성을 기울였는데 왜 죽었냐고 말하는 건 어리석은 말이에요. 그건 내가 '잘못된' 정성을 기울인 거죠. 상대를 제대로 헤아리지 못한 정성은 정성이 아닙니다. 식물은 그걸 나한테 가르쳐줬어요. 나를 사랑한다고 했지만 그렇게 나를 대한 사람은 아무도 없었어요."

물론 그가 언제나 식물을 잘 돌보는 것은 아니었다. 우울과 분노가 심해지면 며칠이고 하루 종일 꼼짝 않고 방 안에 누워 있었다. 화분이 말라가는 것이 눈에 보였다. 자기가 정성을 다하고 있고 정직하다고도 말했던 그 식물이 죽어가는 걸 보면서도 손가락 하나 까닥하고 싶지 않았다. 아무런 감정이 들지 않았다. '아, 죽어가는구나.' 그걸로 끝이었다. 무감했다. 아무 느낌도 들지 않는데 일어나서 식물에 물을 주는 것은 불가능했다. 사람이 어떤 대상을 위해 무언가를 하기 위해서는 그 대상에 대한 느낌이 필요한데, 그 느낌이 하나도 없었다. 화분만 말라간 것이 아니라 자기감정도 말라갔다.

이 둘의 상황이 반복되어 나타났다. 식물만이 내 이야기를 들어준다고 생각할 때는 정성을 다해서 식물을 돌봤다. 우울한 동안에 말려 죽인 식물들에 대한 죄책감까지 더해서 더욱 정성을 다했다. 그럴 때는 집안에 화분이 빼곡이 들어섰다. 누가 와서 보더라도 '금손'이라고 부르며 칭찬했다. 돌보는 솜씨가 대단하다고들 말했다. 귀농해서 농사 지으라는 말도 들었다.

그러나 우울이 물결칠 때가 주기적으로 찾아왔다. 그때마다 식물에 마음을 주는 것이 공허했다. 식물이 정직하다고 생각했지만 사실은 말을 하지 않는 것이라는 깨달음이 절실하게 다가왔다. 처음 식물을 키울 때처럼 마구 무책임하게 죽이는 일은 덜 했지만 공허함은 어쩔 수가 없었다. 다 버려버리고 싶은 충동이 불쑥불쑥 일어났다.

그럴수록 사람과는 멀어졌다. 아이러니한 일이었다. 집에 식물이 넘쳐나고 있을 때 찾아온 친구들은 준석이 식물을 키우는 데서 위로는 받고 있다고 생각했다. 하지만 그게 뭘 뜻하는지를 알아채는 친구는 거의 없었다. 그런 친구들에게 준석은 식물 이야기만 했다. 식물이 얼마나 정직한지 등등에 대해서 말이다. 식물에 전혀 관심이 없던 친구들은 자신들이 왜 그런 말을 들어야 되는지 몰랐다. 친구들과의 접점은 점점 더 사라졌고 친구들은 준석을 부담스러워했다. 그러면서 "저렇게 식물을 좋아하고 식물에 의탁하니 다행이네. 마음 둘 데가 있으니 말이야"라고 말하며 '안심'하고 돌아갔다. 이렇게 시간이 흘러가면서 준석은 사람이 타인의 고통을 듣고 공감할 수 있는 존재가 아니라고 생각하게 되었다.

여기에는 다시 배신당하고 싶지 않다는 절망이 있었다. 그 배신은 사람으로부터 오는 것이기도 했지만 말로부터 오는 것이기도 했다. 말하고 싶지 않음, 그러나 말하고 싶음. 말을 하지 않으면 아예 이해를 받을 수 없지만, 말을 하면 이해가 아니라 오해만 쌓이고 거리가 멀어졌다. 아예 이해를 기대하지 않는 것이 편했다. 상황이 이렇게 될수록 자신의 마음을 나눌 수 있는 대상은 말할 수 없는, 그러나 살아 있기에 정직하게 반응하는 '식물'뿐이었다. 그의 집처럼 베란다에 식물이 넘쳐나는 집들이 많다.

4

그건 됐고요,
그래서 어떻게 된 겁니까

사회적 해결을 모색하며 제도의 언어에 기대는 경우

고통은 사람을 실존적 존재로 만든다. 아니, 더 정확하게 말한다면 고통은 사람이 실존적 존재가 되는 것을 불가능하게 함으로써 더욱더 실존적 위기의 상황으로 몰아간다. 반복해 강조하자면, 사람은 고통을 통해 자기 자신과 만나기도 하지만 고통에 의해 자신과의 대면이 불가능해지기도 한다. 당사자로 고통을 겪었음에도 불구하고 무슨 일이 있었는지를 자기 자신에게조차 제대로 설명할 수 없을 때 후자와 같은 일이 벌어진다.

홀로 있는 것이 자기 자신을 대면하는 일이라고 할 때, 내가 나에게조차 겪은 것을 설명할 수 없는데 미쳐버리지 않을 수 있겠는가? 이 일이 반복되면 나중엔 내가 겪은 일이 실제로 내가 겪은 것인지 아니면 지어낸 것인지조차 헷갈리는 단계에 이른다. 이럴 때는 홀로 있되 자기와 '더불어' 홀로 있는 것이 아니라 스스로에게도 버려진 외로운 상태가 된다. 실존이 불가능한, 실존의 위기를 경험하게 되는 것이다.

앞 장에서는 이 위기에 대처하기 위해 말할 수 없는 이들이 어떻게 말 듣는 존재를 불러들여 새로운 가상의 집을 짓는지 살펴보았다. 말하지 않아도 모든 것을 듣고 알아주는 신을 찾거나 혹은 손이 가는 만큼 정직하게 배신하지 않는 동식물을 찾아 그들과 공동의 집을 짓는 경우가 그렇다. 말할 수 없는 고통을 말하지 않더라도 알아듣는 존재를 불러들임으로써 실존의 위기를 해결하려 한 것이다.

그런데 이외에도 또 다른 방법이 있다. 고통은 말할 수 없는 것이므로 아예 그 누구와도 말을 하지 않는 것이다. 이 방법을 택한 이들이 보기에 고통에 대해 말하는 것은 부질없는 짓이다. 다른 사람이 나의 고통을 알고 공감한다는 것은 불가능하다. 그렇다고 신에게 기대거나 동식물을 곁에 두는 것도 부질없기는 마찬가지다. 그들은 무슨 말을 하더라도 알아듣는 것이 아니라 말을 못하기 때문에 그저 다 알아듣는 것처럼 보일 뿐이다. 고통은 말할 수 없다는 것을 애써 외면하는 정신 승리에 불과하다.

이러한 사람들 중에는 고통의 사회적 해결로 방향을 트는 이들이 있다. 사실 모든 고통에는 사회적 측면이 있다. 선아가 겪은, 남편과의 문제에서 오는 고통도 그렇다. 그것은 선아와 남편 간의 개인적 문제일 뿐만이 아니라 이 사회에 구축된 가부장적이고 남성중심주의적인 구조적 측면이 야기한 문제이기도 하다. 남자가 돈을 벌어오고 여자는 집에서 가사일을 하는 식으로 여전히 노동은 성별화되어 있다. 권력 또한 마찬가지다. 남자가 돈을 벌어오는 과정에서 생기는 문제는 여자가 알거나 관여할 수 없는 남자의 권한으로 간주된다. 이로부터 파생되는 문제는 선아의 경우처럼 남자뿐만 아니라 여자의 삶 전체도 뒤흔들지만 말이다. 이런 점에서 선아의 고통 역시 실존적인 것만이 아니다. 가부장제와 남성중심주의에서 비롯되는 사회적 측면이 있는 고통이다.

사회적 문제에서 비롯된 고통을 해결하는 것은 고통이 야기한 실존적 위기를 해결하는 것과는 별개의 문제다. 이런 문제를 겪고 있는 여성은 무수히 많다. 고통의 실존적 측면을 이해하는 것과 그것을 개인화하는 것의 차이를 아는 것이 중요하다. 나만 겪는 게 아니고 그것이 사회구조로부터 비롯된다는 것을 알게 될 때, 우리는 고통을 개인화하는 것을 넘어서서 고통의 사회적 측면을 발견하고 해결을 도모할 수 있게 된다. 고통의 당사자들이 모여 서로의 이야기를 듣는 것은 이래서 매우 중요하다. 그래야 고통의 사회적 측면을 알게 되고 공감할 수 있고 나아가 해결도 모색할 수 있다.

자기와 같은 상황에 처해 있는 다른 당사자들과 교감하며 사회적 인식에 도달하는 것이 주는 기쁨이 있다. 그러나 고통을 겪어본 사람들은 알 것이다. 고통의 사회적 측면을 강조한다 하더라도 여전히 남는 고통이 있다는 것을 말이다. 그 뒤로 자책과 분노, 그리고 스스로에게도 납득되지 않는 억울함과 후회는 남아 있다. 고통의 실존적 측면이다.

그렇기에 고통에는 혼자 감당해야 하는 실존적 측면이 결코 제거되지 않는다. 이를 명확히 깨달을수록 역설적인 일이 벌어지는 경우가 있다. 고통의 실존적 측면은 철저히 개인이 감당해야 하는 것이기 때문에 다른 사람들 앞에서 말할 필요가 없다. 사람이 다른 사람과 말할 수 있는 것은 오로지 사회적 측면뿐이다. 이것을 명확히 아는 사람들 중에는 고통을 철저하게 사회적 측면과 실존적 측면으로 두부모 자르듯 구분하는 이들이 있다. 다른 사람과 함께 모색해야 할 일은 고통의 사회적 측면을 해결하는 것이다. 실존적 측면을 '사회적'으로 나누려는 것은 의미 없는 일이다. 고통의 실존적 측면을 이야기하는 것 또한 그 고통의 사회성을 환기하고 문제를 해결하기 위한 과정 혹은 도구로서 의미가 있다.

진상을 밝히는 데 해롭기만 한 말을
왜 해야 한단 말인가

용산참사 이후를 그려낸 〈공동정범〉은 이를 아주 잘 다룬 영화다. 기존의 많은 다큐멘터리들이 사회문제 자체를 파고드는 데 집중한 것과 달리, 이 영화는 사회적 참사를 겪고 자기가 생각지도 못한 고통에 직면하게 된 사람들이 어떻게 그 문제를 다루는지를 다양한 각도에서 보여준다. 영화에 나오는 이충연이라는 인물은 지금까지 이야기한 바로 이런 모습을 잘 보여준다.

용산참사는 한국의 개발자본주의가 낳은 대표적인 비극이다. 2009년 1월 일방적인 재개발에 반대한 전국의 철거민 30여 명이 서울 용산역 근처의 남일당 건물을 점하고 농성을 벌였다. 이에 정부는 이 점거 농성을 '도심 테러리즘'이라고 명명하고 강경하게 진압했는데, 이 과정에서 화재가 발생해 5명의 철거민과 1명의 경찰이 사망하는 사건이 벌어졌다. 화재의 원인과 과정 등 일체의 사건이 불분명했음에도 불구하고 검찰은 3주 만에 경찰을 무혐의로 결론지었고 철거민들은 기소되어 전원 유죄판결을 받았다. 이때 철거민들에게 적용된 죄목이 '공동정범'이었다.

이 사건의 핵심에 있는 인물이 철거민대책위원회 위원장이었던 이충연이다. 그는 진압 과정에서 아버지가 사망하는 끔찍한 참사를 겪었다. 그리고 자신은 주모자로 지목되었다. 재판 과정에서 그는 농성을 주도했음을 밝히라는 압력을 경찰뿐만 아니라 다른 사람들로부터도 받았다. 그가 '위원장'으로서 농성을 계획하고 주도한 자신의 '죄'를 자백하면 농성에 참여한 다른 철거민들은 감형될 수 있었기 때문이다. 그러나 그는 처음부터 끝까지 철저히 함구하였다. 그가 자백하지 않음으로써 망루에서 농성을 벌이다가 생존한 철거민 전원은 '공동'이 모의하고 행동했다 하여 책임과 처벌을 모두 '공동'으로 지게 되었다. 그게 바로 '공동정범'인 것이다.

공동정범은 국가가 이들에게 죄목을 묻는 방식이었지만, 이로 인해 철거민들 사이에서는 분열이 일어난다. 실제로 공동으로 계획하고 행동한 일이 아니었음에도 이충연이 철저히 입을 다무는 바람에 나머지 철거민들은 자신이 하지도 않은 일에 대해 책임을 나누어 져야 했기 때문이다. 나머지 철거민들은 바로 이 점에서 배신감을 느끼게 되고 그 배신감으로 고통받는다. 사람들은 이런 부분까지 같이 이충연과 이야기하고 싶어하지만, 이충연은 이들과 대면하고 이야기 나누는 것을 거부한다.

이것은 이충연이 자신의 책임을 전가하고 처벌을 모면하려는 '비겁한 처사'가 아니다. 적어도 영화를 통해서 보이는 이충연의 모습은 고통의 실존적 측면이 지닌 심연을 뼈저리게 인식하고 있는 사람이다. 그것은 말할 수도 없고, 말한다고 해결되지도 않는다는 것을 말이다. 오히려 실존의 고통에 사로잡히지 않아야만 진상을 규명하는 일을 할 수 있다.

따라서 그는 처음부터 말하지 않는다. 말할 수도 없고 말할 필요도 없다. 철거민들은 울분을 토하면서 참사에 대해 이야기하며 잠시 의기투합할 수 있을지 모른다. 그러나 곧 서로 내가 맞느니 네가 맞느니 하며 싸우게 될 것이다. 마음을 모은다고 하지만 오히려 상처가 깊어지고 말은 흩어질 것이다. 그런 말로 무엇을 할 수 있는가? 필요도 없는 말, 아니 진상을 밝히는 데 해롭기만 한 말을 왜 해야 한단 말인가?

게다가 이충연은 확실히 알고 있다. 그것을 말하기로 한 순간부터 주범은 빠져나가고 진실은 그들 '사이'의 문제로 전환된다는 것을 말이다. 이충연이 보기에 용산참사는 그들 '사이'에서 벌어진 일이 아니다. 그들과 세계, 그들과 권력 사이에서 벌어진 일이다. 그렇기에 그들 '사이'에 있었던 일을 이야기하고 그들 '사이'를 복원하는 데 초점을 맞추는 것은 무의미하며 위험하다. 자칫하면 권력과 그들 사이의 문제는 사라지고 참사의 당사자들 사이의 문제에 매몰될 수 있기 때문이다. 그렇기에 함께 만나서 참사를 야기한 국가권력을 대면하며 적대하는 이야기를 나눈다면 몰라도 흉금을 터놓고 서로의 고통을 토로하는 것은 공허한 자위이자 무의미한 낭비에 불과하다.

말할 수 없는 고통에 사로잡힌 사람은 결코 고통을 해결하는 일을 할 수 없다. 왜냐하면 그 말을 하는 순간순간마다 자신의 고통이 손가락 사이로 빠져나가서 또 다른 고통이 양산되는 것을 목도해야만 하기 때문이다. 자기 연민에 빠지지 않을 수 없다. 그 고통을 이기며 일을 계속할 수 있는 사람은 성자 아니면 악마다. 그렇기에 아예 교감과 공감이라는 말의 쓸모 자체를 폐기해버린, 그런 말을 할 수 있는 입을 닫아버린 이충연만이 진상 규명을 계속 해나갈 수 있다. 이 영화에서 그가 악당처럼 보이는 것은 바로 이런 이유에서다.

이충연은 철저하게 고통의 실존적 측면과 사회적 측면을 나눈다. '말'을 통해 의미를 가질 수 있는 것은 고통의 사회적 측면이다. 쓸모 있는 말은 고통의 사회적 진상을 해명하고 해결을 시도하려는 말이다. 바로 이런 의미에서 고통의 실존적 측면을 다루는 말은 무가치하다. 이충연에게 말이란 이처럼 사회적 효용만을 가진다. 반대로 말하면 그런 사회적 효용이 있는 말만 말로서의 가치를 가진다.

사회적으로 통용되는 말로만
고통을 설명할 때의 딜레마가 있다

그렇다면 사회적으로 쓸모 있는 말을 하는 사람은 누구일까? 동어반복처럼 들리겠지만, 그런 사람은 이미 사회적으로 인정된,

들릴 수 있는 말을 구사하는 사람이다. 조금 어려운 말로 하면, 이미 사회와 법에 기입된 언어로 말하는 사람만이 말을 나눌 수 있는 상대방으로서 가치와 의미를 지닌다. 이 사람들의 말만 사회에서 들린다. 따라서 고통의 사회적 측면을 해결하는 데 집중하는 사람들 중에는 이렇게 사회와 법의 언어로 말하는 사람들만 만나서 이야기를 나누는 경우들이 있다. 이것이 다른 사람이 보기에는 권력이나 쫓아다니는 얄팍한 행위로 보이게 된다.

변호사들을 만나 이야기 나눠본 사람이라면 잘 알 것이다. 법은 법의 언어로 이야기하는 사람의 말만 듣는다. 자기가 당한 고통과 피해를 아무리 길고 상세하게 이야기하더라도 변호사들로부터 돌아오는 대답은 똑같다. "그건 됐고요, 그래서 이건 어떻게 된 겁니까?" 길게 이야기해봤자 그들은 항상 "그건 됐다"고 말한다. 말할 필요가 없다는 것이다. 법적으로 조각되지 않는 말은 무가치하고 무의미한 말이기 때문이다. 법은 들을 말만 듣는다.

바로 이 점에서 이충연을 바라보는 사람들의 시선은 곱지 않다. 자신과 함께 투쟁한 사람들과의 대화는 거부하면서 사회적으로 명망 있는 사람들과만 만나서 이야기하려 하기 때문이다. 그러나 이것은 그가 권력을 쫓는 해바라기이기 때문이 아니다. 오히려 그가 참사의 사회적 측면에 주목하고 그 원인을 규명하려고 할수록 빠질 수밖에 없는 함정이다. 법적인 측면에서는 법조인을, 정치적 측면에서는 정치인을, 사회적 측면에서는 성직자와 사회운동가를 만날 수밖에 없다. 그것이 사회가 참사에 귀 기울이게 할 수 있는 '언어'이기 때문이다.

여기에 고통을 이미 승인된 법의 언어로 말하는 것의 딜레마가 있다. 이충연은 자신의 고통을 야기한 사회에 도전하려고 하지만 그 사회가 승인한 말로만 그것을 말하려 한다. 그 결과 그는 현 사회의 말과 권위를 승인하고 재생산한다. 자신의 고통을 야기하고 그 고통을 심판한 언어로 자신의 고통을 말함으로써 그 언어는 심판되지 않고 오히려 심판의 언어로 다시 한번 재생산되는 것이다. 이때 전복되는 것은 하나도 없다. 이것이 법의 언어가 끈질기게 살아남는 방법이다.

법뿐만이 아니다. 모든 제도는 자기가 언어라고 선언한 그 말만을 알아듣는다. 나머지 말들은 쓸모없이 여기고 듣지 않는다. 재희 어머니가 병원에 갈수록 좌절하는 이유도 마찬가지다. 그는 자신의 신체적 고통에 대해 될 수 있는 한 상세하게 호소하지만 그럴 때마다 의사는 듣는 척도 하지 않는다. 귀찮아한다. 그의 고통은 의학적으로 무가치하기 때문이다. 의사뿐만 아니라 자식들도 그렇다. 근대 의학과 관련한 지식이 있는 자식들이 듣기에 어머니의 고통은 의학적 의미가 없기 때문에 하나 마나 한 말이다. 귀담아 듣는다 해도 해결해줄 수 있는 것이 하나도 없는 말이다. 제도는 이처럼 고통을 듣는 데 무감하다. 이럴 때마다 재희 어머니는 좌절하며 이렇게 말한다. "나는 아프다는데 괜찮다고, 문제없다고 하니 미치고 팔짝 뛰겠다."

이충연은 바로 이런 점 때문에 법이 들을 수 있는 말을 하는 사람만 만나고 법이 들을 수 있는 자리에만 가며 법이 들을 수 있는 언어로만 말을 한다면, '아는 게 없는' 재희 어머니가 선택할 수 있는 유일한 방법은 하나다. 병원 쇼핑이다. 처음에 병원에 가면 의사들은 듣는 척을 한다. 그러다가 그의 말이 반복되면 노골적으로 귀찮은 티를 낸다. 그러면 재희 어머니는 다른 병원으로 간다. 그렇게 그는 제도의 문을 두드리지만 언제나 제도의 바깥을 전전할 뿐이다. 그의 말은 제도의 문턱을 넘지 못한다. 그의 말은 사회적 측면에서 '공동의 집'을 지을 수 없는 말이다.

반대로 누구보다 많은 '언어'를 가지고 있던 덕룡 아버지가 신흥종교를 찾게 된 것은 사회적 효용을 가진 말이 실존적 측면에서 무가치했기 때문이다. 이충연과 반대의 경우인 것이다. 덕룡 아버지는 자기가 겪고 있는 일의 사회적 측면을 잘 '안다'. 이것은 자기 혼자만 겪는 문제가 아니라 정신적·정서적 쇠약에 따른 노년의 문제이며, 이를 다루는 사회적 해법의 부재에서 비롯되는 부분이 많다.

그러나 고통의 실존적 측면을 뼈저리게 느낀 덕룡 아버지에게 언어가 가진 사회적 효용은 자신의 문제를 대면하는 데 아무런 도움이 되지 않는다. 재희 어머니가 제도의 문턱을 넘지 못하는 말을 계속 한다면, 반대로 덕룡 아버지는 제도의 언어가 실존의 문턱을 넘지 못한다는 것을 안다. 정교한 언어를 가지고 있는 그가 택한 것은 제도 바깥의, 언어 같지 않은 언어다. 그는 사회적 언어를 거부하고 제도 바깥의 언어로 공동의 집을 짓는다.

덕룡 아버지를 통해 알 수 있는 것은 고통의 사회적 측면을 강조하더라도 실존적 측면이 제거되지 않는다는 사실이다. 고통의 문제를 다루는 '전문가'를 만나고 나름의 해결을 보더라도 이 문제는 말끔하게 사라지지 않는다. 이것이 고통을 사회적·구조적 측면에서만 다룰 때 벌어지는 문제다. 오히려 가끔은 사회적 해결이 너무 빨리 진행되어서 실존적 문제를 해결할 여지도 남겨놓지 않음으로써 고통의 당사자들을 더욱 힘들게 하는 경우도 있다. 실존은 늘 사회의 잔여범주로서 존재에 달라붙어 있다. 여기에 고통의 딜레마가 있다.

5

다 필요 없어요,
하지만 뭐든 붙잡고 싶어요

고통을 말끔하게 설명할 수 있는 마법의 언어는 없다

선아에게 집단 상담은 구원의 공간이었다. 집단 상담을 하기 전
까지 선아는 자기가 당한 일이 그저 억울하기만 했다. 감정에 매
몰되어 자기 자신에 대해서는 생각할 겨를이 없었다. 그런데 집
단 상담은 억울하고 분한 그 감정의 주체인 자신을 돌아보게 했
다. 그것은 왜 자기가 다른 사람과는 다른 결과 강도로 그런 감
정을 갖게 되었는지를 알아가는 과정이었다.

선아는 그 과정에서 자기에게 '언어'가 생겼다고 생각했다.
자기를 바라보고 사태를 다룰 수 있는 언어가 생겼다고 믿었다.
그 언어는 '마음'과 '분리'라는 말이었다. 선아는 나와 이야기 나

누는 동안 계속해서 이 말들을 반복해 사용했다. 이는 선아에게 마법의 단어였다.

"내가 분리를 못했어요. 남편 때문에 벌어진 일이지만 그걸 남편의 문제라고만 생각했지 내 감정의 문제라고는 생각하지 못한 거죠. 공부를 하면서 분리를 할 수 있게 되었고요." 선아는 자기 자신뿐만 아니라 가족, 친구 등 다른 사람에 대해 이야기할 때도 늘 '분리'라는 말을 썼다. 자식과의 문제로 골머리를 앓고 있는 친구에 대해 이야기할 때도 이런 식이었다. "그 친구는 아직 자식과 분리를 못했어요. 분리를 해야지."

집단 상담과 수양을 통해 자기 자신에 대해 처음 생각해보게 되었다는 이야기를 할 때도 '분리'라는 말은 빠지지 않고 등장했다. "내가 왜 이렇게 됐는지 생각해보면, 어렸을 때부터 나는 나를 다른 사람들과 분리시키지 못했던 것 같아요. 엄마와 나를 분리 못 시키니까 엄마 눈치만 보고 엄마 마음에 들려고 노력하면서 좌절하고. 그게 엄마 마음이지 내 마음이 아니라는 걸 몰랐죠." 집단 상담과 수양을 통한 '공부'가 어린 시절부터 자신의 문제였던 '분리'를 깨닫고 실행할 수 있게 해주었다고 말했다.

'분리'라는 마법의 단어로 인해 선아는 자기를 발견하고 다스리는 법을 조금씩 배웠다. 내면이라는 자기 자신과 만나는 집을 지을 수 있었다. "이전에는 화가 나면 어쩔 줄 몰랐어요. 내 마음인데도 그 마음에 휩쓸려 다녔죠. 그래서 늘 괴로웠어요. 주체를 못했고요. 남편하고 문제가 심각해지면 거기 매여서 다른 걸 못했어요. 그런데 이제는 안 그래요. 분리를 시킬 수 있게 되었고, 그러면서 마음을 다스릴 수 있게 되었어요."

남편과의 이혼 수속을 밟으면서도 선아는 한결 담담하게 그 일을 처리하고 있었다. 스스로도 과거였다면 이렇게 하지 못했을 것이라고 말했다. 이혼이 이제 준비되고 필요해서 하는 것이지 남편에 대한 미움이나 복수 때문에 하려는 것은 아니라고 했다. 그런 마음이었다면 오히려 이혼하지 못했을 것이고, 이혼하더라도 자기가 남편으로부터 자유로워지지 못했을 것이라고 말이다.

선아가 '분리'라는 말로 자기 마음을 다스리게 된 것은 좋은 일이다. 그러나 너무 많은 것을, 너무 빨리, 너무 확실하게 설명해버리는 이 단어는 종종 선아가 문제를 제대로 파악하는 것을 방해했다. 모든 것이 다 '마음'과 '분리'의 문제로 귀결되어버렸기 때문이다. 이 두 단어는 확실히 그로 하여금 문제를 지나치게 '심리학화'하여 바라보게 만들었다. 문제의 사회적 측면이나 실존적 측면을 직면하지 않고 오히려 회피하게 만들고 있었다. 또한 말할 수 없는 게 있다는 걸 선아는 알면서도 애써 외면했다.

"물론 그래요. 분리한다고 다 되는 게 아니에요. 가끔은 이게 마음의 문제고 내가 분리를 잘해야 한다고 생각하면서도 그런다고 문제가 다 해결될 수 있을까 하는 의문이 들어요. 하지만 그때마다 다시 생각해요. 이것도 분리의 문제라고 말이에요. 내가 아직 분리를 제대로 못하고 끌려다니는 걸 거예요. 다 마음의 문제죠." 선아는 나와 이야기를 나누다가 자신이 처해 있는 고통의 다른 차원이 언급되면 얼핏 생각하는 듯하다가도 이 두 마법의 단어로 서둘러 말을 끝맺었다. 더 이상 생각하고 싶어하지 않았다. 좀더 깊이 있는 이야기로 들어가면 넌지시 화제를 돌렸다. 그에게 자기를 발견하고 생각하게 하는 사유의 단어가 이제는 사유를 방해하는 것처럼 보였다.

이것은 종종 선아에게 파괴적인 결과를 낳고 있었다. 가끔 선아는 자기 마음이 흐트러질 때마다 전화를 해서 "다 필요 없어요" "이제 그만해야겠어요" "나도 이젠 정말 모르겠네요"라고 말했다. 자기 마음을 다스릴 수 있다고 믿는 언어가 무너질 때마다 선아는 완전히 무너졌다. 그럴 때 그가 할 수 있는 것은 누군가와 말을 하는 게 아니라 흐느끼고, 한숨 쉬고, 절규하는 '소리'를 내는 것뿐이었다. 그는 다시 '말'의 세계에서 '소리'의 세계로 돌아갔다.

선아가 '분리'와 '마음'이라는 말로 자신의 고통을 봉합하고 있다면, 어떤 사람들은 사회학적 언어로 고통의 문제를 봉합했다. 그들에게는 자신이 겪고 있는 고통이 사회적 문제였다. 그렇기에 그들은 '사회학적 언어'를 필요로 했으며 그 언어로 자신이 당하고 있는 고통을 거의 완벽하게 설명해냈다. 선아가 문제를 심리학화하는 것과는 정반대의 모습이다. 앞서 언급했던, 〈공동정범〉에 등장하는 이충연의 경우가 대표적이다.

하나의 언어로만 밀어붙일 때
설명되지 않는 것들이 남아 있었다

고통을 '심리학화'하거나 '사회학화'해서 다루는 언어 사이에서 이를 다뤄내려는 또 다른 시도가 있다. 고통의 당사자들이 모여 이야기를 나누고 서로 공감하면서 심리학과 사회학의 언어에 기대더라도 그것을 딛고 넘어서는 또 다른 언어를 만들어가려는 시도가 그것이다. '수다'를 통해서 내면의 고통을 이야기하고 다른 사람의 고통을 들으며 그 사이에서 공감을 만들고 이를 바탕으로 새로운 언어를 만들어가려는 것이다. 선아가 참석했던 집단 상담, 태석이 처음 참여했던 교사 모임이 대표적이다.

요즘 여러 사회단체들에서 '수다 모임'을 만들려고 하는 이유도 여기에 있다. 전문가에 대한 의존에서 벗어나 당사자들이 수다를 통해 기존의 언어와는 다른 언어를 만들어보려는 것이다. 특히 피해 당사자들이 모여서 이야기 나누는 것은 각자의 사연을 개별적이고 고립적으로 간주하여 '자기 문제'로만 생각하는 것을 넘어서게 하는 중요한 효과가 있다. 또한 당사자로서 피해의 경험을 말하는 것 자체를 꺼리고 두려워하는 이들에게 그것을 뛰어넘는 용기를 줄 수 있다. 피해의 '수치심', 즉 자신이 무능해서 당했다는 감정을 넘어설 수 있게 해주는 것이다.

피해 당사자들은 이런 모임에 참여하면서 자신을 넘어서는 힘을 얻게empowerment 된다. 비로소 자신의 이야기를 감추는 게 아니라 다른 이에게 펼쳐놓을 수 있게 되는 것이다. 그러면서 자기가 잘못했다는 죄책감에서 벗어나 자신과의 화해를 시도할 수 있게 된다. 사회적 차원에서는 공동의 집을 재구축하고, 심리적 측면에서는 무너진 내면을 복원할 수 있다.

그런데 몇몇 모임은 당사자들이 겪은 사안을 지나치게 빨리 사회학적 문제로 돌림으로써 그렇게만 인식하게 만들어버린다. 그 결과 고통의 '개별성'은 앙상한 것으로 날아간다. 고통을 개인화하는 잘못을 경계하면서 제거되지 않는 고통의 실존적 측면을 간과하는 것이다. 사회학적 언어는 고통의 고유함과 개별성보다는 사회성에만 주목하기 때문에 당사자 개개인의 구체적 사연들이 종종 '공감'이라는 말로 너무 빨리 휘발되어버리기도 한다. 그리하여 종국에는 개별성이 '사연'이나 '사례'로 여겨진다. 나눔의 자리에서는 개별성이 다른 사람들에 의해 '경청'되는 것 같지만, 그것이 언어화되는 자리에서는 선언적인 사회학적 언어만 남는다.

대안 학교에서 교사로 일하고 있는 태석의 경우도 그랬다. 태석은 학생들을 가르치는 일이 자기의 천직이라고 생각했다. 획일적인 공교육을 벗어난 공간에서 학생들과 같이 생활하며 배움을 권하는 일에 종사하는 것이 꿈이었다. 대안 교육에서는 강제나 강요 없이 학생들의 개성을 살리면서 성적이 아닌 꿈을 중심으로 그들 하나하나가 원하는 공부를 도모할 수 있을 것이라고 기대했다.

그러나 그가 교육 현장에서 부딪히게 된 것은 기대와는 전혀 달랐다. 무엇보다 학생들은 오랜 시간을 두고 지켜봐준다고 해서 자기의 꿈을 발견하는 게 아니었다. 그렇게 지켜보더라도 학생들은 무기력했고 점점 더 무기력해져 갔다. 원하는 것 중심으로 공부를 기획하려고 했지만 학생들은 '원하는 게 없었다'. 원하는 것에서 출발하는 게 아니라 원하는 것을 찾아내는 게 더 중요했다. 자신이 출발점으로 생각했던 것이 출발점이 아니라 도착점이라는 것을 알게 되었다. 그러나 학생들의 질긴 무기력을 깨는 방법은 없었다.

하위권이나 전문계 고등학교에서 근무할 때의 경험은 정말 절망적이었다. 학생들에게 공부를 강권할 생각도 없었다. 진도를 나가면서 입시에 필요한 공부를 가르칠 생각도 없었다. 적어도 그 학교에서는 한 반에 한 명에게도 필요하지 않은 공부였다. 그래서 오히려 수행평가처럼 학생들이 참여하면서 직접 경험해

보는 수업을 하면 따라올 것이라고 생각했다. 주변의 인물을 찾아 인터뷰를 하고 위인전을 쓰는 것 같은 것 말이다.

그러나 완벽한 오산이었다. 학생들은 전혀 움직이지 않았다. 심지어 낮에 커튼을 치고 어두컴컴한 교실에 앉아 있었다. 날도 좋은데 왜 커튼을 치고 있냐고, 걷으라고 하면 다들 싫다고 아우성이었다. 자기들은 밝은 게 싫고 어두운 게 좋다고 말했다. 심지어 축구공 하나만 던져주면 무덤에서도 뛰쳐나와 공을 찬다는 남자 고등학생들이 운동장에 나가는 것도 싫어했다. 다들 수업 시간이건 쉬는 시간이건 핸드폰에 코를 박고 있었다.

미국에서 나타난다는 것처럼 가난하고 부모가 바쁘거나 학생이 스스로 생계를 책임져야 할 경우 비만이 많았다. 그들을 걱정하며 조금이라도 몸을 움직여야 한다고 말하고 활동을 권하면 학생들은 "자기의 꿈을 방해하지 말라"고 했다. 꿈이 뭐냐고 물으면 "몸무게 초과로 군대를 면제받는 것"이라고 했다. 처음 들었을 때는 농담인 줄 알고 어처구니없어 했다. 하지만 진심이었다. 그가 군대를 면제받아야 누워 계신 할머니를 비롯해서 생계를 돌볼 수 있기 때문이었다.

처음에는 이 모든 것이 자기의 무능 때문이라고 생각했다. 그래서 상담도 공부하고 교수법도 연구하며 해법을 찾기 위해 노력했다. 그러나 태석이 발견한 것은 이런 새로운 방법론이 별로 먹히지 않는다는 것이었다. 학생들의 상태는 나아지지 않았다. 태석은 알게 되었다. 학생들이 배움을 거부하고 무기력해진 상태에서 문제가 생길 때마다 부모나 교사를 탓하는 것이 자신과는 거의 무관하게 벌어지는 일이라는 것을 말이다.

태석은 교육이 왜 이 모양이 되었는지에 대해 공부하면서 이것이 개별 교사의 문제가 아니라 사회구조적인 문제라는 것을 알게 되었다. 특히 '신자유주의'에 대해 공부하면서 많은 의문을 해결할 수 있었다. 사회는 완전히 양극화되었고, 그 양극화의 한쪽 끝에 능력주의자들이 있다면 다른 한쪽 끝에는 무엇을 하든 무기력할 수밖에 없는 존재들이 있었다. 태석이 마주 대하고 있는 학생들이었다.

그 후 태석은 교사로서 자신이 느끼는 분노와 슬픔, 우울과 냉소를 설명할 때마다 '신자유주의'라는 말을 반복해서 꺼냈다. 이 모든 것은 신자유주의에 의해 야기된 것이었다. 개별 교사의 성찰이나 노력을 촉구하는 말에 대해 그는 반감을 드러내기 시작했다. 그런 것을 통해 극복 가능한 게 아니며 교사의 문제로 환원하지 말라고 비판했다. 태석이 보기에 대다수의 교사들은 충분히 열심히 하고 있었다. 그들에게 자꾸 새로운 것을 요구하는 것이야말로 '신자유주의적'이라고 생각했다.

그러나 문제가 있었다. 교무실에서의 행정적인 모임이나 교사들끼리 공부하는 모임에서 태석이 하는 말에 이의를 제기하는 교사들은 없었다. 그들이 보기에도 이 모든 것은 교육의 신자유주의화에서 기인한 것이었다. 그러나 태석의 말은 교사들의 '의기투합'을 오히려 방해했다. 다른 교사가 교수법과 같은 기술적인 문제를 꺼내들면 태석은 그가 구조적인 문제를 보지 못한다고 비판했다. 다 맞는 말임에도 불구하고 다른 교사들은 태석을 부담스러워했고 어려워하면서 점점 더 그와 말을 섞지 않게 되었다. 태석의 언어는 교사들 사이에서 태석을 고립시켰다. 고통은 말끔하게 설명되었지만 여전히 거기에 있었다. 오히려 교사들 안에서의 '고립'이라는 새로운 고통이 만들어졌다.

나아가 이런 마법의 '사회학적 언어'는 태석을 점점 더 무기력하게 만들었다. 이전에 태석이 교수법과 같은 방법론을 중심으로 문제를 타개하려고 했을 때는 노력할수록 안된다는 사실에 좌절했다. 그래서 새로이 얻게 된 그의 사회학적 언어를 중심으로 문제를 타개하려고 하자, 이번에는 문제의 원인이 자신의 교육 현장에 있지 않다는 사실 때문에 자신이 부딪히는 현실을 그대로 내버려두게 되는 아이러니한 결과를 가져왔다. '여기'에서 할 수 있는 게 없기에 '여기'에 대해 태석이 무기력하고 냉소적으로 대할수록 그 '여기'는 더욱 강고하게 남았다. 지금 이 자리에서 학생들과 벌어진 일은 이 언어들 사이로 빠져나갔다. 자신을 설명하기 위한 말이었지만 말을 할수록 설명되는 것은 '사회'였지 자신이 아니었다. 수다 모임에 나가도, 사회학 공부와 토론 모임에 나가도, 집에 돌아오는 길은 늘 허전하고 공허했다.

주문을 외우며 마음을 다스렸다
하지만 그것은 고통을 회피한 게 아니었을까

덕룡 아버지는 바로 이 점 때문에 언어의 허무함에 주목해야 한다고 말했다. 사회과학의 언어를 누구보다 더 많이 가진 지식인이기에 그는 그 언어가 가진 한계를 잘 알고 있었다. 설명했다고 말하는 순간 설명되지 않고 빠져나가는 것이 있다는 것이다. "인간의 언어로는 지금 내 심정이나 상황을 절대로 설명할 수 없어. 불가능하고 어리석은 일이지. 아무리 말해도 말할 수 없는 게 있다는 거야."

그가 말하는 '인간'의 언어란 '의미'를 중심에 둔 말을 뜻한다. 인간의 언어는 존재하는 것을 묘사하고 설명하고 분석할 수 있다고 자신한다. 고통의 문제도 그렇다. 고통의 원인을 발견하고, 그 의미를 분명하게 말할 수 있고, 그렇게 원인과 의미가 파악되면 다룰 수 있다고 자신하는 것이 인간의 언어다. 그렇기에 인간의 언어는 '침묵'을 모른다. 늘 수다스럽게 떠들기만 할 뿐이다. 이렇게 떠벌리기만 하기 때문에 인간의 언어가 망각하고 있는 것이 바로 '말할 수 없는 게 있다'는 사실이라고 덕룡 아버지는 말했다.

대신 그가 채택한 다른 마법의 언어가 '주문'이다. 주문은 인간의 언어가 가진 한계를 넘은 언어다. 거기에는 담을 수 없을 것을 담을 수 있다. 그렇기에 주문에는 힘이 있다. 주문을 외면서 그는 자기 마음을 다스릴 수 있었다. 또한 주문을 외는 사람들이 모여 서로의 상처에 공감하며 공동체를 이룰 수 있었다. 나아가 이 언어는 덕룡 아버지에게 세계를 바꾸고 구원하는 사회적이고 우주적인 차원의 언어이기도 했다. 그에게 주문은 선아가 가진 심리학적 언어나 태석이 가진 사회학적 언어의 한계를 뛰어넘는 언어였다.

덕룡 아버지는 주문의 힘이 실제적 힘을 발휘한다고 말한다. 그것은 의미 때문이 아니다. 주문에는 모든 것이 담겨 있으며, 주문의 수행을 통해 실제로 마음만이 아니라 몸과 물질세계가 바뀐다고 말했다. 그는 주문의 힘을 과학적으로 설명하기 위해 뇌파에서부터 파동에 이르기까지 여러 개념을 동원하면서 많은 애를 썼다. 역설적으로 그는 인간의 언어를 넘어서야 한다고 말하면서 인간의 언어로 그 언어의 힘을 설명하려고 했다. 그래야 설득력이 있기 때문이다.

그러나 덕룡 아버지의 주문은 그를 고립시키는 언어다. 그가 친척이나 주변 사람들에게 이 마법의 언어가 가진 힘을 말하는 동안 그는 주변에서 고립되었다. 그에게 곁이 되는 주변은 그 주문을 공유하고 있는 같은 종교인들뿐이었다. 주문은 작게 보면 고통을 공감하고 공동체를 만드는 언어였지만, 그것이 그들을 '세계'에서 고립시켰다. 그들에게 주문은 바로 그 '세계'를 변

혁하는 언어였지만 말이다. 이 주문에는 보편성이 존재하지 않았다.

구체성 역시 마찬가지다. 주문은 말할 수 없는 것을 모두 담을 수 있는 언어임에도 불구하고 거기에는 덕룡 아버지가 겪고 있는 고통을 묘사하고 설명하고 분석하는 어떤 힘도 없었다. 그 주문으로 덕룡 아버지는 자기 마음을 다스리게 되었다고 했지만 고통을 직시하는 언어, 말을 건네는 말은 아니었다. 오히려 주문은 그로 하여금 고통을 직관하고 대면하는 일을 외면하게 했다. 고통이 떠오르면 주문을 외우면서 그 고통과의 대면을 회피했기 때문이다.

선아와 태석, 덕룡 아버지의 이야기는 고통을 명료하게 말한다는 '한 방'의 언어가 결국 모두 주문이라는 것을 말해준다. 고통에는 세 가지 측면이 있다. 사회적 측면, 관계의 측면, 그리고 실존적 측면이 그것이다. 이 세 가지 차원에서 다시 거주할 세계를 구축하는 언어는 다 다르다. 고통의 사회적 측면을 인식하고 동시에 주변과 공감하고 더구나 실존적 측면을 응시하는 것, 이 세 가지를 동시에 해낼 수 있는 '마법의 단어'는 없다. 다른 말로 한다면 세계와 주변-곁과 내면을 동시에 구축할 수 있는 그런 단 하나의 '마법의 단어'는 없다. 그런 단어는 사실상 '주문'이다. 사회과학적 언어든 심리학적 언어든 혹은 정말 주문이든 간에, 이런 말들은 고통의 다른 차원을 대면하고 고통을 말한다는 것이 얼마나 어려운지, 아니 사실은 불가능한지를 직면하는 것을 방해하는 '주문'이다. 모두가 각자 다른 주문을 외우고 있는 것에 불과하다.

6

아무리 말해도
말할 수 없는 게 있어요

말할 수 없는 그 불가능에 맞서야 한다

사람은 언어를 통해 타자와 함께 거할 수 있는 집을 짓는다. 집은 홀로 머무는 공간이 아니다. 홀로 머물 때조차 나와 함께 머문다. 타자 혹은 나와 함께 머물기 위해 반드시 필요한 것이 언어다. 언어를 통하지 않고서는 한곳에 있더라도 함께 머무는 게 아니라 제각각 머무르는 고립된 둘이 있는 것이다. 언어를 통해서만 홀로 머물 때조차 함께 머물 수 있으며, 그럴 때 우리는 비로소 거주하는 집이 있는 존재가 된다.

말하지 못한다는 것, 말할 수 없다는 것은 거주할 집을 지을 수 없다는 것을 의미한다. 고통이 야기하는 난제가 바로 이것이다. 고통을 말할 수 없다는 것을 절감하는 순간 사람은 거주할 집을 지을 도구를 잃어버린다. 있던 집은 부서진다. 집이라고 믿었던 것이 거할 수 있는 집이 아님이 드러난다. 그 언어로는 아무와도 소통할 수 없기 때문이다. 그 누구와도 함께 머물 수 없이 홀로 남겨지거나 버려진다.

여기에서 주목할 것은 고통에 직면하여 언어를 잃어버리는 순간 파괴되는 집이 하나가 아니라는 점이다. 지금까지 살펴본 이야기를 정리해보면, 말을 잃어버리거나 발견하지 못하는 순간 붕괴되어버리는, 다시 지을 수 없는 공동의 집은 세 가지 차원이다. 하나는 사회적 차원의 집이고, 다른 하나는 동료들과 짓는 집이며, 나머지 하나는 자신의 안에서 자기 자신과 거하는 '내면'이라는 집이다. 고통의 끔찍함은 이 모든 거주지를 파괴하고 사람을 존재로부터 추방해버린다는 것이다.

내 고통이 사회의 고난으로 간주된다면
간신히 일어설 수 있을지도 모르겠다

먼저 '사회'라는 집을 보자. 사회는 자기가 언어라고 선언한 그 말만을 알아듣는다. 나머지 말들은 쓸모없이 여기고 듣지 않는다. 가장 대표적인 것이 앞에서 살펴본 법이다. 변호사들을 만나 이야기를 나누거나 재판장에 서본 사람은 이를 뼈저리게 경험한다. 내가 겪은 고통과 피해에 대해 아무리 이야기하더라도 법에 기입된 것이 아니면 그것은 무가치하게 여겨진다. 법에 근거가 없다는 이유로 말이다.

법에 근거가 없다는 것은, 법의 언어로 그 고통을 의미 있게 들리게 할 수 없다는 말이 된다. 이런 경우 고통을 호소하는 말은 의미를 가진 '말'이 아니라 '소리'에 불과하다. 소리를 들으며 다른 사람이 느낄 수 있는 것은 동정심밖에 없다. "안됐지만 우리가 해줄 수 있는 일은 없다"는 것이 법에 호소했을 때 들을 수 있는 유일한 답변이다. 자신의 고통이 사회적으로 무의미하고 무가치하다는 절벽에 부딪히면 사람은 더욱더 격심한 고통을 겪게 된다. 고통 그 자체도 무의미한데 고통을 해결하려는 자신의 호소조차 사회적으로 무가치한 것으로 여겨지면서 사람은 존재의 의미를 상실하는 극단의 고통을 겪게 된다.

말하지 않고서는 살 수가 없는 사람들이 선택할 수 있는 유일한 길은 자기 말을 들어줄 것 같은 곳을 전전하는 것이다. 재희 어머니가 병원 쇼핑을 하는 것처럼 말이다. 실제로 많은 사람들이 자신의 고통을 호소하기 위해 법률 사무소를 쇼핑하듯 전전한다. 그러나 이들의 말이 제도의 문턱을 넘는 일은 거의 없다. 고통을 호소하고 해결하려고 다니다가 이들 대부분은 좌절만을 경험한다.

정신적 고통이건 육체적 고통이건 고통은 그 자체만으로도 괴롭다. 그러나 고통이 야기하는 이차적 고통은 고통이 무의미하다는 데서 온다. 이 무의미를 '겨우' 극복할 수 있는 유일한 길은 자신의 고통이 사회적·역사적 의미를 지닌다고 생각할 때다. 민중신학자 정용택은 이를 "고통에서 고난으로의 전환"이라는 말로 표현했다. 내가 당한 고통의 실존적 무의미를 완전히 극복하는 것은 아니지만, 자신의 고통이 사회적·역사적으로 의미 있는 '고난'이 될 때 사람은 비로소 무의미를 딛고 '겨우' 일어나는 근거를 만들 수 있다.

그런데 이 사회적·역사적 가치를 사회로부터 거부당하거나 박탈당할 때 고통은 고난으로 전환되지 못한다. 그렇기에 그 고통은 오롯이 개인이 혼자 감당하고 해결해야 하는 것이 된다. 고통의 당사자는 자신의 고통을 자기만의 문제가 아니라 다른 이와 함께 나누어야 하는 사회적·역사적 문제로 인식하지만 사회가 그것을 거부할 때, 그의 고통은 순전히 심리적 문제에 의해 발생하는 고통, 즉 '통증'에 불과한 것이 된다. 심지어 육체적 증거와 해법조차 없는 통증 말이다.

마르크스가 종교를 인민의 '아편'이라고 말한 이유는 바로 여기에 있다. 종교는 개인의 고통을 단번에 역사적 고난으로 도약시킨다. 2014년 국무총리 후보로 지명되었다가 낙마했던 문창극 씨가 교회에서 한 강연이 대표적이다. 그는 한반도가 일본

의 식민 통치로 고통받은 것은 이 민족을 단련시키려는 하나님
의 뜻이었다고 말한다. 그렇기에 식민 통치는 민족의 잘못을 깨
닫게 하기 위해 불가피했던 것이 되어버린다. 부정의한 식민통치
가 정당화되는 것이다.

　덕룡 아버지는 여기서 한 걸음 더 나아간 경우다. 종교가 고
통의 무의미를 다루는 궁극적 도착 지점이 바로 여기다. 그에게
고통은 역사적 의미를 넘어 '우주적 차원'의 의미를 지닌 것으로
비약된다. 창조주에 의해 예비되었던 고통은 우주적 차원의 구
원과 해결을 위해 반드시 거쳐야만 하는 고난이 된다. 이 고난은
선택받은 자들만이 겪기 때문에 비밀스러운 것일 수밖에 없다.
그 언어 또한 당연히 다른 이들은 알아들을 수 없는 비밀스러운
의미와 힘을 지닌 '주문'의 형태일 수밖에 없다.

고통은 내게 곁을 내어준 이들마저
온전히 내버려두질 않았다

개인의 고통을 사회적·역사적·우주적 차원의 고난으로 매개하
기 위해 반드시 필요한 것이 바로 동료 집단, 혹은 내가 『단속사
회』 이후 '곁'이라고 부르는 집이다. 덕룡 아버지가 종교 집단에
들어가서 안정을 찾은 것, 선아가 집단 상담을 거쳐 자기를 회

복하게 된 것, 태석이 교사 모임에서 자신의 경험을 나누며 교육 문제에 대한 인식에 도달한 것 등은 모두 이런 곁이 매개되었기에 가능한 것이었다. 곁은 고통의 무의미로 힘들어하는 사람들에게 다시 존재의 집을 짓는 언어의 가능성을 회복시켜준다.

교사 모임에 참석하여 자기와 사회를 돌아보게 된 태석의 경우가 대표적이다. 그는 모임에서 교사들과 이야기를 나누면서 처음에는 자기 문제라고 생각하던 것이 정치적이고 사회적인 데서 기인한 것임을 깨닫게 된다. 자기를 넘어서 너의 경험과 만나 너와 내가 담긴 '사회'에 대한 인식에 도달했고, 그 과정에서 나의 고통은 개별성을 넘어 사회와 시대에 대한 보편성을 획득했다. 이처럼 곁은 만남을 통해 자신에게 갇힌 고통을 보편성에 이르게 하는 힘이 된다.

곁을 내어준다는 말이 있다. 곁은 사람에게 자리를 내어준다. 친구로서 상대를 돌보고 환대하는 것이 곁이다. 그렇기에 내가 고통을 겪고 있을 때 곁이 누구보다 먼저 내 이야기를 듣고 헤아려줄 것이라는 기대를 하게 된다. 자신의 고통을 말로 표현하지 못할 때조차 그 고통에 공감하고 같이 아파해줄 것이라고 기대하는 것, 이것이 바로 '곁'이라는 친밀성의 세계가 갖는 특징이다.

그러나 고통은 이 곁이라는 세계를 파괴하기도 한다. 재희 어머니의 경우가 대표적이다. 그는 가끔 남편과 자식들에게 소리를 지르며 원망을 쏟아낸다. "나는 지난 50년간 너희를 뒷바라지하고 견뎌냈는데, 너희는 5년은 고사하고 5일도 제대로 못 받쳐주냐?"는 것이 그 원망의 핵심이다. 이 말을 할 때마다 재희 어머니는 억울하고 분해서 눈물을 감추지 못한다. 자신이 가장 소중하게 여겨왔던 관계가 다 부질없다는 것을 뼈저리게 느끼며 홀로 버려진 느낌에 견딜 수가 없다. "다 소용없어. 사람은 어차피 혼자야. 그런데 내가 뭣하러 그렇게 기를 쓰고 저것들을 돌보고 살아왔는지 모르겠어. 내가 어리석었어."

　재희 어머니의 이 말은 남편과 자식들을 죄책감으로 몰아넣고 지치게 한다. 가족들이 그의 외로움을 조금이라도 달래기 위해 이런저런 말을 붙여보지만, 그때마다 그는 기다렸다는 듯이 일방적으로 자신의 육체적 고통을 무한 반복해 말한다. 그 '호소'에 가족들이 '대답^{response}'할 수 있는 것은 아무것도 없다. 오는 것만 있고 '돌아갈$^{re-}$' 말이 없으므로 재희 어머니의 '호소'는 말이 아니라 '소리'다. 그러니 애초에 그의 말은 곁을 유지하고 지속시킬 수 있는 언어가 아니다. 당연히 시간이 갈수록 집은 파괴되고 그때마다 이 악순환이 반복될 뿐이다.

　곁의 세계에서 중요한 것은 '경청'이다. 이때의 경청은 흔히 이야기하듯 그저 고개를 끄덕거리며 열심히 들어주는 게 아니다. "제가 뭘 할 수 있나요. 그저 들어줄 뿐이죠." 이런 말은 경청처럼 보이지만 사실은 경청의 의미를 거스르는 말에 불과하다. 말을 하든 하지 않든 경청 역시 돌려주는 것ᵈᵉ이 있는 응답이어야 한다. 그저 고개를 끄덕거리는 것은 내가 그에게 돌려줄 게 없다는 것이다. 서로의 사이에 집을 짓기 위한 경청은 응답이어야 한다. 응답이 아닌 경청은 경청이 아니다.

고통의 특징이 '호소'라고 한다면, 고통이 곁을 파괴하는 이유는 호소의 일방성에서 비롯된다. 고통을 호소하는 말은 일방적으로 들을 수만 있을 뿐 응답할 수 있는 게 아니기 때문이다. 그것은 나와 타자 사이에 집을 지을 수 있는 언어가 아니다. 듣기를 강요하는 말이다. 물론 듣는 이가 말할 수 있는 게 없는 것은 아니다. 하지만 듣는 이가 응답하더라도 호소하는 이는 듣지 않는다. 이때의 호소는 일방적으로 말할 뿐 듣는 일이 없는 말이기 때문이다. 재희 어머니의 말에 가족들이 어떤 응답을 하더라도 그 응답에 아랑곳없이 재희 어머니는 하고 싶은 말만 하고, 그 말을 그저 무한 반복할 뿐이다.

이것은 피해 당사자들이 모여 서로의 경험을 나누며 공감을 통해 사회로부터 박탈당한 고통의 사회적·역사적 의미를 찾아가는 과정에서도 종종 나타나는 일이다. 물론 서로의 말을 들으며 자신에 대한 앎과 사회에 대한 인식에 도달하는 경우도 있다. 하지만 누군가 한 명이라도 타인의 경험을 들으며 자기의 고통과 피해의 보편성을 깨우치는 게 아니라 재희 어머니처럼 일방적으로 자기 이야기를 들어줄 것을 주장할 때, 이런 모임은 그 취

약성이 드러난다.

자신은 듣지 않고 남이 들을 것만을 강조할 때 아무도 그의 이야기를 들으려 하지 않을 것이다. 왜냐하면 그의 이야기는 듣는 이를 바라보며 응답을 요청하는 것이 아니기 때문이다. 그 반대다. 이렇게 말하는 이는 자신의 이야기를 듣는 이가 듣기만 하고 응답하지 말 것을 요구한다. 응답 자체를 거부하는 '말'로 사람들 사이in-between에 집을 짓는 것은 불가능하다. 도리어 그 말은 그나마 지어져 있던 집마저 파괴하고 만다. 이것이 자신과 사회에 대한 언어를 만들어가려고 하는 곁을 구축하기 어렵고, 애써 구축하더라도 쉽게 망가지는 이유다.

곁의 언어가 망가지는 또 다른 길은 곁을 통해 도달하고자 하는 '사회에 대한 인식'이 너무 빨리 곁에 도달하는 때다. 태석의 경우가 그렇다. 태석 스스로는 교사 모임을 통해 자신의 고통을 보편화하면서 그것의 고립성에서 벗어날 수 있었다. 그러나 '사회학적 언어'가 모든 교사와 교육 현장의 문제를 설명하는 마법의 단어가 됨으로써 그는 더 이상 다른 교사들의 고통을 '꼼꼼하게' 듣지 않게 되었다.

재희 어머니의 경우 상대방에게 듣기만 하고 응답하지 말 것을 요구했다면, 태석의 경우는 반대로 상대방의 말을 듣지 않고 응답하게 되었다. 후자의 경우, 다른 이들의 고통이 가진 개별성은 가치 없는 것이 되며 사회적인 것에 대한 또 하나의 증거로서만 의미를 가진다. 그렇게 되자 결국 태석의 곁 역시 사람들이 고통에 대해 말을 하는 공간이 아니라 말을 꺼리고 나누지 않는 세계가 되었다. 아무것도 매개하지 못하는 말이기에 이 말들은 집을 짓는 게 아니라 그동안 지었던 집을 폐허로 만들었다. 그 집에 머무는 것은 태석뿐이다. 태석만이 그 집에 홀로 머무는 유령이다.

고통을 명료하게 말할 순 없다
그러나 그에 맞서 싸우는 과정은 말할 수 있다

앞서 언급했듯이, 역설적인 것은 자신의 고통을 설명하는 '사회적 언어'가 고통의 모든 것을 설명하는 마법의 언어가 될수록 태석이 겪은 고통의 구체적인 개별성은 해명할 필요가 없는 사소한 것이 되어간다는 점이다. 초기에 그는 다른 교사들과의 만남을 통해 자신의 고통을 설명하고 분석할 수 있는 언어를 얻었지만, 그 언어는 이제 다른 교사들의 경험뿐만 아니라 자신의 고통도 밀쳐내는 말이 되었다. 그런 현상적인 것보다는 본질적인 '구조'에 대한 이해가 더 중요해졌기 때문이다.

덕룡 아버지도 마찬가지다. 그는 주문을 통해 자신의 고통을 단번에 우주적 고난의 문제로 인지하게 되었다. 주문 수행을 함께하는 사람들에게는 그 고난에 동참한 동료 의식을 느끼게 되었고, 이들을 중심으로 곁을 만들고 지속시킬 수 있었다. 이렇게 고통이 우주적 의미를 갖게 되자 태석의 경우와 마찬가지로 덕룡 아버지 역시 자기 고통의 구체적인 개별성을 대면하지 않을 수 있게 되었다. 이 역시 현상적인 것이다. 우주적 의미 속에서 개별성은 사라졌다. 고통의 실존적 차원은 그렇게 의미를 상실했다.

덕룡 아버지에게 자기 내면 속의 또 다른 '나'는 허상이며 우주의 그림자에 불과하다. 태석에게도 그런 '나'는 사회구조에 의한 파생물이지 개별성을 가지고 존재하는 것이 아니다. 개별성은 의미를 상실했고 다른 더 거대한 것—인문사회과학에서 대타자Other라고 부르는—의 그림자에 지나지 않는다. 그렇기에 고통의 실존적 측면을 다루는 언어는 불필요하다. 심지어 허상에 집착하게 하는 방해물에 지나지 않는다.

덕룡 아버지에게는 이 그림자에 현혹되지 않고 지지 않는 것이 중요하다. 그래서 문득 고통의 실존적 측면이 마음의 문을 두드릴 때마다 주문을 왼다. 반면 태석의 주문은 그런 역할을 하지 못한다. 다른 사람 앞에서는 구조를 강조하지만, 그 역시 구조로 완전히 환원되지 않는 고통의 실재가 자신의 마음을 침입해 올 때마다 깊은 우울에 빠져든다. 홀로 있을 때 그는 자신을 대면할 수 있는 언어의 부재에서 오는 외로움을 깊이 절감한다. 애

당초 그의 사회적 언어는 말할 수 없기에 말하지 않고서도 말한 것으로 표시할 수 있는 완전히 '텅 빈 기표'가 아니기 때문이다.

선아의 경우는 반대다. 그는 곁의 언어를 통해 스스로를 돌아볼 수 있게 되었다. 한번도 생각해보지 않은 자기를 생각하는 계기가 되었고, 이를 통해 내면의 집을 지을 수 있었다. 다만 선아의 경우는 덕룡 아버지나 태석과는 반대로 '자기에 대한 앎'을 추구하는 것이 블랙홀이 되어 고통의 사회성에 대한 인식으로 나아가지 못했다. 심리를 다루는 언어에 매몰되어 사회를 짓는 언어가 퇴행한 것이다. 그 지점에서 선아는 반복적으로 "이 모든 것은 마음의 문제"이며 이를 해결하려면 "분리해야 한다"고 말한다. 선아에게 고통은 마음을 다루는 것의 실패이며, 고통의 실재가 불쑥 고개를 들이미는 것도 마음의 실패다. 그래서 "더 정진해야 하는 것"이다.

재희 어머니는 아예 이 세 가지 차원의 언어, 즉 사회적 언어, 곁의 언어, 내면적 언어가 모두 무너진 상태다. 그의 호소는 병원 진료실의 문턱을 넘지 못한다. 그의 말은 자신이 평생 동안 구축해왔던 곁을 스스로 허물고 무력화하는 말이 되었다. 고통을 통해 자기를 돌아보고 다스리라는 말은 그에겐 오히려 자신을 놀리는 말로 들릴 뿐이다. 사회도, 곁도, 자기도 없는 상태에서 재희 어머니는 나날이 고통스러워하고 소리를 지르며 그 세 차원의 세계를 파괴할 뿐이다. 그에게 고통은 철저히 무의미한 고통 그 자체일 뿐이며, 그 고통이 다시 모든 언어를 파괴한다. 남는 것은 상처받은 존재의 울부짖음, 소리뿐이다.

재희 어머니의 이야기는 고통이 몰고 온 가장 파국적인 경우다. 예상치 못한 고통을 겪는 사람들은 아무리 생각해도 자기가 왜 이런 일을 당해야 하는지 알 수가 없다. 묻고 또 묻는다고 답이 나오는 것도 아니다. 억지로 의미를 붙여봤자 실패한다. 고통받는 이에게 고통은 근본적으로 무의미하다. 의미가 있다 하더라도 그 의미는 고통 그 자체에 내재되어 있는 것이 아니다. 고통을 겪은 이가 사후에 갖다 붙여 해석하는 것에 가깝다. 의미는 발견되는 게 아니라 부여되는 것이다.

태석의 '사회적 언어', 덕룡 아버지의 '우주적 언어', 선아의 '내면적 언어'가 바로 이런 사후적 의미 부여다. 사람은 이런 의미 부여를 통해 삶에 희망을 가지고 살아갈 수 있다. 고통을 딛고 앞으로 나아갈 수 있다. 이 자체를 거부하는 것이야말로 고통의 사회성과 역사성, 그리고 실존적 가치를 무화시키는 허무주의적 자해에 불과하다.

다만 이런 각각의 언어들이 고통의 무의미함, 그리고 거기서 비롯되는 고통을 하나로 '봉합'하지 못한다는 것이다. 나는 하나의 언어, 즉 주문으로 다른 차원의 고통을 봉합하려는 시도가 어떻게 실패할 수밖에 없는지를 위의 사례들을 통해 보여주려고 했다. 각각의 차원에서 의미를 지니고 세계를 재구축하는 언어들이 그 경계를 넘어 지배적인 마법의 언어가 될 때 그 언어는 역설적으로 말이기를 멈추고 주문이 된다.

이 주문의 폐해는 고약하다. 주문은 자신이 말인 듯 행세한다. 의미를 부여하고 소통하는 것처럼 행세한다. 주문은 고통에 대해 말해봤자 말해지지 않는, 말할 수 없는 고통이 남는다는 것을 봉합하려 한다. 그러나 앞에서 말한 것처럼 주문은 '텅 빈 기표'이며, '텅 빈 기표'인 한에서 그것은 의미를 실어 나르는 말이 아니라 '소리'다.

문제는 이 '소리'가 '말'인 척하면서 소리를 내는 것을 억압한다는 점이다. 말할 수 없기에 소리를 질렀음에도 그것이 소리가 아니라 말이라고 착각하게 만든다. 주문은 고통을 겪는 자가 소리를 지를 수밖에 없다는 사실을 외면하고 억압한다. 자기 스스로가 소리이면서 소리 지르는 것을 억압해야 고통을 말할 수 있다고 속삭이는 것, 그것이 바로 주문의 기만이다. 주문은 울부짖음이면서 울부짖음을 격하하고 억압한다. 울부짖고 있으면서도 그것을 망각한 채 고통은 울부짖을 수밖에 없다는 사실을 은폐한다. 고통이 너무나 힘겨워 울부짖을 수밖에 없으며, 또 그것은 말할 수 없기에 그 외로움을 감당할 수 없어 울부짖을 수밖에 없다는 것을 억압하고 은폐한다.

게다가 주문은 말하고 싶은 것을 다 말한 것처럼 위장한다. 그 결과 고통을 말하려고 하는 사람은 말하는 것이 불가능하다는 사실을 대면하지 못한다. 말하지 못했으면서도 말했다고 착각한다. 그 결과 고통과 말 사이의 관계를 절실히 느끼지 못한다. 고통은 말할 수 없다는 사실 말이다. 말했다고 생각하는 순간 무엇인가 부족하고 빠져나간다는 것을 외면한다.

바로 이 때문에 주문을 외우는 사람은 고통에 대해 내가 무엇을 말할 수 있는지를 사고할 수 없다. 고통이 말할 수 없다는 것 때문에 고통에 대해 말하는 것을 포기하는 게 아니라 도대체 무엇을 말할 수 있는지를 찾기 위한 몸부림을 치지 않게 된다. 그래서 한편으로는 편안하지만 다른 한편으로는 '말하는 존재'이기를 포기하게 된다. 언어가 없는 상태이면서도 언어가 있다고 착각함으로써 존재의 기반인 언어를 영영 잃어버리게 되는 것이다.

고통이 울부짖을 수밖에 없다는 것은 모든 언어의 가능성을 포기하라는 말이 아니다. 모든 언어가 결국 허무하기에 시도조차 포기해야 한다는 말이 아니다. 고통을 통해서는 세계의 파국만이 있고 새로운 구축은 있을 수 없다는 말이 아니다. 이런 언어의 가능성에 대한 파국적 결론은 주문의 기만과 짝패를 이룰 뿐이다. "이 주문에 모든 것이 담겨 있다"는 덕룡 아버지의 말과 "다 끝났고 다 필요 없다"는 재희 어머니의 말은 서로 짝패를 이루고 있다.

한편에서 우리는 당사자가 고통을 분명하게 말할 수 있다는 것에 대해 경계해야 한다. 그러나 다른 한편에서 우리는 고통은 말할 수 없기에 말할 필요가 없고 말할 수 있는 것이 하나도 없다는 것과도 맞서야 한다. 고통은 말할 수 없지만 여전히 우리에게는 말할 것이 남아 있다.

그게 무엇일까? 내가 겪고 있는 '것'인 고통에 대해서는 말할 수 없지만 내가 '겪고' 있음에 대해서는 말할 수 있다. 그 고통은 말할 수 없다는 것을 절감하게 되는 과정, 말할 수 없는 것과 맞서 싸우는 과정에 대한 것 말이다. 고통을 명료하게 이야기하는 것이 아니라 고통은 말할 수 없다는 것을 말함으로써 우리는 고통에 대해 말할 수 없다는 것과 싸울 수 있게 된다. 불가능에 좌절하고 마는 것이 아니라 그 불가능과 대면하고 싸움으로써 우리는 그 둘을 동시에 기록하고 나눌 수 있게 된다. 고통이 아니라 고통은 말할 수 없다는 것을 절감하는 그 과정을 말함으로써 우리는 서로가 고통받고 있음을 공감하고 소통할 수 있다. 말할 수 있다. 주문은 이 길을 봉쇄한다.

7

나만 외로운 줄 알았는데
아픈 사람은 다 외롭더라

고통이 가져온 외로움, 그 외로움이 통한다

고통의 가장 큰 특징은 겪는 이에게 절대적이라는 점이다. 주변에서 아무리 당신의 고통이 다른 사람의 것과 비교했을 때 견딜 만한 것이고 아무것도 아니라고 말해도, 이 말은 고통을 겪는 이에게 들어오지 않는다. 내 손톱 밑의 가시로 인한 고통이 다른 사람의 죽을병보다 더 힘들다. 고통은 거의 대부분 비교 불가능하다. 비교를 통해 자기가 좀더 나은 상태임을 증명하려는 시도는 대개 실패한다.

재희 어머니의 경우가 대표적이다. 재희는 어머니가 힘들다고 호소할 때마다 자기 친구들의 어머니 이야기를 한다. 그게 그

나이대의 보편적인 현상이라는 말로 어머니의 마음을 누그러뜨리고 싶어서다. 그러나 그런 이야기는 어머니 귀에 들리지 않는다. 심지어 자기 친구 중에서도 이미 유명을 달리한 사람이 있으며 자기 또한 이러저러한 병이 있다는 걸 어머니에게 말하기도 했다. 어머니가 걱정하실까봐 하지 않던 이야기였다. 그 순간 어머니는 멈칫했지만 곧 다시 제자리로 돌아왔다. 그 어떤 이야기도 어머니가 경험하는 고통의 절대성을 무너뜨릴 순 없었다.

이러한 특징 때문에 고통은 다른 이와 소통할 가능성이 거의 없다. 대단한 성찰을 할 수 있는 사람이 아니라면 말이다. 자기와 비슷한 고통을 겪는 이를 만나면 처음에는 반갑다. 자기 고통이 개별적인 것이 아니라 보편적인 것으로 이해되기도 한다. 그러나 대부분은 이야기를 나눌수록 조금씩 '다름'이 보인다. 자기와 타자 사이에 공통의 기반을 찾아가는 것이 아니라 미세한 틈새로부터 점점 더 '차이'를 발견하게 된다. 여기에 이르면 아무리 비슷한 경우라 해도 결국 고통은 개별적인 것이라는 '실존성'에 이르고 깊은 외로움을 느끼게 된다.

이런 외로움이 선아로 하여금 집단 상담을, 마음 수양을 찾게 했다. 타인에게 공감과 위로를 받는 것이 아니라 자기 스스로를 위로하고 다룰 힘을 키우려고 했다. 요즘 정신과 의사들이 말하는 '마음의 근육'을 키우기 위해 노력했다. 이에 대해 선아는 이렇게 말했다. "그때 그 노력을 한 게 나중에 남편의 파산을 알고 더 힘들어졌을 때 견딜 수 있는 큰 힘이 되었어요. 그 전에 그런 훈련이 없었더라면 못 버텼을 거예요."

선아 역시 자신이 겪는 문제가 마음의 문제만은 아니라는 것을 알고 있다. 여전히 '마음'과 '분리'라는 말을 주문처럼 입에 달고 살지만 말이다. 그 말을 너무 많이 해서 친구들과 멀어지는 것 아니냐고 물었더니 선아는 멈칫했다. 그러고는 "그 또한 내 친구들의 마음과 분리의 문제"라고 우울하게 반복했다. 마법의 주문이 어떻게 문제를 해법인 양 돌리며 귀환하는지를 선아는 잘 보여주고 있었다.

그러나 이런 이야기를 나누는 동안 선아가 한숨을 쉬며 이렇게 말했다. "마음이 아니면 어떻게 하겠어요? 내가 지금 건드릴 수 있는 게 마음 말고는 없는데." 지금 선아가 할 수 있는 것은 자기 마음을 통제하는 것 말고는 없었다. 자신의 고통에 대해서도, 경제적인 부분에 대해서도 할 수 있는 게 없었다. 고스란히 당하는 수밖에 없었다. 남편과의 관계는 이미 파탄 난 상태였다. 정리 절차만 남아 있었다.

"모든 것이 마음의 문제이며 분리를 해야 한다"는 선아의 말은 이제 주문에서 현실과 자신의 힘에 대한 냉철한 판단의 언어로 바뀌어 있었다. 할 수 있는 게 없고 겪을 수밖에 없는 것에 대해 애쓰기보다는 자기가 할 수 있는 일과 자신의 힘에 집중하게 하는 말이었다. 그리스 사람들의 표현을 빌려오면 '자기에게 집중하는 것'이었다. '마음과 분리'는 선아가 지금 주어진 조건에서 집중해서 다룰 수 있는 유일한 것이었다. 이런 점에서 선아의 말은 그저 자신을 기만하는 주문이 아니라 자기에게 집중하게 하는 '방편'으로서의 주문이었다.

주문이 주문으로만 머물면 말이 생기는 것을 방해한다. 그러나 방편으로서의 주문은 다르다. 그것은 다르게 대처할 수 있게 되거나 힘이 길러질 때까지 상황을 잘 견디고 넘어갈 수 있게 해주는 매우 유용한 약이 된다. 그래서 '방편'이라고 부른다. 게다가 방편으로서의 주문은 상황이 바뀌거나 힘이 길러지면 스스로가 방편에 불과했다는 것을 드러내고 사라진다. 강을 건넜으면 뗏목을 버려야 하는 것처럼 말이다. 반대로 주문이 된 방편은 강을 건너고도 뗏목을 머리에 이고 가게 한다.

여전히 '마음과 분리'를 주문처럼 외고 있지만 선아는 종종 이 두 말로부터도 거리를 둬야 한다는 생각을 한다고 했다. '분리'로부터도 '분리'되어야 한다고 말이다. "좀 웃긴 소린데, 내가 맨날 '분리'라는 말을 하지만 그 말로부터도 '분리'되어야 할 때가 된 것 같아요. 화가 나면 화를 내는 내 자신으로부터 분리하려고 노력하다가 비참해질 필요는 없잖아요. 화가 나면 화를 내야지. 다만 화를 계속 내는 것만 아니면 되는 것 같아요." 예전에는 화를 냈다는 것 때문에 힘들어했는데, 요즘은 화가 났으니 화를 낸 거라고 생각하며 그 상황을 좀더 쉽게 떨궈낸다는 것이다.

들판을 걷고 또 걸으며
비로소 '바깥'의 세계가 보이기 시작했다

선아는 요즘 걷는다. 앞서 말한 생각들도 걸으면서 하게 되었다. 도농 복합형 도시에 살고 있는 그는 하루에 4킬로미터씩 꼬박꼬박 둑길을 따라 들판을 걷고 있다. 선아의 산책에 동행한 날, 그는 이렇게 말했다. "이 들판을 보면 마음이 참 평화로워져요. 논도 그렇고 산도 그렇고." 처음에는 드글드글한 마음이 너무 괴로워서 걸었는데, 걷다 보니 자기 마음의 '바깥'을 보게 되었다고 한다. 그 '바깥'을 보는 동안 마음을 잊어버릴 수 있었다. 마음으로부터 저절로 '분리'된 것이라며 웃었다. 그리고 그게 평화라고 했다.

선아는 '바깥'이라는 말로 일이 생기고 난 다음의 자기를 다시 돌아봤다. 그가 집단 상담에서 처음 희열을 느끼고 자기에 대해 생각하게 된 것도 바로 그런 '바깥'을 발견했기 때문이었다. 자기는 아무 잘못 없이 억울하다고만 생각했는데, 다른 사람들의 이야기를 들으며 다르게 생각하는 사람들이 있다는 게 신기했다. 그런 '바깥'의 존재는 자기의 내면을 만들었다. 저들은 저렇게 생각하는데 왜 나는 이렇게 생각하는지를 골똘히 생각하는 과정에서 자기의 내면이라는 '안'이 만들어진 것이다.

안을 들여다본다고 해서 자기에게 집중하는 것은 아니다.

선아의 경우는 오히려 바깥에 대한 인식만이 안을 들여다보게 한다는 것을 명확하게 보여준다. 바깥의 풍경에 눈을 돌리고 소리에 귀 기울일 때 비로소 자기에 대해 생각할 수 있다. '자기에게 집중하라'는 말은 바깥을 잊고 자기에게만 코를 들이박으라는 말이 아니다. 그것은 자기에게 집중한 게 아니라 자기에게 함몰된 상태다. 그런 상태로는 바깥을 인식할 수 없고 자기 자신도 제대로 바라볼 수 없다.

재희 어머니의 경우가 바로 자기에게 함몰된 상태인 셈이다. 세상은 다 잃어버리고 잊어버렸고 오로지 자기만 남았다. 따라서 자기에 대한 인식도 불가능해졌다. 어머니는 자기 안에서 길을 잃고 말았다. 바깥을 잃어버렸기에 어머니에게는 누구의 말도 귀에 들어오지 않는다. 바깥으로부터 오는 말은 어머니에게 소음 이상의 의미가 없다. 들을 귀가 사라졌다. 그 결과 선아처럼 자기의 말을 돌아보는 것도 불가능해졌다. 고통이 바깥을 블랙홀처럼 빨아들여서 고통이 곧 내가 된 상태인 것이다.

이에 대해 『한낮의 우울』의 저자 앤드류 솔로몬은 넝쿨식물에 잠식당한 고목의 비유를 들었다. 나무 자체는 이미 자신을 휘감고 있는 넝쿨식물에 의해 고사당했다. 죽어버렸다. 그런데 넝쿨식물이 나무의 형체를 대신 유지하고 있다. 따라서 나무가 존재하는 것처럼 보인다. 그러나 실제로 존재하는 것은 나무가 아니라 나무를 죽인 넝쿨식물뿐이다. 바깥을 잃고 자기 안으로 함몰된 존재는 넝쿨식물처럼 자기를 함몰시킨 것에 의해 형체만 유지되는 것이다. 그러할 때 사람은 고통과 우울로 이처럼 형체만 유지되는 '텅 빈 존재ˣ'가 된다.

들판을 걷는 것은 선아에게 재희 어머니와는 반대의 길을 걷게 했다. '마음과 분리'를 말하던 선아는 역설적으로 바깥의 발견을 통해 자신의 마음으로부터 떨어질 수 있었다. 걷기가 좋은 것은 홀로 걸을 때도 있지만 가끔 동행이 있다는 점이다. 친구나 가족과 함께 들판을 걸으면서 많은 이야기를 나눴다. 자기의 처지를 이야기하고 다른 사람의 이야기를 들었다. 그 들판에서 다른 사람의 이야기라는 '바깥'을 만날 수 있었다.

선아는 걸으면서 이야기하는 것이 어디 들어가서 이야기하는 것과는 다른 상황을 만들어낸다고 말했다. 머물며 이야기하면 서로에게 더 집중할 수 있을 것 같지만 실제로는 부딪침을 만들 가능성이 훨씬 높다는 것이다. 걸으면서 이야기 나눌 때는 자기와 생각이 다르더라도 호기심을 자극하고 좀더 듣고 싶은 이야기를 더 말해달라고 하면 된다. 만일 그 이야기를 더 듣고 싶지 않다면 슬쩍 들판으로 화제를 돌려도 된다. 앉아서 이야기를 나눌 때는 말을 끊었다고 생각할 수 있는 것도 걷고 있을 땐 무리 없이 넘어가는 경우가 많다.

이야기를 들으면서 자기에게도 집중할 수 있다. 이야기를 잊고 자기에게 집중하는 것이 아니다. 길을 걸으며 이야기를 나누면 '그럼 나는 어떤가?'라는 생각을 하면서 자기에게로 돌아온다. 그래서 떠오르는 경험을 생각하고 그걸 다시 상대방에게 말한다. 그럴 때의 이야기는 진정 '보태고 나누는 것'이 된다. 앉아서 하는 말이 토론이나 논쟁이 되기 쉽다면 걸으며 하는 말은 보태고 나누는 것이 되기 쉽다. 선아는 이것을 "걷는 것의 신비"라고 말했다.

선아에게 요즘 걷기에 대한 책이 많이 나온다며 그중 『걷기의 인문학』을 읽어보라고 권한 적이 있다. 같이 걸으면서 나눈 말이다. 그러자 선아는 웃으면서 말했다. "난 이제 책 읽는 게 힘들어요. 대신 그 책 얘기를 나한테 해주면 되겠네요." 이런 요청을 앉아서 하면 무례하게 비칠 수 있지만 걸으면서 하니 큰 문제가 없었다. '동행'하는 이에게 기쁨이고 즐거움이니 쾌히 그 책 내용을 종종 이야기해주겠다고 했다. 선아의 말처럼 "걷는 것의 신비"는 이렇게 작동했다.

선아와 동행하며 고통에 관한 이야기의 주제가 슬며시 바뀌어 있다는 것을 발견할 수 있었다. 이전까지 그가 집중한 것은 '왜?'였다. 내가 왜 이런 고통을 당해야 하는지 그 이유를 발견하고 싶어했다. 사회학과 여성학 책들을 읽은 것도 그런 이유에서였다. 거기에는 그 이유가 명쾌하게 잘 설명되어 있었다. 그러나 이유를 안다고 해서 고통이 사라지지는 않았다. 그래서 집단 상담과 마음 수양을 했다. 원인을 바깥이 아니라 안에서 찾고자 했다. 마음의 근육을 단련하는 좋은 과정이었지만 그것이 고통의 원인은 아니었다.

선아가 '왜?'라고 질문한 것에는 원인 말고 '의미'의 문제가 포함되어 있다. 내가 왜 이 일을 겪어야 하는지에 관한 질문이다. 사회학과 심리학의 언어를 통해서 그 의미를 찾아보려고 했고 찾은 것도 있었다. 그러나 그런 말들은 고통의 의미에 대해서는 말해주었지만 '왜 내가?'에 대한 답은 아니었다. 고통의 실존성, 그리고 그 실존성의 바닥에 도사리고 있는 무의미함이라는 공허함과 허무함은 여전히 늘 남아 있었다. 그것은 해명하려고 할수록 부질없는 짓처럼 보였다. 그래서 고통에 대해 말을 할수록 선아에게 필요한 것은 그 고통을 차라리 외면하고 잊게 하는 '주문'과 같은 말이었다.

이 주문이 한순간에 우주 혹은 사회 전체를 구원하는 메시지로 전환한 것이 덕룡 아버지와 태석의 경우다. 그들에게 고통은 충분히 의미 있는 일이다. 그 고통을 통해서만 우주가 구원을 받고 사회가 바뀔 수 있기 때문이다. 주문을 통해서 그들은 무의미한 고통의 피해자에서 우주와 사회를 구원할 수 있는 주체로 전환할 수 있었다. 그러나 이런 '과잉 주체화'는 앞에서 이야기한 것처럼 곁을 파괴하고 내면의 발견하는 것을 방해할 뿐이었다.

괴로운 자들의 외로움,
그 보편성이 길을 만든다

고통의 원인과 의미, 실체가 해명되지 않는다는 것은 고통에 관해 말할수록 그것을 말할 수 없다는 '절망'에 빠뜨린다. 나는 고통의 실체와 그것이 발생하고 진행되는 메커니즘에 주목한다면 나날이 발전하고 있는 의학과 뇌과학의 최신 논의들에 주목하는 편이 훨씬 낫다고 생각한다. 내가 보기에 고통의 실체에 대한 질문은 인문사회과학적 주제에서 자연과학적 주제로 전환했으며, 자연과학이 이전보다 훨씬 정확하게 이를 규명할 수 있는 길로 접어들었다.

그러나 자연과학적으로 그 실체와 메커니즘이 파악된다 하더라도, 고통은 말할 수 없을 것이다. 이 말은 고통의 실체와 의미를 알 수 없다는 뜻이 아니다. 고통을 겪는 사람이 경험하는 자기 고통의 절대성 때문에 다른 사람에게 그 고통이 가닿을 수 없다는 말이다. 말할 수 없다는 것은 전달할 수 없다는 것이고, 전달할 수 없다는 것은 말로는 보태고 나눌 수 없다는 것이다. 이것이 고통이 무의미하다는 말의 뜻이다. 그 결과 고통의 절대성은 사람을 세계가 파괴된 '외로움'의 상태로 떨어뜨린다.

선아가 집단 상담에서부터 들판을 걷는 데 이르기까지 만난 사람들의 고통은 모두 다 이 '외로움'에 닿아 있었다. 선아는 고통의 절대성에 몸부림칠 때 자기만 괴롭고 아무도 자기를 알아주지 못할 것이라는 절망에 빠져 있었다. 그러나 바깥을 발견하고 그 바깥의 소리를 들으며 선아는 깨닫는다. 고통을 겪는 자는 모두가 다 외로움을 느끼고 그 외로움에 고통스러워한다는 것을 말이다. "나만 외로운 줄 알았지요. 그런데 그게 아니었어요. 아픈 사람들은 다 외롭더라고요. 외로워서 힘들어하더라고요."

고통의 절대성에 대한 다른 사람들의 이야기를 들으며 선아가 발견한 것은 의외의 것이다. 고통은 절대적이기에 소통할 수 없다. 하지만 그 절대성은 보편적이다. 그렇기에 고통은 사람을 나'만'의 세계로 밀어 넣는다. 그러나 그 절대성이 바로 나'만'을 나'만'에게만 머물게 하는 것이 아니라 너'도' 그렇다는 것을 알게 한다. 내가 외로운 만큼 너도 외롭다는 것을 알게 될 때 사람은 서로에 대한 연민을 느낄 수 있다. 고통 자체는 절대적이라서 교감하고 소통할 수 없지만, 바로 그 교감하고 소통할 수 없다는 것이 '공통의 것'임을 발견하게 되는 순간 그것은 교감하고 소통할 수 있게 된다. 고통의 절대성 자체가 '공통의 것'이 되는 것이다.

여기에서 고통에 관해 말하는 것이 가능해진다. 고통의 절대성이 만드는 외로움에 대해, 그 외로움을 마주 대하고 넘어서려고 했던 자신에 대해서는 말할 수 있다. 외로움이 세계를 파괴하고 사람을 고립시켰지만, 바로 그 외로움이 보편적이라는 것을 깨달음으로써 외로움은 통하게 된다. 지금 몸부림치는 다른 이에게 들려줄 이야기가 있는 것이다. 자기의 몸부림에 대해서 말이다. 고통苦痛이 고통孤通이 되는 것이다. 그렇기에 고통이 외롭다孤는 것을 아는 사람만이 서로 교감하고 소통通하게 된다. 주문이 가로막는 것이 바로 이것이다.

이는 그리스도교의 성경과 비슷하다. 성경은 신에 관한 이야기가 아니다. 그것은 신을 체험하는 것이 각자의 삶을 어떻게 바꾸었는지를 기록한 개인들의 '신앙 체험기'다. 고통 역시 마찬가지다. 고통에 대해 말하는 것은 고통이 무엇인지와 그 의미 자체에 대해 말하는 것이 아니다. 고통을 당한 사람이 그 고통과 거기서 비롯된 외로움에 의해 자신의 삶이 어떻게 바뀌었는지, 그 고통에 어떻게 맞서며 넘어서려고 했는지, 그 고군분투에 관한 이야기다. 자기의 겪음에 대한 기록이며 겪고 있는 자기에 대한 고백인 것이다. 이것이 통하게 된다.

먼저 깨달은 자만 그런 것이 아니다. 그 이야기를 듣는 사람에게도 같은 일이 일어난다. 내가 외롭다는 것을 아는 사람이 있다는 것을 알게 되었을 때, 사람은 소리를 지르는 것을 넘어서 비로소 말을 하게 된다. 내 '소리'를 말로 들을 줄 아는 사람이 있을 때 사람은 '그'에게 말을 한다. 그가 내 말을 들어줄 것이라는 '기대'만 있는 것이 아니다. 오히려 그 기대가 있을 때 말하는

126

사람은 그가 '응답'할 수 있는 말을 하려고 한다. 응답을 요청하기에 응답 가능한 말을 하려고 하는 것이다. 응답을 요청한다는 것은 응답하려는 상대를 인식하는 것이다. 고통으로 파괴된 세계가 재건되는 시작점이다. 세계는 이처럼 어떻게 해서든 말을 통해서만 재건될 수 있다.

고통의

2부

사회학

고통을 전시하고 소비하는 메커니즘에 대하여

1

더 '쎄게' 말해야
눈길을 끈다

존재감을 위기에 빠뜨린 성과 사회의 풍경

이 책의 1부에서 다룬 것은 고통의 곁에 있는 언어의 황량한 풍
경이다. 고통을 겪는 사람은 모든 말이 부질없다고 생각한다. 말
해봤자 아무 쓸모가 없기 때문이다. 그렇다고 생각이 끊이는 것
도 아니다. 아무런 쓸모가 없다고 여기면서도 끊임없이 생각이
떠오른다. 내가 왜 이런 일을 당해야 하는가. 이 일은 끝이 있기
는 한가. 생각이 끊이지 않기에 머릿속에는 온갖 언어들이 범벅
이 되어 있다. 헝클어진 실타래도 아니고 녹아 뭉쳐진 엿처럼 범
벅이 되어 있다.

　이렇기 때문에 고통을 겪는 이에게는 무엇보다 언어가 필요

하다. 끝이 보이지 않고 해봤자 아무 쓸모도 없으면서 끊임없이 떠오르는 그 생각들을 견디고 버틸 수 있게 하는 언어가 필요하다. 고통의 원인과 이유를 분별해내어 자기를 탓하지 않되 자기의 힘을 기르고, 고통의 보편성이 외로움이라는 것을 알고 다른 외로운 사람에게 말을 걸 수 있는 언어가 필요하다.

그렇기에 무엇보다 고통을 겪는 이의 곁에는 '신중한 언어'가 필요하다. 언어를 신중하게 쓰는 사람이기에 그에게 헛된 희망을 주지도 않고, 그렇다고 절망하지도 않게 해야 한다. 누군가의 말처럼 마음의 근육을 키우는 언어가 필요하다. 또한 이 언어는 경망스럽게 모든 것을 마음의 문제로만 돌리는 것이 아니라 고통을 겪는 이가 자기 고통의 원인과 이유를 분별해낼 수 있게 도와주어야 한다. 고통의 사회적 차원과 관계의 측면, 그리고 내적 측면에서 자신의 자리가 어디인지 잘 알고 고통을 겪는 이에게 말을 건다는 점에서 그 언어는 부단히 신중한 것이어야만 한다.

그러나 1부에서 살펴본 것처럼 고통을 겪는 이의 곁에 있는 언어들은 이런 신중함과는 거리가 먼 경우가 대부분이다. 그들을 위로하는 말이나 이것이 원인이라고 알려주는 말이라 대부분 신중하지 못하다. 자신이 무엇에 말 걸고 있는지에 대해 알지 못하며 마치 만병통치약인 것처럼 고통을 겪는 이를 현혹한다. 때로는 사회과학의 언어로, 때로는 종교의 언어로, 때로는 심리학의 언어로 현혹한다. 그 말들에 의탁해 잠시 고통을 잊을 수는 있지만 이런 말들은 고통을 겪는 이를 망가뜨리는 경우가 상당히 많다.

그러하기에 나는 왜 고통의 주변에 신중한 말들이 사라지고 있는지에 대해 이야기하고자 한다. 이 말은 이전에는 신중한 말들이 많았다는 뜻이 아니다. 과거에도 고통의 곁에 신중한 말은 매우 드물었다. 그렇지 않다면 저렇게 많은 신흥종교가 명멸하지 않았을 것이다.

그러나 현재 상황이 과거와 다른 지점은 분명해 보인다. 우선 고통에 대한 이야기가 폭발적으로 증가하고 있다는 것이다. 과거에 사람들은 고통에 대해 이야기하는 것을 조심스러워했다. 고통을 쉽게 드러내는 것은 자신의 나약함을 드러내는 것이라고 여겼다. 그래서 고통을 겪는 사람들은 드러내기를 꺼려했다. 고통에 대한 이야기 자체가 억압되었다.

반면 지금은 도처에 고통에 대한 이야기다. 이것은 분명 환영할 일이다. 부정적이라고 여기며 억압받던 이야기가 사회적으로 터져 나오고 있기 때문이다. 없는 것으로 여기며 속으로 곪아가던 이야기가 나오고 있으며, 그 이야기를 통해 개인의 나약함으로 간주하며 고통을 개인화하던 데서 그 사회적 측면을 바라보기 시작한 것은 고무적인 일이며 더 밀고 나가야 한다.

그러나 동시에 고통을 겪는 이에 대한 신중한 언어도 사라지고 있다. 대신 그 자리에 판에 박힌 듯한 말들이 들어서고 있다. 마치 잘라 붙이기cut and paste를 하는 것처럼 같은 말들이 반복된다. 모든 고통에 개별성이 있다고 할 때 그에 대한 말들이 판박이처럼 똑같다는 것은 제대로 듣지 않았다는 말에 지나지 않는다. 신중함이 없다는 말이다.

반대로 신중한 사람들은 말을 잘 하려고 하지 않는다. 가장 많이 듣는 말이 "굳이 내가 왜?"라는 말이다. 공연히 말을 꺼냈다가 오해를 사고 곤란한 상황에 빠지지 않겠다고 말한다. 고통을 겪으며 암흑 속에서 자신들이 경험한 것에 대해 길어낸 말을 다른 이에게 전달하는 것, 특히 공개적으로 전달하는 것을 극히 꺼리는 사람들이 나타났다. 이들은 소위 말하는 공론장에서 사라지고 있으며, 그 자리에 자판기에서 꺼낸 것 같은 납작한 말들이 대신 들어서고 있다.

왜 이렇게 되었을까? 2부에서는 바로 이 문제를 다뤄보려고 한다. 고통에 대한 언급을 금기시하던 사회에 왜 갑자기 고통에 대한 이야기가 넘쳐 흐르게 되었는가. 고통에 대한 이야기가 주류가 되면서 어떻게 신중한 이야기가 공론의 장에서 밀려나고 그 자리를 납작한 언어가 차지하게 되었는가. 그리하여 결국 고통을 납작하게 만들었는가에 대해서 말이다.

살아 있다고 느끼고 싶다
그러므로 존재감이 필요하다

사람이 잘 살아가기 위해서는 '존재감'이 필요하다. 내가 존재할 가치와 의미가 있다고 느낄 때 삶은 비로소 살아갈 만한 것이 된다. 존재감에서의 핵심은 내가 쓸모 있다고 느끼는 것이다. 세상 모두가 부정하더라도 자기 자신이 스스로에 대해 쓸모 있는 존재라고 생각할 때 자기가 가치 있다고 여기게 된다. 이런 존재감 없이 살아간다면 그건 살아 있는 게 아니라 죽지 못해 사는 것밖에는 안 된다.

사람의 존재감은 크게 세 가지 영역에 걸쳐 있다. 1부에서 설명한 고통의 세 차원과 같다. 첫 번째는 사회적 영역이다. 내가 살아가는 사회에서 나를 쓸모 있는 사람이라고 느낄 때 사람은 존재감을 가지게 된다. 이런 점에서 사람은 사회'로부터' 이익만 추구하는 게 아니다. 사회적 존재감을 가지려면 사회'에' 기여하는 것이 있어야 한다. 자신의 사적 이익을 추구하는 경제행위조차도 항상 경제 '발전'에 '기여'하는 것으로 여겨진다. 이를 사회적 존재감이라고 부를 수 있다. '인정'이 이 존재감의 핵심이다.

두 번째는 내가 '곁'이라고 부르는 친밀성 영역이다. 이 영역에서의 존재감이 사라진 채 사회적 존재감만 가지고 있다면, 삶은 부단히 외롭고 쓸쓸해진다. 반대로 사회적으로 크게 쓸모 있는 존재라는 생각을 하지 못하더라도 나를 둘러싼 주변 사람들로부터는 쓸모 있는 존재로 평가받을 때, 사람은 살아가면서 견딜 수 있는 힘을 얻는다. 곁의 존재감은 사회적 영역에서 상처받은 존재감을 회복하는 데 결정적인 역할을 한다. '사랑'이 이 존재감의 핵심이다.

마지막은 내적 영역이다. 흔히 '자존감'이라고 부르는 것이 이 영역의 존재감이다. 사회나 주변에서 쓸모 있는 존재라고 느끼지 못하더라도 자기 스스로 자신에 대해 긍정적으로 평가하고 가치와 의미를 발견할 수 있다면 사람은 살아갈 수 있다. 세상으로부터 존재감을 구하는 게 아니라 자기 내면의 세계에서 그것을 구하는 것이다. 다수의 철학자나 구도자 들이 추구하는 존재감이 이런 내적 존재감이다.

요즘은 이 중에서 흔히 내적 존재감을 강조한다. "세상이 다 너를 미워하더라도 너라도 너 자신을 사랑해야 하지 않겠느냐? 자존감을 키워라" 같은 말이 대표적 사례다. 서점을 가보더라도 요즘 가장 많이 읽히는 책 중 하나가 바로 이 자존감과 관련한 책들이다. 자존감의 중요성을 강조하는 책에서부터 자존감 키우는 법에 관한 책에 이르기까지 수많은 책들이 쏟아져 나온다.

그러나 통상적으로 사회적 존재감과 곁의 존재감이 없는 사람이 내적 존재감을 가지는 것은 거의 불가능에 가깝다. 이는 자존감과 관련해 흔히 하는 말들을 훑어봐도 알 수 있다. "세상의 가치에 흔들리지 말고""자기 주관을 뚜렷이 가지고""미움받을 용기를 가지고" 등등. 이 말들을 한마디로 정리하면 세상과 맞서 싸워 이기라는 것이다. 자존감을 가지라는 말이 사람의 내면에 관한 말 같지만, 사실 이는 바깥과의 싸움에서 이긴 사람에게나 가능한 것이다. 이게 보통 사람에게 가능한 것인가?

세상의 가치와 평가로부터 자유롭기 위해서는 보통 이상의 내공이 필요하다. 무엇보다 먼저 자기 자신의 뚜렷한 가치관이 있어야 한다. 그리고 이를 명료한 언어로 설명할 수 있어야 한다. 그래야만 다른 사람들의 우려와 질문 공세를 이겨 나갈 수 있다. 밖에서 명시적인 공격이 없더라도 자기 내면에서 스멀스멀 기어 나오는 불안에 맞설 수 있다. 보통 사람이 이 정도의 내공을 가지는 것은 불가능에 가깝다.

이런 점에서 자존감을 지나치게 강조하는 것은 자존감을 세우는 게 아니라 무너뜨리는 반대 효과를 내는 경우가 많다. 자존감을 세운다고 이것저것 해보았는데도 잘 안되었을 경우 "역시 나는 안돼""나조차도 나를 인정하지 않는데 누가 나를 인정하겠어"라며 좌절하게 된다. 자존감을 세우려다가 자괴감만 커지는 경우다. 내적 존재감을 키우는 것은 사회적 존재감이나 곁의 존재감을 가지는 것보다 훨씬 어렵다.

그렇다면 사람은 언제 안정적인 존재감을 느낄 수 있을까? 나는 성장할 때라고 생각한다. 존 듀이John Dewey 등의 철학자들은 사람의 삶이란 성장의 과정이라고 봤다. 살아간다는 것은 끊임없이 바뀌는 주변 환경에 적응해가는 것이다. 수동적으로 마지못해 맞춰서 사는 것만이 아니다. 한 번 적응하고서 끝나는 것도 아니다. 환경에 적응해가는 과정을 거치다 보면 적응 역량과 적응력 자체가 향상된다. 그렇게 향상된 적응력을 바탕으로 적응을 넘어서 보다 나은 환경을 만들어가기도 한다.

성장하고 있을 때 사람은 자기가 '잘 살고 있다'고 느끼며 기뻐한다. 자신의 살아가는 역량이 증가하기 때문에 앞을 내다보고 희망을 품고 기뻐할 수 있게 된다. 그 힘이 있을 때 새로운 다른 것도 도모해볼 수 있다. 자신감을 가지고 살아갈 수 있게 된다. 이것이 무엇보다도 삶에 큰 희열을 가져온다. 이때의 삶이란 곧 성장이며, 성장이란 곧 적응하고 창조하며 자신과 세계를 다루는 역량이 증가하는 과정이다.

자신이 지금 성장하고 있다, 즉 '잘 살고 있다'는 자신감은 세 가지 차원에서 온다. 그것이 앞에서 말한 사회적 차원, 친밀성의 차원, 그리고 내적인 차원이다. 내적 자존감이란 다른 말로 하면 사회나 주변 사람들이 뭐라고 하든 간에 자기 스스로 나는 지금 잘 살아가고 있으며 성장하고 있다고 확신할 때 오는 것이다. 누가 뭐라든 내 소신을 가지고 자기만의 방향성을 가진 성장을 추구하고 있다면 사회적 차원이나 친밀성 차원에서의 확인은 필요 없다. 사실 이보다 더 좋은 것은 없다.

그러나 이미 설명했듯이 이런 것은 보통 사람에겐 쉽지 않다. 타인에게 의존하지 않고 자기가 '잘 살고 있다'는 느끼고 확신하는 것은 어렵다. 그래서 우리는 다른 사람으로부터의 '인정'이 필요하다. 특히 사회적으로 내가 존재할 만한 가치가 있다는 생각을 하기 위해서는 인정을 받아야 한다. 내가 하는 일이 사회에 이익이 되며 이 사회가 나를 필요로 한다는 인정을 받아야 한다. 그렇지 않으면 사람은 자기가 '쓸모없는 사람' '남아도는 인생-잉여' '쓰레기' '버림받은 인생'이라는 생각을 하게 된다. 이런 점에서 어떤 사회학자들은 사회를 인정받기 위해 투쟁을 벌이는 공간이라고 말하기도 한다.

사회적으로 인정받기 위해서는 '성과'를 내야 한다. 이 성과는 내가 자족할 수 있는 차원이 아니라 사회적으로 인정받을 수 있는 차원의 것이어야 한다. 사람이 태어나는 순간 던져진 사회에는 그의 의사와 무관하게 그 사회가 만들어놓은 성과에 대한 판별 기준이 있다. 무엇이 인정받을 만한 성과이고 어떤 것은 아무리 해도 인정받을 수 없는 성과인지는 이미 정해져 있다. 사회마다 이런 성과에 대한 인정 체제가 있으며 우리는 선택권 없이 그 안에 던져진다.

물론 이 인정 체제는 구성원들의 노력에 의해 바뀔 수 있다. 사람들은 왜 이것은 성과로 인정받고 저것은 그렇지 않은가, 왜 이것은 높게 평가되고 저것은 낮게 평가되는가 등의 질문을 던지며 인정 체제에 도전한다. 왜 남성의 노동은 높게 평가받고 여성의 노동은 보조적인 것으로 취급되는가. 왜 정신노동은 육체노동보다 값어치가 더 비싼가. 사실 한 사회를 바꾼다는 것은 이 인정 체제를 바꾸는 것과 같다. 매우 어려운 일이지만 말이다.

사회적 차원에서 성장의 지표는 성과로 측정된다. 성과를 내지 않으면 사람은 성장했다고 느끼기 쉽지 않다. 고도의 내공을 가지고 자기 가치관을 확립하지 않았다면 말이다. 그런데 이때의 성과는 성장의 지표인 것처럼 굴게 된다. 그 결과 사람은 살기 위해서만이 아니라 자신이 성장하고 있고 살아 있다는 것을 느끼기 위해서라도 성과를 내야 한다. 성과에 목숨을 걸어야 한다.

학교의 가장 중요한 기능이 바로 이런 인정 체제를 자연스럽게 배우고 몸에 익히는 것이다. 초등학교 저학년의 경우 아무렇게나 말하고 하고 싶은 것을 다 하려는 학생들이 많다. 그러나 고학년으로 올라가면서 학생들은 저절로 배우게 된다. 자기가 하는 어떤 일은 성과로 인정받을 수 있고, 또 다른 일은 아무리 잘해도 성과로 인정받지 못한다는 것을 말이다. 이런 과정을 거치면서 인정받는 성과를 잘 내는 학생들은 점점 더 고양되고 그렇지 못한 학생들은 더욱더 위축된다. 학생들이 질문하지 않거나 수업 시간에 무기력하게 앉아 있는 것은, 자신이 이 체제에서 더는 인정받는 성과를 내지 못한다는 것을 몸으로 깨우치면서부터 시작된다.

성과에 목숨을 걸었다
그럼에도 나는 누군가로 대체될 것이다

특히 우리가 살아가는 근대 자본주의 사회에서는 인정을 받기 위해 사회적으로 가치가 있는 성과를 내야 한다. 그러기 위해서는 무엇보다 노동에 참여해야 한다. 노동을 하면서 내가 '한몫'을 하고 있다고 느낄 때 사람들은 누가 뭐라고 하더라도 자기 존재에 대해 자부심을 가질 수 있다. 노동으로부터 배제된 사람이 자기 존재에 대한 의미와 가치를 갖기는 거의 불가능에 가깝다. 우리가 사는 사회에서 노동은 먹고사는 생계를 넘어서 삶의 가치와 의미의 문제와 직결되어 있다.

'한몫'의 노동이 존재감과 직결되는 것은 전통 사회에서도 나타난다. 내가 어릴 때 시골에는 '농번기 방학'이 있었다. 이 기간에는 초등학생도 학교에 가지 않고 들판에 나가 일을 했다. 봄에는 모내기를 하고 가을에는 벼를 베었다. 평소에도 꼴을 베고 피를 뽑는 등 여러 가지 일을 했지만, 농번기 방학 때는 하루를 오롯이 일했다. 그리고 저녁이 되면 아버지가 초등학생 아들에게 아버지 밥상으로 와서 밥을 먹으라고 했다. 평소에 아이는 한 사람 몫의 장정이 아니므로 여자들의 밥상에 앉았다(남성중심주의적인 사회에서 여성의 노동은 사회적으로 가치 있는 '한몫'으로 치지 않았다). 그럴 때 아이는 엄청나게 뿌듯해했다. 자기도 한몫하는 사람이라고 느낀 것이다.

아무 노동이나 사회적으로 가치 있는 노동으로 여겨지는 것은 아니었다. 특히 근대 자본주의 사회에서 사회적으로 가치 있는 노동은 '지급되는 노동 paid work', 즉 임금을 받을 수 있는 노동이다. 다른 노동은 노동으로 간주되지 않거나 매우 가치가 낮은 것으로 여겨졌다. 시골에서 여성의 노동은 남성의 노동에 비해 결코 덜하지 않았다. 오히려 강도가 심했고 노동 시간도 더 길었고 가짓수도 훨씬 많았다. 그럼에도 여성의 노동은 온전한 '한 몫'의 노동으로 치지 않았다. 보조적인 노동으로 인식했다.

명시적으로 사회적 인정을 받지 못하는 노동을 하면서 존재감을 느끼기는 쉽지 않다. 여성의 가사노동이 대표적인 경우다. 이처럼 아무도 임금을 지불하지 않는 노동을 '부불노동 unpaid work'이라고 한다. 가사노동은 타인에 의해 '모성'이나 '어머니의 숭고한 희생' 같은 말로 신비화될 순 있지만, 정작 당사자는 그런 방식으로 존재감을 찾지 못하는 경우가 많다. 자신의 가치와 의미에 대해 늘 허전함을 느끼고 삶이 위축될 가능성이 크다.

이것은 한 사회의 성과에 대한 인정 체제가 노동 그 자체의 특성보다는 노동 외적인 것에 의해 결정된다는 것을 의미한다. 노동의 시간이나 강도보다 누가 그 노동에 종사하는가에 의해 그 노동의 가치가 정해진다는 말이다. 성별에 따라, 인종에 따라, 장애 유무에 따라, 나이에 따라 정해진다. 성과가 성과로만 판단되는 게 아니라 이미 다른 요소들에 의해 판단된다는 것이다. 이 부분을 간과한 채 '성과'에 대해 이야기하는 것은 위험하다.

사회적으로 인정받는 성과를 낸다 하더라도 그것으로 끝이 아니다. 인정받는 성과인지 아닌지 여부의 문턱을 넘어서면 그 다음에는 얼마큼의 성과를 내야 하는지에 대한 '정도'의 문제가 등장한다. 어떤 것은 겨우 성과로 인정받고, 어떤 것은 매우 높은 성과로 인정받는다. 성과는 철저히 '위계화'되어 있다. 무엇이 성과인지 아닌지에다가 이 성과의 위계까지 더해져 성과의 인정 체제가 만들어진다.

우리가 사는 이런 사회를 '성과 사회'라고 한다. 사람은 언제나 성과를 내야 인정을 받았지만, 특히 이 사회를 '성과 사회'라고 부르는 이유는 바로 성과의 정도 문제 때문이다. 고실업 저성장이 구조화되면서 사람들이 사회적으로 인정받을 수 있는 성과를 내기가 점점 더 어려워졌다. 그 원인이자 결과로, 사람들이 인정받기 위해서는 매우 높은 수준의 성과를 내야 한다. 보통의 성과를 내는 정도로는 탈락을 면하기 힘들어졌다. 그래서 누구나 비상한extraordinary 성과를 내는 데 목숨을 걸고 있다. 생존이 거기 걸려 있기 때문이다. 이런 특징 때문에 이 사회를 '성과 사회'라고 한다.

이를 대표적으로 보여주는 것이 한국의 입시 체제다. 교사와 학생 들에게 내신 등급을 기준으로 물어보면 어느 정도 등급을 받아야 성과로 인정받을 수 있는지에 대한 답을 알 수 있다. 현재 내신은 1~9등급으로 분류되어 있다. 그렇다면 어느 정도 등급을 받아야 '공부를 잘한다'는 소리를 들을 수 있을까? 1등급과 2등급은 당연히 '공부를 잘한다'고 말한다. 그런데 3등급부터 대답이 흔들리기 시작한다. 4등급부터는 공부를 잘한다고 여기는 사람이 없다. '보통'이라고 말하는 경우도 점점 줄어들고 있다. 4등급부터는 공부에서 '성과'를 냈다고 말하기 힘들다. 성과로 쳐주지 않는다.

3등급 컷이 보통 상위 25퍼센트 내외에서 결정된다. 사회과학자들이 비유적으로 이야기하는 20 대 80의 사회라는 말이 허투루 나온 게 아니다. 경제적인 것만이 아니라 존재의 의미와 가치도 완전히 양극화되었다. 20에 속한 사람들은 돈뿐만 아니라 성과와 인정도 독점한다. 반면 80에 속한 사람들은 뭘 해도 인정받을 수 없다. 사회적으로 인정받는 성과를 내지 못할 때 사회적 존재감을 느끼는 것은 불가능에 가깝다. 당연히 내적 존재감을 가지는 것도 몹시 어렵다. "난 괜찮아"라고 주문을 외워봤자 돌아오는 건 정신 승리라는 냉소뿐이다. 이처럼 이 사회에서 80퍼센트에 속하는 사람들은 노동의 위기 속에서 생존의 위협을 받는 것과 동시에 존재감의 위기도 같이 경험하게 된다. 이들이 무기력해지는 것은 필연적이다.

그런데 성과를 낸다고 해서 안정적 존재감을 가질 수 있는 것도 아니다. 사회에 참여하면서 성과를 내는 사람들은 대부분 어느 정도의 성과를 내고 난 다음에 깨닫게 된다. 그 성과가 자신의 성장과 결부되지 않는다는 것을 말이다. 아주 대단한 성과가 아닌 다음에야 자신이 내는 성과는 누구나 낼 수 있는 것이다. 따라서 자신은 자신만의 고유한 성과를 내는 사람이 아니라 사회가 필요로 하는 성과를 내는 사람이며, 사회가 원하는 만큼 성과를 내지 못하는 한 언제든 다른 사람으로 대체된다는 것을 깨달을 수밖에 없다.

자신이 대체되는 존재라는 것만큼 존재감에 큰 상처를 주는 일은 없다. 존재감이란 잘났건 못났건 간에 자기가 고유하고 유일무이한 존재이기 때문에 대체될 수 없다는 점에서 비롯된다. 스스로를 대체 가능한 존재라고 생각하는 한 존재감의 고양은 기대할 수 없다. 그저 대체 가능한 부품으로서 늘 허무함을 느끼며 위축되어 살아갈 뿐이다.

이처럼 성과를 내지 못하면 내지 못하기 때문에, 성과를 내더라도 그 성과는 대체 가능하기 때문에 나는 곧 잊힌다. 다른 사람들 시야에서 사라지고 그들은 나라는 존재를 잊어버리게 된다. 성과를 내는 사람은 대체되어 잊히는 것을 두려워하고, 성과를 낼 기회조차 없는 사람은 애초에 기억조차 되지 않는 존재감 0인 상태가 되는 것을 두려워할 수밖에 없다. 이 둘 모두 공포스러운 것은 마찬가지다.

사람들의 관심을 끌기 위해
고통이 '포르노'처럼 전시되기 시작했다

이런 단계에 이르게 되면 사람들은 존재감을 가지기 위해 필사적이 된다. 이때는 성과 자체가 문제가 아니다. 성과 이전에 성과를 인정해줄 다른 사람이 있는지, 없는지가 관건이다. 아무리 성과를 내더라도 이를 성과로 봐줄 사람이 없다면 의미가 없다. 따라서 다른 사람으로부터 인정받는 것은 둘째가 되고, 그 상황에 다다르기 위해 우선 다른 사람의 주목을 받아야 한다. 인정 이전에 관심을 끌어내야 한다.

성과로 다른 사람의 관심을 끌 수 없다면 무엇으로 관심을 끌 수 있을까? 사회적 영역에서 더 이상 존재감을 얻기가 힘들다면 우리는 어디에서 존재감을 얻을 수 있을까? 여기에서 잘 살펴봐야 하는 것이 다음 장에서 이야기할 친밀성의 영역이다. 이 영역에서 서로에게 가져야 하는 '관심'을 상품화한 것이 바로 주목이기 때문이다.

극히 일부의 사람을 제외하고 대다수의 사람은 사회적 영역에서 존재감의 상처를 입는다. 성과를 낸다고 하더라도 자신이 곧 대체된다는 것을 알고 있다. 대체되는 존재로서 존재감을 가지기는 힘들다. 게다가 사회적 영역은 인격체로서의 사람에 대한 관심이 아니라 무관심을 그 기초 값으로 한다. 사회적 영역에서 사람들이 관심을 갖는 것은 성과이지 그 사람이 아니기 때문이다. 성과를 낼 때는 이 무관심이 나를 자유롭게 하지만, 성과를 내지 못하는 순간 나는 그냥 존재감이 없는 상태가 된다.

이처럼 점점 더 많은 사람들이 사회적 영역에서 존재감을 가지기 힘들어졌기에 그 고통을 호소하는 이야기가 사회적으로 터져 나오고 반향되기 시작했다. 사회적 영역에서 고통을 호소하는 것이 나약한 사람들의 이야기에서 대다수의 사람들이 겪는 이야기로 여겨지면서 사회적 관심사가 되고 주목을 끌게 되었다. 해결해야 하는 시급한 문제이기 때문이다.

그러나 이 고통에 대한 이야기는 해결해야 하는 문제이기만 한 것이 아니다. 고통에 대해 사람들이 더 많이 이야기하고 사회적으로 주목한다는 것은 고통에 대한 이야기가 장삿거리가 된다는 말이기도 하다. 사회 한쪽에서는 여전히 온갖 고난을 딛고 성공한 이야기가 장사가 된다면, 다른 한쪽에는 더 이상 해도 안 된다는 절망 속에 고통받는 사람들의 이야기가 장삿거리가 되었다. 해결해야 할 사회문제를 문화 상품으로 다루기 시작한 것이다.

선후 관계를 잘 알 필요가 있다. 고통으로 관심을 끌려고 하는 사람이 먼저 나타난 것이 아니라, 이런 이야기가 다른 사람의 관심을 끌 수 있다는 것을 존재감 상실에 허덕이는 사람들에게 속삭이는 산업과 시장이 먼저 나타났다. 고통스러운 기억과 경험을 파는 TV 프로그램들이 생겨났고 사람들이 거기에 반응을 보인다는 것에 산업과 시장이 주목했다. '스토리텔링'이라는 이름으로 늘 새로운 이야기를 팔아먹는 것을 통해 돈을 버는 이들이 '감동 사연'을 넘어 팔아먹을 수 있는 또 다른 상품으로 주목한 것이 바로 '고통'이다.

고통에 관한 이야기를 팔 때는 '공감'이나 '연민', '연대'나 '인류애' 같은 말로 포장하기도 쉬웠다. 상업적으로 포장하더라도 도덕적으로 어필할 수 있었다. 동의하지 않거나 관심을 갖지 않는 이들을 비난하기도 쉬웠다. 문제가 생기더라도 고통을 사회에 알리고 사안을 해결하기 위해서였다고 말하면 비난을 피해갈 수 있었다. 고통에 대한 이야기를 다루면, 타인에 대한 도덕적 비난과 자신에 대한 윤리적 면피를 할 수 있는 완벽한 '알리바이'를 마련할 수 있었다.

고통을 겪는 이의 입장에서도 마찬가지였다. 이들은 자신이 고통에 차서 절규할 때는 들은 척도 안 하던 사람들이 이런 시장에서 원하는 방식대로 이야기했을 때 주목한다는 것을 알게 되었다. 자신의 고통을 다른 사람에게 이해시키고 그 자신의 고통을 위로받고 싶어하는 사람으로선 이러한 주목에 솔깃할 수밖에 없었을 것이다. 하지만 실제로는 그 이야기에 관심 있는 것이 아니라, 관심을 끌 수 있는 포맷이 만들어졌고 그 공식에 따라 고통에 관한 이야기가 복제되듯 생산되었다. 고통을 겪는 자신에 대한 관찰과 성찰을 통해 이야기하는 것이 아니라 맞춰진 틀에 따라 이야기를 했을 때 훨씬 효과적이었다.

고통을 파는 이야기의 포맷은 피해자의 피해자됨과 비참함을 강조하는 방식이다. 고통에 몸부림치는 모습을 '포르노'처럼 보여줬다. 이런 이야기들이 시장의 주목을 받으면서 경쟁이 격화되었고, 고통의 표현 강도도 더욱 높아져만 갔다. 고통을 파는 자들이 요구하는 것은 고통의 맥락이나 이유, 결과가 아니라 고통의 강도가 되었다. 더 강하게 몸부림쳐야 했고, 더 처절하게 울부짖어야 했다.

무엇보다 피해자는 모든 것을 다 드러내야 했다. 그래야 피해자였다. 드러내고 싶지 않은 치부를 다 까발려서 보여줘야 했다. 그걸 '용기'라고 부추겼다. 피해자에게 보호되어야 할 인격, 감추어져야만 보호될 수 있는 존엄은 없었다. 그것까지 드러내야지만 '피해자'로 인정되었다. 피해자는 자신의 존엄을 파괴할수록 '용기 있는 사람'이 되었고 그러기 위해서라도 포르노처럼 자기를 드러내야 했다. 그렇지 않으면 인정은 고사하고 관심조차 끌 수 없었다.

인정 이전에 네가 가진 것이 다른 사람의 관심을 끌 수 있는지를 먼저 증명하라. 이것이 존재감의 위기를 겪고 있는 이들에게 이 사회가 던진 명령이다. 인정을 둘러싼 투쟁은 관심을 끌기위한 이전투구로 변질되고 타락했다. 관심을 끌기 위한 경쟁이 격화될수록 더욱더 선정주의가 판을 쳤다. 자신의 고통을 '쎄게' 이야기해야 했고, 그럴 때만이 그 피해를 극복하고 있는 '쎈 사람'으로 보일 수 있었다. '피해자'와 '영웅'이 선정주의에 결합한 것이다. 오로지 이것만이 관심을 끌 수 있는 방법이 되었다.

2

도대체 뭘 어떻게 믿고
사랑을 하나

존중을 모르는 사랑, 친밀성의 세계를 무너뜨리다

성과 사회에서 사회적 존재감을 느끼는 경우는 매우 드물다. 사
람들은 "내가 없으면 이 회사는 안 돌아가"와 같은 말을 흔히
한다. 이런 말이 의미하는 게 바로 '대체 불가능성'이다. 내가 사
라졌을 때 우리 회사가 망한다면 나는 절대 대체될 수 없는 존
재다. 그러나 이런 말을 하는 사람도 잘 알고 있다. 내가 없다고
해서 이 회사가 없어지지 않는다는 것을 말이다. 마치 아무 일도
없다는 듯이 회사는 잘 돌아갈 것이다.

사람들이 일상적으로 사회생활을 하며 느끼는 것은 대체 불
가능성이 아니라 대체 가능성이다. 나는 소모될 것이고 그 값어

치가 다하면 버려질 것이다. 그래서 그렇게 되지 않기 위해 필사적이다. 그러나 언젠가는 분명 버려지고 잊힐 것이다. 이런 점에서 사회생활을 하는 동안 우리는 자신을 유일하고 고유한 존재, 즉 대체 불가능한 존재로 느끼기 어려우며 오히려 대체되는 존재임을 절감하게 된다. 이 경우 일상적으로 존재감의 고양이 아니라 위축을 경험한다.

경험치가 쌓일수록 살아갈 힘이 증가하는 것, 그것을 성장이라고 한다. 이러한 성장으로부터 사람은 기쁨을 얻는다. 지금 당장은 아니더라도 성장의 가능성이 있을 때 사람은 희망을 품고 살아갈 수 있다. 희망이 있어야 살아갈 자신을 가지며 계속 스스로를 고양할 수 있다. 반면 성장에 대한 희망이 없다면 삶은 위축된다.

고양이 삶에 속하는 것이라면 위축은 죽음에 속한다. 시간이 가고 경험치가 늘어날수록 삶에 대한 자신감을 느끼는 것이 아니라 반대로 점점 자신감을 잃고 위축되어갈 때, 사람은 기쁨이 아니라 슬픔에 다가서게 된다. 살아가는 힘이 증가하는 것이 아니라 축소되면서 자신이 살아 있는 게 아니라 죽어가고 있다고 생각하게 된다. 기억되는 게 아니라 잊힌다고 생각한다. 슬픔은 죽음의 정서다.

사랑과 우정이 있다면

그래도 삶은 버틸 만할 것이다

그런데 이 슬픔을 단번에 기쁨으로 전환해주는 관계가 있다. 성과를 내지 않아도 된다. 늘 위축된 채 살아가는 '별 볼 일 없는' 존재들도 존재감의 고양을 경험한다. 세상이 나를 소모품으로 취급할지라도 여기에서만큼은 대체되지 않는 존재임을 확인하며 슬픔이 아니라 기쁨을 느끼게 하는 관계가 있다. 에바 일루즈Eva Illouz가 『사랑은 왜 아픈가』에서 말한 것처럼 사랑과 우정 같은 친밀성 영역에서의 관계가 그것이다.

우리가 누군가를 사랑한다고 말할 때 그것은 상대방의 어떤 속성이 아니라 그 사람 자체를 사랑하는 것이다. 사랑에 빠진 이는 흔히 상대방에게 물어보곤 한다. "내 어디가 그렇게 좋아?" 그러면 보통 어떤 면이 좋다고 답을 하다가도 "그냥 좋아" "다 좋아" "당신 자체가 좋아"라는 말로 흘러간다. 누군가를 사랑하는 사람이라면 자기의 사랑이 상대방에 대한 어떤 속성으로 환원되지 않는다는 것을 깨닫게 된다. 사랑은 존재 자체로 나아간다.

누군가 나를 사랑한다고 할 때 내가 느끼게 되는 것, 그것이 바로 대체 불가능성이다. 그가 좋아하는 것은 '나 자체'이지 어떤 속성이 아니다. 같은 속성을 가진 다른 존재로 내가 대체되지 않는다. 그가 사랑하는 '나'라는 존재는 지구상에 딱 한 명, '나'로만 존재하기 때문이다. 나는 별달리 한 게 없지만 나라는 존재 자체를 사랑하는 사람이 있을 때 사람은 존재감이 고양되는 큰 기쁨을 얻는다. 이 기쁨이 나에게 살아갈 힘이 되고 세상을 살아갈 만한 곳이라고 생각하게 한다.

사랑에서 기쁨의 원천은 성과가 아니라 뤽 페리^{Luc Ferry}가 『사랑에 관하여』에서 말한 것처럼 그가 내 앞에 존재한다는 사실이다. '현존'이 주는 기쁨이다. 다른 일을 하지 않아도 된다. 그저 내 앞에 있는 것으로 사랑은 충분한 기쁨을 준다. 지하철역에서 사랑하는 이를 기다린다고 생각해보자. 입구에서 사랑하는 이가 다가온다. 그의 머리가 보이고 얼굴이 보이면서 내가 그를 알아볼 수 있게 되면 저절로 웃음이 나오며 기쁨이 샘솟는다. 이것이 내 앞에 지금 있음, 즉 현존의 기쁨이다. 물론 그것이 사랑에 빠진 초창기의 감정이라고 할지라도 말이다.

그런데 사랑의 행보는 여기에서 멈추지 않는다. 그의 현존이 나의 기쁨인 데서 나아가, 그가 기뻐하는 모습을 보면서 나는 또다시 기뻐하게 된다. 내가 사랑하는 그를 기쁘게 하는 것이 나의 기쁨이 되는 것이다. 내가 기쁘기 위해 그를 기쁘게 하는 것이 아니다. 그가 기쁘므로 내가 기쁜 것이다. 사랑을 하는 사람의 목적은 내가 아니라 그에게 있다. 그의 기쁨이 내게 돌아와 내가 기쁜 것이다. 사랑받는 이뿐만 아니라 사랑하는 이에게도 상대방의 현존이 감사한 이유가 여기에 있다.

사랑이라는 관계의 핵심에는 니클라스 루만$^{Niklas\ Luhmann}$이 『열정으로서의 사랑』에서 말한 '비대칭성'이 있다. 여기서는 그 개념만 빌려와 내 나름대로 사용할 것이다. 사랑하는 이는 사랑받는 이가 별달리 어떤 일을 하기를 바라지 않는다. 그저 내 앞에 있어주길 바란다. 현존이 기쁨의 원천이기 때문이다. 그런데 사랑하는 이는 사랑받는 이에게 끊임없이 무언가를 하며 그에게 기쁨을 주길 바란다. 사랑받는 이에게 어떤 것을 요구하지 않지만, 사랑하는 자신은 그를 위해 끊임없이 무언가를 한다.

대표적인 것이 바로 '선물'이다. 사랑하는 이에게 사랑받는 이는 그 자체로 선물이다. 그의 현존이 선물이다. 그러나 자신은 그를 기쁘게 하려고 선물을 준비한다. 혹시 그의 마음에 들지 않을까 고심하며 선물을 고른다. 환심을 사려는 게 아니라 기쁨을 주기 위해서다. 반면 선물을 받는 이는 선물을 받아서 기쁜 게 아니라 아무것도 아닌 자기를 기쁘게 해주기 위해 마음을 쓰는 게 고맙고 기쁘게 된다. 이런 것이 사랑의 비대칭성이다.

우정 역시 마찬가지다. 친구 사이라고 할 때, 상대방에게는 현존 이외의 다른 어떤 유익을 바라지 않는다. 유익을 기대하거나 요구하는 것은 우정이 아니라고 여겨지기 때문에 그 자체가 금기가 된다. 하지만 나는 내 친구에게 유익이 되고 싶어한다. 친구의 현존을 기뻐할 뿐만 아니라 그 친구에게 그 외의 다른 유익이 되기를 원한다. 그렇기에 그는 나에게 현존으로, 나는 그에게 유익으로 다가간다. 이것이 상호적일 때 비로소 우정이 되고 이 관계가 지속될 수 있다. 비대칭성이 상호 지속될 때, 우정은 사랑과 마찬가지로 존재감을 고양시키며 큰 기쁨이 된다.

사랑과 우정의 비대칭성의 핵심에는 앞서 언급한 루만의 책에 나오는 것처럼 인격에 대한 존중이 있다. 사랑을 받는 이는 '현존'으로 족하다. 그러나 사랑하는 이는 그에게 기쁨을 주기 위해 선물과 같은 '행위'를 해야 한다. 그중에서 가장 중요한 행위가 존중이다. 상대방을 그 자체로 바라보려고 노력하는 것이 그를 존중하려고 노력하는 모습이다. 사랑하는 이는 사랑받는 이의 '인격'을 존중해야 한다. 다른 누구도, 무엇도 아닌 나로서의 나, 우리는 이것을 '인격'이라 부른다. 사람은 누구나 나 자체로 존중받고 싶어하고, 특히 그 누구도 아닌 사랑하는 이가 그렇게 대해주길 바란다. 사랑은 내가 다른 어떤 속성이 아니라 바로 인격으로서 존중받는 것을 경험하게 함으로써 사회에서 무시당하고 모욕당하고 손상된 존재감을 고양해준다.

아무리 보잘것없는 사람이라 하더라도 이 친밀성 영역이 잘 구축되어 있으면 존재감의 고양을 경험할 수 있고 삶의 기쁨을 느낄 수 있다. 이런 점에서 사회적 영역에서의 성과만큼이나 친밀성 영역에서의 사랑과 우정은 사람이 존재감을 느끼게 하는 데 필수적이다.

그를 그 자체로 보지 못하는 시대다
사랑을 믿는 자가 바보인 세상이다

그러나 우리가 살아가는 이 사회에서 사랑과 우정은 큰 위기에
처해 있다. 특히 이 시대의 사랑은 도통 자신이 사랑하는 사람
을 '그 사람'으로 대하는 법을 모른다. 남녀 관계로 예를 들면,
기가 막히게도 그 사람을 반대편 '성性'으로 대하고 그렇게 대하
는 것을 '존중'이라고 불렀다. 남성이라면 사랑하는 사람을 '여
성'으로 바라보고 '여성'으로 대하고 '여성'으로 여기는 것을 존
중으로 여겼다는 것이다. 마치 박근혜 전 대통령을 끊임없이 '여
성'으로 부르며 '여성'으로 대하는 것처럼 말이다. 이런 상황에서
자신이 '여성'으로서 존중받고 있다고 생각한 여성은 거의 없다.
대부분 모욕이라고 느꼈다.

　그 결과 존중받을수록 인격이 무시되고 모욕당하는 역설이
현대의 사랑에서는 구조화되고 말았다. "저는 여성을 혐오하지
않습니다. 여성을 제가 얼마나 좋아하는데요." 이 말은 존중이
모욕으로 도착倒錯되는 것을 정확하게 보여준다. 우리 모두 안
다. 당신이 얼마나 여자를 좋아하는지를. 하지만 당신은 당신이
만나는 사람을 '그'로 생각하지 못하고 '여자'로 생각했기 때문
에 다른 무엇도 누구도 아닌 '그'에게 씻을 수 없는 모욕을 가한
것이다. 인격에 대한 모욕 말이다. 그러면서도 이 모욕을 사랑이

라고 불렀다. 상대가 이를 참고 감수하며 사랑으로 받아들이는 동안에는 큰 문제가 없다. 다른 무엇도 아닌 그게 바로 사랑이었고 다른 건 사랑이 아니었기에, 사랑을 하고 받기 위해서는 이 사랑을 응낙할 수밖에 없었다. 이런 맥락에서 여성들도 이를 사랑이라고 받아들였고 '나'가 아닌 '여성'으로 살아가고 '여성'으로 사랑받기를 원했다.

성별 이분법에 기초한 사랑은 여성을 역할로 존중하고 열광하는 법만 알았지 그 역할과의 차이로 존재하는 그의 인격을 존중하는 법에 관해서는 무지하고 무능했다. 연인으로서의 그녀, 어머니로서의 그녀, 아내로서의 그녀를 칭송하면 그것이 그녀를 존중하는 것이라고 착각했다. 한마디로 말해서 이 시대의 사랑은 여성을 역할이 아닌 개별적 인격체로 대하는 법에 관해 전적으로 무지했다. 그걸 사랑이라고 착각하면서 말이다.

물론 우리는 모두 역할을 거부한 채 역할 없이 살 수는 없다. 어쩌면 인간이란 그런 역할들의 총합일지도 모른다. 그럼에도 불구하고 '나'라는 개체적 인격에는 역할들로 환원되거나 대체되지 않는 고유한 그 무엇이 있으며, 바로 그렇다는 것을 존중받을 때 비로소 진정한 '나'로 존중받는다고 할 수 있다. 나의 고유한 인격은 그 수많은 역할과 나 사이의 간격, 차이로 존재한다. 역할로만 사람을 바라보는 순간 그의 대체 불가능성은 사라진다. 존재감의 고양이 아니라 위축과 모욕만을 경험하게 된다.

이러한 상황은 여성들이 '이것은 사랑이 아니라 모욕'임을 깨닫는 순간 파산할 수밖에 없다. 좀더 정확히 말하자면 여성들이 나를 '여성'이 아닌 '나'로 대해달라고 요구하는 순간, 즉 즉 울리히 벡Ulrich Beck과 엘리자베스 벡-게른샤임Elisabeth Beck-Gernsheim이 『사랑은 지독한, 그러나 너무나 정상적인 혼란』에서 말한 것처럼 '여성들의 개인화'가 진행되면서 필연적으로 닥칠 수밖에 없는 저 사랑(모욕)의 운명이었다. 그런데도 여전히 내가 너를 여성으로 얼마나 사랑하고 아끼는지 말하며 그것을 사랑이라고 말한다. 반대쪽에서는 그게 사랑이 아니라 모욕이라고 분명히 말하고 있는데도 말이다.

사랑이 구제되고 사랑을 통해 모욕이 아닌 존재감을 고양시킬 수 있는 길은 딱 하나밖에 없다. 서로 사랑하는 존재를 남자로도 여자로도 보지 않고 오직 '그'로 보고 '그'로 대하는 것 말이다. 그가 남자든 여자든 그 남자와 여자라는 것으로부터 차이가 있는 만큼 그가 자율적이고 자유로운 사람이라는 것을 인정하는 것이 사랑이 살 수 있는 유일한 길이다. 한마디로 말하자면, 사랑하는 이를 '성별화'하는 것이 아니라 자유롭고 평등한 개체적 인격으로 대하는 것이다.

그러나 이 시대의 사랑은 이 길에 관해 철저히 무지하고 무능했다. 그 결과 사랑을 통한 존재감의 고양은 더 이상 가능하지 않은 것이 되었다. 반대로 사랑은 무시와 모욕이라는 상처의 원천이 되었다. 기쁨이 아니라 고통의 원천이 되었다. 더 이상 지속 가능하지 않은 것이 되었다. 상대방을 성별화한 대상으로만 대하는 그런 사랑은 이제 거부당하고 있기에 불가능하다.

존중을 모르는 사랑이 불가능해지는 동안 사랑과 우정의 다른 측면 역시 변질되기 시작했다. 사랑과 우정은 앞에서 말한 것처럼 이익을 바라지 않고 현존으로 기쁨을 얻는다. 반대로 나는 너에게 유익한 존재가 되기를 갈망한다. 내가 이익이 되는 존재이기에 그가 기쁜 것이 아니지만 나는 그에게 유익이 되고자 노력한다. 이런 것이 상호적일 때 서로에 대해 감사하게 되고 그 관계가 지속된다.

그러나 이런 관계에는 근본적인 불안이 있다. 내가 그에게 유익하지 않으면 그와 나의 관계가 끝날 수도 있다는 불안 말이다. 나는 그를 기쁘게 하기 위해 유익한 존재가 되려 하지만, 그와 나의 관계에서 유익이 아닌 현존이 핵심이라는 서로 간의 확신이 없다면 이 관계는 쉽게 흔들린다. 사랑과 우정 모두 그 확신이 없을 땐, 내가 그에게 유익하지 않아서 버림받을지 모른다는 공포가 밀려들기 마련이다. 현존의 기쁨에 대한 확신은 사랑과 우정에서 필수적이다.

그러나 지금은 서로의 마음에 대한 확신을 가지기 좀처럼 어려운 시대다. 오히려 확신을 품고 서로에게 이런 믿음을 가지기를 원하는 것이 구질구질한 것이 되었다. "뭘 믿고 그렇게 했냐?"는 핀잔이 돌아온다. 믿는 자가 가장 어리석은 자이며 확신하는 자가 가장 바보 같은 자가 된 세상이다. 그렇기에 믿지 않아야 상처를 덜 받는다. 신뢰는 서로에게 요구할 수 있는 게 아닌 것이 되었다.

현존의 기쁨에 대한 확신이 불가능해진 상태에서 친밀성의 관계를 지속시키기 위해서는 끊임없이 '유익한 존재'가 되어 그의 관심을 끄는 수밖에 없다. 유익의 내용이 무엇인지는 중요하지 않다. 그것이 유익한 것인 한 그의 관심을 끌 수 있다는 것이 중요하다. 그렇기에 그의 관심을 붙들어두기 위해서는 무엇이든 할 수 있게 되었다. 사회적 존재감을 상실한 상태에서 존재감을 갖는 것이 유일하게 가능한 마지막 영역이자 방법이 사랑과 우정이기 때문이다. 사회적 영역처럼 친밀성 영역에서도 존재감은 '현존'이 아니라 필사적인 '관심 끌기'로만 가능한 것이 되었다.

3

애개, 넌 고작
그거밖에 못하냐

내가 타인으로 대체될지 모른다는 불안에 대하여

지금까지 살펴본 것처럼, 이 시대에는 사람이 느낄 수 있는 세 가지 영역에서의 존재감이 모두 위기에 처해 있다. 내적 존재감은 애초부터 평범한 사람이 쉽게 구할 수 있는 것이 아니다. 평생에 걸쳐 깨쳐 나가며 쌓아야 하는 것이 내적 존재감이다. 그런데 이를 마치 개인의 노력으로 얻을 수 있는 것처럼 말하면서 그러지 못하는 것을 실패로 간주하는 문화로 인해 사람들은 존재감이 아니라 자괴감만 늘어가고 있다.

내적 존재감의 근거가 되는 사회적 존재감과 곁의 존재감도 거의 불가능한 것이 되다시피 했다. 사회적 존재감은 '인정'으로부터 온다. 그리고 근대 자본주의 사회에서는 인정을 받기 위해 사회적으로 가치가 있는 '성과'를 내야 한다. 어떤 것은 성과로 인정받고 어떤 것은 아무리 해도 성과로 인정받지 못한다. 더구나 지금의 사회에서는 모든 성과가 이미 위계적으로 정해져 있다. 이처럼 성과에 '정도'의 문제까지 개입되어서 어지간한 정도로는 성과로 인정받을 수도 없다. 따라서 대부분의 사람들이 사회적 존재감을 느끼기 어려운 처지에 놓여 있다.

친밀성 영역에서 곁의 존재감도 문제적이다. 이 영역에서는 성과가 아니라 나의 '현존'을 기뻐하는 사람이 있는 것을 통해 존재감이 주어진다. 사랑받는 사람은 '현존'으로, 사랑하는 사람은 '행위'로 서로를 기쁘게 하는 비대칭성이 친밀성 영역에서 존재감을 주고받는 핵심적인 상호작용이다. 이때 서로가 그러할 것이라는 '확신'이 있어야만 관계를 지속시킬 수 있다. 그러나 우리는 아무도 믿을 수 없고, 믿는 것이 바보인 사회에 살고 있다. 비대칭적 상호성에 대한 확신은 전혀 근거가 없는 것이고 파멸로 향하는 도박이 되었다.

그 결과 우리는 삶의 어떤 영역, 어느 시간에서도 존재감을 느끼며 살아가는 것이 좀처럼 힘들어졌다. 내 존재가 유령처럼 되었고 언제든 버려지고 대체되는 존재가 될 것이라는 불안에 시달리고 있다. 그렇기에 우리는 친밀성 영역에서조차 상대에게 유익한 인간이라는 것을 알려주기 위해 필사적으로 노력해야 한다. 너의 현존을 기뻐하며 너를 기쁘게 하기 위해 유익한 존재가 되려는 게 아니다. 너의 관심을 끌기 위해 나는 유익한 존재가 되어야 한다. 그래야 존재감이 생긴다. 행위의 목적이 반대가 된 것이다.

더 세고 큰 것을 주지 않는다면
나는 버림받을지도 모른다

그렇다면 친밀성 영역에서 가장 큰 유익은 무엇일까? 먼저 '이익'이 아니라 '유익'이라고 말하는 것은 이 영역에서의 관계가 사회적 공간과 달리 '이익'을 중심에 두지 않기 때문이다. 물론 친밀한 관계를 유지하기 위해 '경제적 이익'을 제공하는 경우도 있다. 실제로 청소년들 사이에서 이런 식의 비극적 관계가 종종 유지된다. 유익을 얻기 위해 관계를 지속시키는 것이 아니라 관계를 지속시키기 위해 이익을 제공하는 관계 말이다. 여기에는 타락한 비대칭성만 있을 뿐 상호성은 없다. 일방적인 제공이다. 따라서 이를 '친밀성'의 관계로 보기는 어렵다.

친밀성의 관계는 이익을 가시화하는 순간 사실상 붕괴한다. 이익을 나누는 관계는 이익이 실현되는 순간 끝나는 것이 특징이기에 지속성이 없다. 거래가 끝나면 관계가 청산되는 것과 같은 이치다. 근대 자본주의 사회에서 사회적 관계는 기본적으로 이런 이익의 거래를 의미한다. 반면 친밀성의 관계는 어떤 경우에도 이익과는 무관한 것처럼 보여야 한다. 관계를 지속시키는 것 외에는 관심이 없는 것처럼 보여야 한다. 관계의 지속 자체에서 기쁨을 느끼는 것이 친밀성의 관계다.

사실 많은 학부모들이 잘 이해하지 못하는 것이 바로 자녀의 이런 관계다. 부모 생각에는 공부하는 데 도움이 되는 것도 아니고 다른 이익도 없어 보이는데, 아이는 그런 친구에게 몰두하는 경우가 많다. 때로는 해가 되는 것만 보이는데도 그렇다. 이럴 때 부모들은 말한다. "지금은 친구가 제일인 것처럼 보이지만 나중에는 그렇지 않아." 하지만 이런 설득은 대부분 실패한다. 아이가 친구와의 관계에서 얻는 것은 부모가 생각하는 것과 완전히 다르기 때문이다.

해가 되는 게 명백해 보이는데도 아이는 왜 이런 관계에 몰두하는 걸까. 친밀성의 관계가 주는 가장 큰 유익은 '존재론적 안정감'이다. 예를 들어보자. 중산층 부모를 두었고 공부를 잘하는 형제자매가 있는, 하지만 자신의 성적이 그리 좋지 못한 아이는 '좀 노는' 친구들과 어울리는 경우가 많다. 부모나 형제자매가 공부에 대해 특별히 압박감을 주거나 공부를 못한다고 무시하는 태도를 보이지 않아도 그렇다. 이런 경우 이야기를 나눠보면, 아이는 집에서 식구들과 함께 있는 것을 불편해한다. 자기만 그 그룹에 끼지 못한다고 생각한다.

반면 학교에서든 피시방에서든 자기와 비슷한 성적의 친구들을 만나서 어울릴 때 그런 아이들은 '존재론적 안정감'을 느낀다. 내 말과 태도, 생각이 친구들과 비슷하므로 특별히 애쓰지 않아도 통한다고 생각한다. 특별히 뭔가를 하지 않아도 되는 것, 이것이 존재론적 안정감이다. 그렇기에 이 관계는 사람을 부패시키기 쉽지만 말이다. 모욕하지 않았지만 모욕당했다고 느끼는 관계와는 반대다. 모욕을 당해도 모욕이라고 느끼지 않으며 잃고 싶지 않은 것이 바로 이 존재론적 안정감이다. 이것이 가장 큰 유익이다.

문제는 여기서도 비대칭성이 존재한다는 점이다. 나는 별일을 하지 않아도 그들과 함께 있을 때 존재론적 안정감을 느낀다. 그런데 내가 이 관계를 유지하기 위해서는 '현존'으로는 부족하고 '행위'를 해야만 한다. 내가 너희에게 유익하다는 것을 보여줘야 한다. 특히 내가 유익하지 않더라도 그들이 나의 현존만으로도 기뻐한다는 확신이 없을 때는 더더욱 그렇다. 나에게 존재론적 안정감을 주는 이 관계를 지속시키기 위해 나는 그들에게 유익한 존재가 되고자 필사적이 된다.

이때 필사적이 되는 것은, 내가 그들에게 유익이 되지 않으면 내가 버림받고 나보다 더 큰 유익을 주는 다른 사람으로 대체될 것이라는 불안 때문이다. 관계에 대한 '확신'만이 유일하게 이 불안을 없앨 수 있다. 하지만 그것이 불가능하므로 관계를 유지하기 위해서는 그들에게 유익을 줘서 관계를 지속시키는 수밖에 없다. 친밀성의 관계는 사회적 관계에서 거의 불가능한 대체 불가능성을 느낄 수 있는 공간이었지만, 이제는 대체 가능성으로 인해 불안을 느낄 수밖에 없는 비극적 공간이 되었다.

내가 누군가에 의해 대체되지 않으려면 나는 나를 대체할 수 있는 존재보다 더 큰 유익을 줘야 한다. 이때 '더 큰 유익'은 두 가지 비교점에서 더 커야 한다. 하나는 내가 이전에 준 유익보다 다음 유익이 더 커야 한다. 만일 내가 주는 유익이 과거의 것과 같은 정도라면 그것은 곧 시시해진다. 별다른 감흥을 주지 못하기 때문에 그들의 관심을 끌 수 없다. 그들의 관심을 끌기 위해서는 내가 주는 유익이 항상 이전의 것보다 커야 한다.

또 하나, 내가 주는 유익은 다른 사람이 주는 유익보다 커야 한다. 내가 주는 유익보다 다른 사람이 주는 유익이 더 크다면 나는 그에 의해 언제든지 대체된다. 이것이 친밀성 영역에서 현존이 주는 기쁨에 대한 확신이 사라졌을 때 사람들이 지배당하는 가장 큰 공포다. 언제든 나보다 더 큰 유익을 주는 이가 나타나 내가 버림받는 것 말이다. 특히 비슷한 유익을 주려는 사람이 많은 공간일수록 나는 버림받지 않기 위해 더 큰 유익을 주는 것을 두고 다른 이들과 피 튀기는 경쟁을 벌여야 한다. 친밀성의 공간은 사회적 공간만큼이나 치열한 경쟁의 공간이 되었다.

언제나 더 큰 유익을 줘야 한다는 것은, 이 공간이 상시적인 인플레이션에 의해 지배된다는 것을 의미한다. 이곳은 늘 '더'가 지배하는 공간이다. 점점 더 센 것이 나와야 한다. 이전보다, 남보다 더 큰 것만이 관심을 끌 수 있다. 모두가 경쟁하여 관심을 끄는 것의 강도가 더욱 높아지니 당연히 상대방 관심의 역치도 함께 높아진다. 여기서는 많은 것들이 곧 시시해진다. 다른 말로 하면, 관심을 끌지 못하는 순간 나는 시시한 존재로 떨어지며 무시당하고 조롱받게 된다. 존재감이 사라지는 것을 넘어 모독받게 된다. "애걔, 넌 고작 그거밖에 못 하냐?" 여기서 남는 것은 비참함밖에 없다.

너라는 존재가 나를 기쁘게 하는 게 아니다
네가 재미있어서 나는 기쁘다

친밀성의 관계는 원래 '기쁨'에 기초해 구축된다. 이 기쁨은 행위가 아닌 현존으로부터 온다. 더 큰 기쁨을 주기 위해 노력하는 존재가 있어 기쁜 것이지 그 행위 자체가 나에게 기쁨을 주는 것은 아니다. 그런데 현존으로부터 오는 기쁨이 불가능하다면 어떻게 해야 할까? 이때 가능한 것은 기쁨을 다른 것으로 바꿔치기하는 것이다. 감정의 차원에서는 표면적으로 기쁨과 유사하지만 의미와 가치의 차원에서는 기쁨과는 다른 것, 현존이 아니라 행위로 가능하고 그렇게 존재하는 것으로 바꿔치기하는 것이다. 그것이 '재미'다. 관심을 끌기 위해서도 그렇고, 관심을 지속시키기 위해서도 그렇다. 우리는 이제 재밌는 사람이 되어야 하며 자기가 재밌다는 것을 필사적으로 보여줘야 한다.

기쁨과 재미는 매우 유사하다. 우리는 기쁠 때도 웃고, 재미있을 때도 웃는다. 웃음은 기쁨과 재미의 표식이다. 내가 누군가를 웃게 한다는 것은 그를 기쁘게 해서도 가능하고 그를 재밌게 해서도 가능하다. 삶이 위축될 때 우리는 웃지 않는다. 웃을 수 없다. 반면 삶이 고양될 때 우리는 웃는다. 그러면서 삶을 살 만한 것으로 다시 보게 된다. 그렇기에 웃음은 삶의 고양의 징표이며 이를 통해 다시 힘을 얻게 된다. 친밀성의 관계에서 서로를 웃게 하는 것은 서로가 기쁜 관계라는 징표가 된다.

재미는 사람을 웃게 한다는 점에서 기쁨과 매우 유사하다. 그러나 재미는 현존으로부터 오지 않는다. 그가 존재한다는 것으로 나는 기쁠 수 있다. 그가 존재한다는 것을 생각하는 것만으로도 기뻐서 웃을 수 있다. 그렇기에 나를 기쁘게 하는 그의 현존에 대해 나는 감사할 수 있다. 나를 기쁘게 하려고 애쓰는 그라고 한다면 더더욱 그의 현존에 감사할 수 있다. 그 감사로 인해 삶은 살아갈 만한 것이 된다.

그러나 그가 존재한다는 것이 나를 재밌게 하지는 않는다.

존재 자체가 재밌는 사람은 없다. 어릿광대는 우리를 재밌게 한다. 그러나 광대로부터 오는 재미는 그의 존재가 아니라 그의 표정이나 말투, 행동 때문이다. 그가 우리를 재밌게 하려면 끊임없이 행위를 해야 한다. 심지어 아무 행위를 하지 않는 것조차도 웃기려는 의도로 의식적으로 하는 행위에 속한다. 우리는 그의 현존을 재밌어하는 게 아니라 그의 행위로 재밌다고 여기며 그 행위를 '소비'한다. 기쁨이 타자의 현존과 관련된 것이라면 재미는 타자를 소비한다.

기쁨에는 '더'라는 요구 사항이 없다. 더 기쁘게 할 것을 요구하지 않는다. 그것은 상대가 나를 위해 자발적으로 하는 것이지 내가 요구할 수 있는 게 아니다. 나는 그저 그의 행위와 상관없이 그의 현존에 감사할 수 있을 뿐이다. 기쁨의 관계에서 받는 이는 요구하는 게 아니라 돌려주는 것만 가능하다.

상대가 나를 기쁘게 하려고 한다는 것을 아는 사람은 상대를 염려한다. 더 이상 하지 않아도 된다고 말린다. 그가 지나치게 노력하여 자신을 해칠까봐 걱정한다. 그렇게 하지 않아도 충분히 기쁘다고, 이제는 그만해도 된다고 말한다. 반면에 재미있는 것을 받은 사람은 상대에게 감사를 돌려주거나 이제 그만해도 괜찮다고 말하지 않아도 된다. 거꾸로 더 큰 재미를 요구해도 된다. 마치 예능 프로그램을 보면서 다음 편이 더 재밌기를 바라는 것처럼 말이다. 중단을 요구한다면, 그것은 재미가 없을 때뿐이다. 그러니 관심을 끌려고 하는 사람은 다음에 더 재밌어야 한다는 압박을 받는다. 이 관계를 지속시키려면 그는 지금의 재미 이상으로 계속해서 더 재밌어야 한다는 상대의 요구에 부응해야 한다. 그렇기에 기쁨과 달리 재미는 인플레이션에 기초한다. 더 재밌어야 하고, 그러기 위해 가속이 붙어야 한다. 같은 속력으로 간다면 그것은 곧 시시해진다. 그 순간 자신은 버림받고 다른 더 재밌는 것으로 대체된다.

이처럼 기쁨과 재미는 표면적으로는 비슷해 보이지만 그 의미와 가치, 그리고 작동 방식은 완전히 다르다. 확신을 잃은 친밀성의 관계에서 기쁨은 가능하지 않고 그 자리를 재미가 대체한다. 재밌는 것을 통해서만 관심을 끌 수 있고, 관심을 지속시키기 위해서는 더욱더 재밌는 것을 보여줘야 한다. 그렇게 재밌는 존재가 되지 못한다면 존재감을 가질 수 없다. 우리는 존재감을 위해 관심을 끌어야 하고, 관심을 끌기 위해 재밌는 인간이 되어야 하고, 재밌는 인간이 되기 위해서는 무엇이든 할 수 있는 '인플레 인간'이 되었다.

4

저 자식,
그래도 재미는 있대

타인의 고통을 재미 삼고 그것을 전시하는 이들

우리의 사회생활은 사실 사회적 영역과 친밀성 영역에 걸쳐 있
다. 회사 생활만 하더라도 기본적으로는 사회적 영역이지만 동
시에 생활을 같이하는 친밀성 영역에 속하기도 한다. 즉 사회생
활 가운데서 친밀성 영역을 두부모 자르듯 딱 갈라낼 수 없는
것이다. 성과를 통해 업적을 내는 것만큼이나 함께 일하는 사람
들과의 관계를 잘 구성하고 관리하는 것이 개인에게는 중요한
일이다.

이 관계를 유지하는 것이 '사교'다. 사교를 잘하기 위해서는
여러 가지 기술이 필요하다. 때로는 진지하게 다른 사람의 말을

들어줄 줄 알아야 한다. 거리를 적당히 유지할 줄도 알아야 하고, 예의 바르게 행동할 수 있어야 한다. 그 관계가 허락하는 만큼의 '가면'을 적절하게 쓰고 가면 놀이를 잘할 수 있어야 한다. 상대방의 가면을 존중할 줄 알아야 하고, 가면 뒤의 맨얼굴을 알면서도 적절히 모른 척할 줄 알아야 한다.

그러나 동시에 사교적이 되려면 이런 예의 바름을 넘어서 관계에 재미를 줄 줄 알아야 한다. 적절한 유머와 농담, 그리고 짓궂음은 관계에 윤활유가 되고 그 사람을 사교적인 사람으로 평가하게 한다. 이런 사람이 있어야 모임이 활기를 띤다. 사람들이 서로에 대한 경계를 걷고 긴장을 풀어 분위기가 부드러워진다. 이런 과정의 반복을 통해 모임에 속한 사람들은 존재론적 안정감을 얻게 된다. 그곳을 안전하다고 생각하게 된다.

사회적 영역과는 거의 무관한 가족, 친구, 연인 사이에서도 이 웃음을 유발하는 '사교술'은 똑같이 작동한다. 관계를 부드럽게 만들고 매끄럽게 돌아가게 하는 데 결정적으로 필요한 기술이다. 특히 갈등이 생겼을 때 그것이 지나치게 격화되는 것을 방지하며 화제를 돌리거나 잠시 숨을 돌리게 하는 데도 필요하다. 적절한 시점에 적절한 유머로 사람을 웃게 하는 것은 관계의 기술에서 핵심적인 것이다.

누군가의 '모자람'을 조롱하며 웃는다

누군가의 위선을 폭로하며 웃는다

우리는 늘 진심, 진정함 등을 말하지만 사람은 다른 사람을 만날 때 '가면'을 쓴다. 속으로는 무슨 생각을 하고 혼자서는 어떤 행동을 하더라도 다른 사람 앞에서는 사회가 요구하는 예의나 규범, 무엇보다 그 사람과 나 사이를 규정하는 역할이라는 '가면'을 쓰고 남을 만난다.

웃음의 유발은 이 '가면'과 깊은 관련이 있다. 우리의 일상에서 가면 놀이를 적절하게 잘하는 것은 예의 바른 것으로 여겨지는데, 웃음은 이 가면을 드러내는 것 혹은 과장되게 가면을 쓰는 것을 통해 유발되기도 하는 것이다. 지나치게 가면 놀이에 열중인 사람을 흉내 내는 것이 대표적이다. 그 사람이 없는 자리에서라면 좀더 수위가 높게, 그와 같이 있다면 적당한 수준에서 흉내를 내면 웃음이 유발된다. 가면과 관련된 이때의 웃음은 조롱과 매우 가까운 거리에 있다.

피에르 부르디외Pierre Bourdieu가 쓴 『구별짓기』에는 '농담'이 노동계급의 사교와 어떻게 연결되는지를 잘 보여주는 이야기가 나온다. 통상적으로 중간계급이 주로 가는 카페는 영역화되어 있다. 스타벅스와 같은 곳을 생각해보면 된다. 스타벅스에 들어갔을 때 우리는 이어폰을 끼고 노트북을 두드리며 앉아 있는 사람들의 영역을 존중한다. 그 영역에는 침범해서도 안 되고 함부로 말을 걸어서도 안 된다. 개별화되어 일시적으로 점령된 사적 공간으로 존중해줘야 한다.

반면 노동계급의 바나 선술집 같은 카페는 다르다. 이들의 삶을 그려낸 외국 영화에 나오는 와자지껄한 동네 선술집을 떠올려보면 알 수 있다. 노동계급의 카페는 '사교'를 위해 만나는 공간이다. 여기에 들어오는 사람은 암묵적으로 서로 친한 척하며 교류할 것이라고 생각한다. 그렇기에 문을 열고 들어올 때도 카페에 있는 사람들을 모르더라도 "어이!" 하고 인사한다. 마치 친숙하다는 듯이 말이다. 그러고는 주인에게 가서 먼저 말을 걸고 카페 안을 둘러본다. 누가 있는지 확인한 다음 어떤 사람에게 다가가서 말을 건다.

이렇게 처음 보는 사람에게 말을 걸 때 흔히 '이용'하는 것이 그 안에 있는 '뚱뚱한 사람'이라고 한다. 그의 외모를 농담거리로 삼는 것이다. 부르디외에 따르면, 노동계급 사람들은 뚱뚱한 사람이 마음도 넉넉할 것이라는 가정을 한다고 한다. 그래서 그의 외모를 비하하는 말을 하더라도 그가 여유 있고 너그럽게 받아들일 것으로 생각한다. 그러므로 그 자리에 있는 뚱뚱한 사람의 외모를 조롱하는 것으로 웃음을 유발하고 그 웃음으로 분위기를 부드럽게 만들어 이야기를 이어가면서 '사교'를 하는 것이다.

웃음을 자아내는 사교술에는 여러 가지가 있다. 그중에서 손쉬운 방법 중 하나가 남을 놀리거나 비하하고 조롱하는 것이다. 허용된 경우에는 주변의 사람을 이용하고, 그렇지 않은 경우는 통상적으로 놀려도 되는 사람을 이용한다. 여기에는 두 가지 방법이 있다. 하나는 소수자를 조롱하는 것이다. 장애인이나 뚱뚱한 사람, 성소수자나 이주노동자 등 '비정상적 존재'로 분류되는 사회적 소수자가 여기에 해당한다. 이들을 흉내 내며 조롱하는 것이 웃음을 유발하는 것은 거침이 없어도 되기 때문이다. 이들은 약자이기 때문에 존중해야 할 존엄이 없다. '예의 바름'이라는 가면 놀이의 대상이 되지 않는다. 마음껏 그 '비정상성'을 조롱해도 상관이 없다고 생각한다.

저질 개그에 소수자에 대한 비하가 부지기수로 나오는 이유가 바로 여기에 있다. 뚱뚱한 사람은 먹을 것밖에 모르고 자기관리도 안되는 사람이다. 못생긴 여자는 그 자체로 비하의 대상이다. 여자가 아니기 때문이다. 게이는 남자면서도 남성성은 하나도 없이 여자보다 더 여자같이 군다. 장애인은 몸 하나도 제대로 못 가누는 '병신'이다. 이주노동자는 외모도 다르고 한국말도 제대로 못한다.

이 모든 사례의 공통점은 소위 말하는 '정상인'이 보기에 '결여'가 있다는 것이다. 이들은 '모자란 존재'이며, 그 모자람이 비하와 조롱의 이유이자 대상이다. 모자라기 때문에 비하하고 조롱해도 괜찮은 것이다. 그리고 이 모자람을 흉내 낼 때 웃음이 유발된다. 이들은 인간에서 모자란 존재, 따라서 인간이 아니기에 웃음을 유발할 수 있다. 이러한 웃음은 존재의 고양이 아니라 하락에서 비롯된다.

여기에 소수자들이 느끼는 고통의 핵심이 있다. 이들은 '모자란 존재'로 재현되고 그 재현을 통해서만 사회에 존재할 수 있기에 그 외의 다른 존재가 될 수 없다. 예를 들면 게이는 남성성이 모자란 존재다. 그는 코미디에서부터 드라마에 이르기까지 오로지 전형적인 스테레오 타입의 '게이'로만 등장할 수 있다. 그가 〈퀴어 애즈 포크〉 같은 본격적인 게이 드라마가 아닌 다음에는 주인공일 수 없다. 그는 극의 감초 역할을 해야 하고, 특히 그의 역할은 우스꽝스러움을 담당하는 것이다. 이외에 그가 드라마에서 맡을 역할은 없으며 드라마에 나올 이유도 없다.

소수자들이 느끼는 고통은 그 이외의 다른 존재로 존재감을 가질 수 없다는 데서 비롯된다. 존재감이 대체 불가능성이라는 고유함에서 온다고 한다면, 소수자들은 각각의 자기 이름을 가진 개별적 존재, 즉 개인으로 존재하는 것이 거의 불가능하다. 그는 언제나 범주화된 집단의 이름인 '소수자'로만 불리고 사회적 가치를 가지게 된다. 심지어 그의 고통을 이야기할 때조차 그가 말해야 하는 고통은 소수자로서의 고통이지 그 외의 다른 고통은 무시되고 삭제된다. 소수자를 비하하고 조롱하여 얻는 웃음은 이들의 개별성, 즉 인격과 존엄을 파괴한 고통의 등가물이다.

조롱으로 웃음을 유발하는 또 하나의 방법은 가면을 폭로하는 것이다. 소수자가 아니라 권력자, 더 잘나가는 사람의 가면을 벗기고 폭로하면 웃음이 유발된다. 그 사람의 위선을 폭로하는 것이다. 남자들이 잘하는 말이 있다. 어떤 남자가 예의 바르고 점잖으며 깍듯할 때 뒤에서 이렇게 쑤군거린다. "겉으로는 다 저래도 '딸딸이' 치는 건 매한가지지." 그래 봤자 남자인 한 성욕을 참지 못하는 동물이라는 것이다. 위선적인 속물이라는 것이며 그 속물의 실체는 동물이라는 것이다.

위선을 폭로하는 것은 사실 저항의 한 방법이기도 했다. 위선자 중에서 특히 권력을 휘두르는 지배자의 위선을 폭로하여 웃음을 유발하는 것이 대표적이다. 권력자에게 시달리던 민중들은 이런 폭로를 통해 일시적일지라도 그에게 망신을 줄 수 있었다. 이때의 폭로는 '말'의 힘을 보존하고 실감하게 하는 방식이었다. 이런 폭로가 살아 있다는 것은 말이 권력에 저항하는 힘을 가지고 있다는 뜻이다. 말로 저항할 수 있다는 것은 지배자를 하락하게 하여 지배와 피지배의 권력 관계에 균열을 내거나 그것을 바꿀 수 있음을 암시했다. 즉 이 관계가 확고한 것이 아니라 불안정한 것임을 보여주는 것이다.

물론 위선에 대한 폭로는 권력자만을 향하는 것이 아니다.

소수자나 인간 전체를 향할 수 있다. 소수자들이 자신의 소수성을 드러낼 때는 비하하지만, 그들이 소수자됨을 감추고 인간인 척할 때는 위선자라고 고발할 수 있다. 뒤로는 호박씨를 깐다며 그 실체를 드러내는 방식이다. 이런 것은 아주 노골적으로 소수자에 대한 혐오와 경멸을 드러낸다. 그리고 그 경멸을 공유하며 웃기도 한다.

나아가 인간이란 존재의 특징을 '위선'으로 규정짓고 인간됨의 위선적 성격을 통째로 폭로하기도 한다. 홍상수의 영화에서 많이 나타나는 것이 이런 인간의 위선에 대한 폭로라고 흔히들 이야기한다. 뒤에서 이야기하겠지만, 이런 인간의 위선에 대한 폭로의 바탕에는 인간에 대한 '혐오'가 깔려 있고 그 가운데서 혐오가 정당화된다.

사실 위선에 대한 폭로에는 일종의 '선line'이 있었다. 그것은 주로 권력자의 위선에 대한 폭로였지 무차별적인 것은 아니었다. 가지지 못한 자의 어리석음을 폭로하는 경우에는 최소한의 연민이 보태졌다. 그런 사람의 무언가를 폭로하는 것은 그를 그렇게 만든 사회의 비참함과 비극을 강조하기 위해서였지 '모자란 사람' 자체를 비하하고 조롱하기 위한 것은 아니었다. 이 두 가지는 구분되었다.

당신이 더 망가질수록, 더 괴로워할수록
우리는 재미가 있다

소수자와 권력자에 대한 조롱은 같은 원리에 근거한다. 존재의 고양이 아니라 하락이다. 조롱당하는 자의 존재감이 하락하는 것을 보는 데서 사람들은 웃음을 얻는다. 그렇다면 조롱당하는 자에게 유발되는 것은 무엇일까? 고통이다. 조롱당하고 비하되는 사람들의 '고통'의 등가물이 그것을 지켜보는 사람의 '웃음'이다. 당하는 사람의 고통은 웃음과 비례한다. 그리고 이렇게 웃을 때 우리는 재밌다고 말한다.

내가 한 말이나 행동으로 상대가 웃는다는 것은 그를 즐겁게 해주었다는 것이다. 이 즐거움은 기쁨일 수도 있고 재미일 수도 있다. 앞에서 나는 기쁨이 그의 현존이나 그가 나를 기쁘게 해주려고 노력하는 데서 오는 것이라고 말했다. 이에 반해 이 글에서 나는 '재미'라는 말을 기쁨과는 대비되며 상대를 소비하거나 소모하는 좀더 부정적인 의미로 사용하려고 한다.

기쁨과 재미의 차이는 그 결과를 보면 알 수 있다. 우리는 우리를 기쁘게 하는 존재에 대해 고마워한다. 나를 기쁘게 해줬기 때문에 나는 그에게 고마워하고, 그 고마움이 그를 또 기쁘게 한다. 이에 반해 재미는 나를 재밌게 하는 사람에게 '고마움'을 느끼지는 않는다. 우리는 흔히 나를 재밌게 하는 사람에게 "더 없냐?"며 더 재밌는 것을 요구한다. 기쁨이 관계를 지속시키는 것이라면 재미는 관계를 소비한다.

그나마 '사교술'에서는 비하와 조롱이 보조 수단이었다. 사교에 '술術'이 붙은 것은 그것이 기예를 요구했기 때문이다. 적절한 선을 지켜야 했다. 그 선을 넘으면 '무례한 것'으로 제지되었다. 노동계급의 카페에서 뚱뚱한 사람을 이용해 분위기를 좋게 하려는 시도조차 끊임없이 그 뚱뚱한 사람에게 눈짓을 보내며 눈치를 보고 허락을 구해야 했다. 그가 감당하고자 했던 선을 넘어서면 문제가 발생했기 때문이다. 그가 불쾌해하는 순간 중단해야 한다. 목적이 그를 놀리는 것이 아니라 그의 동의하에 전체 분위기를 좋게 하는 것이었기 때문이다. 그리고 놀림감이 된 사람에게는 즉각 '존경'을 표해야 한다. 전체를 위해 '기꺼이' 자신을 조롱거리로 내어준 것에 대해서 말이다.

암묵적인 동의하에 자신을 비하와 조롱의 대상으로 내어줄 때조차 당하는 사람이 느끼는 것은 존재감의 하락이다. 뚱뚱한 사람이 자신을 우스꽝스럽게 만드는 사람에게 동조하고 맞장구를 칠 때조차도 그가 경험하는 것은 상승이 아니라 하락이다. 그럼에도 여기에 동조하는 유일한 이유는 그것이 그가 그 장소에서 존재감을 가질 수 있는 유일한 방법이기 때문이다. 그의 존재감은 하락하는 존재라는 그의 '역할'로만 존재한다. 그의 동의라는 것은 사실상 이 존재감을 위해 자기의 고통을 스스로도 없는 척 넘어간 경우가 대부분이다.

그러나 재미를 통해 관심을 끄는 것이 지상 과제가 된 시대에 웃음은 사교의 보조적인 기술이 아니라 본체가 되었다. 원활한 관계를 위해 적절한 웃음을 유발하는 게 아니라 웃음을 유발하는 것만이 "저 자식 재밌는데?"라며 지속해서 관심을 끌 수 있다. 관심을 끌기 위해서는 무차별적으로 비하하고 조롱하며 폭로하더라도 전혀 문제가 되지 않는다. 사교의 보조 수단일 때 지켜야 했던 '선'은 존재하지 않는다. 따라서 이 '사교'에는 예의와 웃음 사이의 곡예라는 '술'이 필요 없다.

이 상황에서는 조롱당하는 이의 암묵적인 동의조차 필요 없다. 암묵적인 동의를 받는다는 것은 그의 눈치를 본다는 말이다. 조롱으로 인해 그의 인격이 심각하게 침해되고 존엄이 훼손되는 것에 브레이크를 걸 수 있다는 말이다. '더 쎈 것'으로 더 재밌는 것을 제공하기 위해서는 이 브레이크가 작동해서는 안 된다. 무한 질주를 해야 한다.

이때는 타인의 고통을 통해 느끼는 재미와 고통의 관계가 역전된다. 비하와 조롱을 통해 타인의 고통을 유발하는 것이 곧바로 재미가 된다. 타인의 존재감을 하락시켜 그가 망가지는 것이 가속될수록 더 큰 웃음이 유발된다. 타인의 인격이 파괴될수록, 그 파괴로 인해 당사자가 괴로워할수록 더 재밌는 게 되어 더 관심을 끌 수 있다. 소수자를 비하하고 권력자의 위선을 폭로하는 것의 강도는 점점 더 세질 수밖에 없다.

웃음은 존재의 하락에서 온다. 존재의 하락에서 사람이 경험하는 것은 인격의 파괴다. 인격이 파괴될 때 개별자로서의 고유함과 존엄은 사라진다. 따라서 존재의 하락을 겪는 사람이 느끼는 것은 비참이다. 조롱과 폭로를 통해 관심을 끌려고 하는 사람들은 바로 이 '비참의 전시'를 통해 재미를 유발하려고 한다. 타인의 인격과 존엄을 파괴하고 그 비참을 전시하는 것을 통해 관심을 끌려고 하는 사람, 이들을 우리 사회는 '관종關種'('관심 종자'의 준말, 지나치게 주목받고 싶어하는 사람)이라고 부르고 있다.

5

아무리 친해도
신상이 알려지는 건 끔찍해요

관종, '정의'의 이름으로 신상털이 카니발을 벌이다

관종은 어떻게 해서든 다른 사람의 주목을 끌려고 한다. 그러기 위해서는 수단과 방법을 가리지 않는다. 가치나 의미 있는 것으로 주목을 끄는 것이 아니다. '어그로^{aggro}'(주제에 맞지 않거나 악의적인 글을 인터넷에 올리는 것 또는 그러한 사람)라는 말처럼 다른 사람을 귀찮게 하고 화를 내게 해서라도 '반응'을 끌어내는 것으로 관종은 목적을 달성한다. 목적 자체가 '주목'을 끌어내어 존재감을 획득하는 것이지 가치 있는 존재로 취급되는 것이 아니기 때문이다. '무플'보다는 '악플'이라는 말이 괜히 나온 것이 아니다. 그렇기 때문에 관종에게는 무대응이 상책이라고 한다.

이때 관종들이 노리는 것은 '관심'이 아니라 '주목'이다. 관심이라는 말은 주목보다 훨씬 더 포괄적이다. 사적이거나 둘 사이의 관계에서도 사용된다. 반면 주목은 최소한 '둘'을 넘어서는 다자적 관계이며 더욱 공개적이거나 공적인 공간에서 작동하는, 사사로운 것의 문턱은 넘어선 관심을 말한다. 셋 이상으로 구성된 친밀성의 세계나 사회적 공간에서의 관심이 주목이며, 관종들이 바라는 것은 이런 '주목'으로서의 관심이다.

이런 점에서 관종들을 '애정 결핍'이라고 부르는 것은 좀 문제가 있다. 다른 사람에게 바라는 것도 애정이 아니라 주목이다. 한 사람이라도 더 자기가 하는 짓에 주목하고 반응하기를 바란다. 이를 위해서는 자기가 욕먹는 것도 괜찮다고 생각한다. 관종들은 사적인 애정이 결핍된 존재가 아니라(그게 원인일 수도 있겠지만) 친밀성이나 사회적 공간에서 존재감을 얻기를 원한다.

애정을 구하기 위해 일부러 어깃장을 놓는 것이면 투정을 부리는 것이다. 투정이 목적으로 하는 것은 다시 사랑을 받아 투정을 그만두는 것이다. 투정은 투정을 끝내는 것이 목적이다. 그러나 관종들이 바라는 주목은 주목을 재생산하여 지속적으로 주목받는 것이지 주목을 그만두고 주목받지 않아도 존재감을 느낄 수 있는 안정적 자리를 회복하는 것이 아니다. 그렇기에 주목을 이끌어내고 지속시키기 위해 이들은 수단과 방법을 가리지 않는다.

관종은 사람들을 발가벗김으로써
세상을 동물원으로 만들고 있다

관종이라는 존재 한 명을 본다면 이것은 심리학적이거나 병리학적인 현상일 것이다. 그러나 관종이 대량으로 양산되고 있다면 이것은 사회적 현상이다. 한편에서는 노동을 통해 사회적 기여를 하며 존재감을 갖는 것이 불가능해지고 다른 한편에서는 사람 사이의 관계가 서로를 기쁘게 하는 것이 아니라 재미를 제공하고 소비하는 것으로 전환된 사회에서 주목을 통해 존재감을 획득하려고 하는 것은 필연적이다.

이때의 존재감은 여러 차원에 걸쳐 있다. 사회적 존재감이 그 첫 번째라고 한다면, 정치적 존재감도 있다. 정의의 이름으로 행해지는 '망신 주기'가 대표적이다. 정치는 정의의 문제다. 정의를 규정하고 실현하기 위해 사람들이 모여 논의하고 협력하고 다투는 것이 정치다. 그러나 우리가 살아가는 사회에서 이러한 정치는 점점 더 소외되고 정치인, 즉 정치 관료의 문제로 전환되어 있다. 정치 혐오가 만성화된 사회에서는 정의의 이름을 내세우는 것이 다른 사람의 주목을 이끌어낼 수 있는 전략이 된다.

또한 주목은 돈이 된다. 이것을 간과해서는 안 된다. 나와 교류하고 있는 민중신학자 정용택은 이미 서구에서 이 주목이 그저 문화적 현상이 아니라 경제적인 것임을 연구한 성과들에 대해 알려준 적이 있다. 페이스북, 유튜브, 아프리카TV 등의 1인 미디어 혹은 1인 BJ의 플랫폼에서 주목이 얼마나 돈이 되는 것인지는 이미 여러 언론에서 보도한 적이 있다. 물론 존재하는 사람 수만큼 그들끼리 경쟁해야 한다. 몇몇 언론사들이 경쟁하는 것과는 비교도 되지 않는다. 당연히 이런 플랫폼에서 존재감을 갖기 위해, 주목을 이끌어내기 위해 그 강도는 점점 더 세질 수밖에 없다.

다른 사람을 재밌게 함으로써 주목을 끌면서 그 강도도 점점 강해지고 있는 '콘텐츠' 중 하나가 다른 사람을 망신 주는 것이다. 망신을 당한 사람은 수치심에 어쩔 줄 몰라 한다. 그렇다면 사람에게 가장 큰 수치심을 안기는 망신은 무엇일까. 그것은 아마 다른 사람 앞에서 발가벗겨지는 것일 테다. '옷'은 수치를 가리는 문명의 상징이며 사람을 짐승과 구분한다. 다른 사람 앞에서 발가벗겨지는 순간 그는 사람이 아니라 짐승으로 전락한다. 이 모습을 조롱하며 즐기고 타인에게 전하고 조리돌리는 것이 바로 관종이다.

이런 관종의 효시는 성경에도 나온다. 노아의 아들 중 한 명인 함이다. 함은 제 아버지인 노아가 술에 취해 발가벗고 잠든 것을 모른 체하거나 가리지 않고 그것을 노아의 다른 두 아들, 즉 자신의 형제들에게 알린다. 성경에는 놀렸다는 말이 나오진 않지만, 다른 사람에게 말을 전하는 것 자체가 바로 망신을 주는 것이다. 성경의 「잠언」에는 "허물을 거듭 말하는 자는 친한 벗을 이간질하는 자"라는 말이 나온다. 관종과 같은 행동은 조롱당하는 사람에게 수치심을 주고 그 말을 듣는 사람과의 사이를 갈라놓는다.

현대의 관종들이 노리는 것은 대중 앞에서 누군가를 발가벗기고 망신을 주는 것이다. 이들에게는 수치심을 느끼는 타인이 연민이 아닌 놀림과 조롱의 대상이다. 더구나 그 대상이 사람이 아니라 짐승이라면 그를 두고 낄낄거려도 아무런 죄책감을 느끼지 않아도 된다. 옷을 입지 않아 치부를 가리지 않은 채 내놓고 다니는 동물들은 전시의 대상이다. 부끄러움을 모르는 존재이기에 그들을 구경하는 것은 거리낄 게 없다. 동물원처럼 말이다. 사실 관종들이 바라는 것은 온 세상을 동물원으로 만드는 것이다.

사실 너도 사람들의 관심에 목매고 있잖아
내가 그 위선을 까발려줄게

망신을 줌으로써 웃음을 유발하고 그 대상을 구경거리로 내몰고 사람들의 관심을 끌려고 할 때 일차적인 대상이 되는 것이 '위선'이다. 위선은 사람들이 경멸하는 것이기에 이를 폭로하더라도 도덕적 정당성을 확보할 수 있다. 위선이라는 옷을 벗겨 그 사람의 민낯을 대중에게 폭로할 때 그들은 즐거워한다. 특히 그 위선자가 평소에 권력을 가지고 있거나 잘난 척하던 사람이라면 더더욱 그렇다.

사실 '망신 주기fingerpointing'는 오래된 정치적 방식이다. 특히 권력자의 위선과 이중성double standard을 폭로하고 지목하는 것은 피지배층이 많이 사용해서 그 효과를 누려왔다. 국제적으로도 인권운동에서 주로 서구의 위선적인 이중성을 폭로할 때 이 방식을 많이 사용했다. 명망가나 권력자에 대해서도 마찬가지다. 최근의 현상만은 아니다. 이런 망신 주기를 정당화하는 것이 '정의'다. 이 부분을 간과해서는 안 된다.

그런데 현재 우리 사회에서 연일 실시간 검색어 1위에 올라오는 것을 보면 대부분이 명망 있는 사람들의 '추문'이다. 우리 삶을 좌우하는 정치나 경제보다 더 관심을 끄는 것이 바로 이런 명망가들의 위선에 대한 폭로, 그리고 그들의 몰락에 관한 이야기다. 나보다 잘나서 늘 나를 위축시키던 이들의 몰락을 사람들은 웃고 즐기면서 본다. 타인의 고통을 땔감 삼아 자신의 기분을 고양하는 것이다. 이것이 늘 "망했다"는 말을 입에 달고 위축된 채 살아갈 수밖에 없는 사람들이 거의 유일무이하게 고양되는 때다.

특히 명망가들의 몰락이 큰 쾌감을 주는 것은 이들의 몰락 속도와 추락의 깊이가 평범한 사람들의 그것보다 훨씬 더하기 때문이다. 몰락의 속도가 빠를수록, 추락의 깊이가 깊을수록 그것을 당하는 사람은 더 참혹하게 비참해진다. 따라서 타인의 비참을 즐기려는 사람들에게 명망가들은 아주 좋은 먹잇감이다. 명망가들이 망했다는 소문은 빛의 속도로 대중들에게 전파되고 이들은 처절히 발가벗겨진다. 잘나가던 누군가가 망해갈 때 사람들은 이를 구경거리로 삼는다. '팝콘각'이다. 팝콘을 먹으면서 망해가는 것을 구경만 하면 된다. 이보다 더 재밌는 것은 없다.

위선의 폭로 외에도 명망가들이 표적이 되는 데는 또 다른 이유가 있다. 관종들의 세계에서 지속적으로 관심을 끌기 위해서는 '더 쎈 것'을 내놓아야 한다. 그래야 지속적으로 관심을 끌 수 있을 뿐만 아니라 그 자신의 '명망'이 올라간다. 자신의 '명망치'를 높일 수 있는 가장 좋은 방법이 명망가를 부수는 일인 것이다. "내가 저 사람을 이겼다"는 것이 마치 내가 그 사람 명망의 위치에 간 것 같은 기분을 만들어낸다.

이런 점 때문에 관종들이 즐겨하는 것이 명망가에게 도전하는 일이다. 마치 무협지에서 '도장 깨기'를 하는 것과 유사하다. 관종들은 세다고 알려진 도장들을 찾아다니며 도전한다. 명망가에 대한 도전 자체가 흥밋거리가 된다. 대중들은 팝콘을 들고 와서 구경만 하면 된다. 더구나 지금처럼 인터넷이 일상화된 세상에서는 과거에 가능하지 않았던 명망가에 대한 직접적인 도전이 가능하다. 논리로든 뭐든 그 명망가를 깨기만 하면 삽시간에 알려지고 명망을 얻을 수도 있다. 그 명망가가 망신을 당하며 조롱당하는 것은 말할 필요도 없다.

이를 부추기는 것이 언론이다. 현재 우리 사회의 언론은 거의 대부분이 사실상 관종이며, 이를 체계적으로 양산하고 있다. 언론에서 가장 많이 다루는 것은 '스캔들'이다. 다른 사람의 치부, 특히 연예인을 중심으로 한 명망가들의 치부를 들춰내고 그들의 위선을 폭로하며 짐짓 도덕적인 척하는 것이 최근 언론이 보이는 행태다. 그렇게 언론은 명망가들의 추문을 정치로 만들어서 정치를 추문으로 만들고 있다. 이 시대에 정치는 가능하지 않다.

그런데 이렇게 위선을 폭로당하고 망신을 무릅쓰면서 몰락을 경험하는 것은 명망가에만 그치지 않는다. 이 시대에는 모든 사람이 다 이렇게 발가벗겨져 대중에게 던져질 위험에 처해 있다. 이것은 사회라는 공간의 근본적 특징에서 기인한다.

사회는 민낯으로 사람들을 만나는 곳이 아니다. 사회라는 공간에 나갈 때 우리 모두는 사회학자 어빙 고프먼Erving Goffman이 이야기한 것처럼 자기에게 부여된 역할 놀이를 한다. 가면을 쓰고 만나는 것이다. 그 가면 뒤의 민얼굴이 어떠한지는 중요하지 않다. 사회에서 중요한 것은 개인이 자신에게 부여된 역할에 충실한가, 아닌가 여부다. 역할에 충실하다면 우리는 그의 민낯에 대해서는 모른 척하고 무관심해야 한다. 그것이 사회에서 만나는 시민들이 서로 지켜야 하는 예의다. 이런 점에서 사회 가운데서 상호작용을 하는 모든 사람들은 가면을 쓴 존재, 즉 위선자다.

관종들은 이런 위선을 비웃고 역겨워한다. 그들은 대중의 주목을 원하지만 동시에 대중을 경멸한다. 대중들이 자기들을 향해서는 '관종'이라고 부르며 경멸하고 대중 자신들은 마치 타인의 관심을 사는 것에 무관심한 척하지만, 너희들도 사실은 모두 다 그런 관심에 목말라하는 존재라는 것을 폭로하는 것이 관종들에게는 큰 기쁨이다. 그렇기에 명망가들의 위선뿐만 아니라 가면 놀이로 만들어진 보통 사람들의 일상적 삶과 사회, 이 전체가 관종들에게는 역겨운 것이자 표적이 된다.

관종들은 조금이라도 부도덕한 일이 벌어지면 총출동하여 그 대상을 발가벗기고 조리돌린다. 왜 그런 일이 벌어졌는지와 그 일의 전후 사정 등은 하나도 중요하지 않다. 이들에게 중요한 것은 그 일이 벌어졌다는 사실 자체이며, 그 일로 어떤 사람의 위선이 벗겨지고 추악한 실체가 드러났다는 사실 자체다. 그래서 관종들에게 중요한 것은 사건의 흐름이라는 '맥락'이 아니라 단편 단편에서 사람들의 위선과 추악함이 드러나는 감추어진 '팩트'다. 팩트는 '사실'보다는 '단편'이라는 뜻에 훨씬 가깝다.

관종들의 말과 행태가 대부분 위악적인 것은 이런 이유에서다. 이들은 위선을 역겨워하고 그것을 발가벗기는 데서 통쾌함을 얻으면서 다른 사람의 관심을 끌기 때문에 의도적으로 위악적으로 군다. 위악이 위선보다 도덕적으로 정당하다고 생각한다. 그것이 인간 본연의 모습, 즉 민낯에 더 가깝다고 여기기 때문이다. 이런 점에서 이들이 파괴하고 싶은 것은 가면 놀이를 하는 무대인 '사회'다.

신상이 털렸다
내 괴로움만큼 관종의 명망이 올라갔다

그렇다면 우리가 사는 이 시대에 개인을 대중 앞에 발가벗긴다는 것은 무엇일까? 흔히 인터넷에서 '정의'의 이름으로 자행되는 '신상털이'가 바로 그것이다. 신상이란 한 개인의 이름에서부터 사는 곳, 그리고 활동과 얼굴까지 모든 것을 포함한다. 신상을 털면 그를 둘러싼 모든 것이 낱낱이 드러난다. 실오라기 하나 걸칠 수 없게 다 발가벗겨진다.

　신상을 폭로하고 망신 주는 것은 곧잘 '정의'의 이름으로 행해진다. 국가와 정치가 못하는 일을 시민들이 직접 한다는 것으로 정당화하는 것이다. 사실 이것이 정당화될 수 있는 가장 큰 이유는 정치가 정의를 바로잡는 것을 전혀 하지 못하고 있다는 정치 불신과 혐오 때문이다. 이렇게 정의의 이름으로 남의 신상을 털고 망신 주고 파괴하는 것은 정치의 부재와 공백을 채우는 '정치적 행위'이기 때문에 정당화될 수 있다. 정치가 정치인, 즉 정치 관료들만의 직업적 행위가 되어 시민들을 일상적으로 정의의 영역에서 소외시키고 있는 시대에 이러한 일은 사람들에게 정치적 존재감을 획득할 수 있게 해준다.

그러나 반대의 신상털이도 있다. 정의가 아니라 부정의이며, 이런 신상털이가 범죄 행위라는 것을 하는 사람 스스로도 알고 있는 경우다. 이들은 오히려 '정의'라는 것을 위선이라고 조롱하고 비하한다. 정의로운 일로 포장해서 하지만 그 역시도 사실은 재미로 남을 사냥하는 게 아니냐고 노골적으로 말한다. 반정치의 정치다. 이들은 탈정치가 아니라 철저히 정치가 추구하는 정의를 조롱하며 정치를 파괴한다. 물론 이 또한 정치적 행위이기에 반정치로서의 정치이며 정치로서의 반정치다. 이런 신상털이는 신상이 털린 사람도 파괴하고 정치도 파괴한다. 한편에서는 개인이라는 인간의 근대적 존재 방식을 불가능하게 하고, 다른 한편에서는 정의를 향한 정치 자체를 불가능하게 만든다.

신상털이가 개인이라는 존재 양식을 파괴하는 것은 이런 이유다. 친밀성의 공간을 제외한 곳에서 근대적 개인은 익명으로 존재할 수 있다. 이것이 사회에서 개인이 가진 가장 중요한 권리이며, 이 권리가 있으므로 개인은 자유로울 수 있다. 그런데 신상을 터는 것은 곧 그의 사회적 자유 전체를 박탈하는 것이다.

자유를 박탈당한 인간이란 근대 사회에서 사회적으로 죽은 사람이 된다. 신상털이는 자유라는 측면에서 본다면 사형선고와 다름없다.

근대적 개인은 익명으로 존재함으로써 자신의 인격과 존엄을 보호한다. 허락받지 않고서는 누구도 침범할 수 없는 영역이 있다는 것을 존중하는 것이 바로 그의 존엄을 존중하는 것이다. 그런데 신상이 털리는 순간 그가 존중받아야 할 영역은 사라진다. 물론 '개인 정보' 자체가 인격인 것은 아니다. 그러나 개인 정보가 공개됨으로써 그에게 신성불가침의 영역이 남아 있지 않게 되는 순간 파괴되는 것은 인격이다. 신상을 터는 것은 이런 점에서 그의 인격을 완전히 파괴하는 것과 같다.

중국에서는 '신상털이'를 '인육 사냥'이라고 부른다. 행동의 양상을 지칭하는 말로는 신상털이가 정확하다. 하지만 그 의미와 여파의 측면에서 보면 인육 사냥이 더 정확한 말이다. 정보가 아니라 그 사람의 사회적 생명인 자유와 인격 전체가 먹이가 되어 말살당한다. 이런 점에서 신상털이는 사람을 사냥해서 먹어 치우는 디지털 시대의 카니발리즘, 인육 사냥인 것이다. 우리는 이미 정보가 '육肉'인 시대를 살아가고 있다.

이것이 왜 관종들의 시대에 모든 사람이 개인 정보 문제에 민감할 수밖에 없고 공포에 떨 수밖에 없는지를 말해준다. 육체적으로 한 대 맞는 것보다 더 무서운 것이 내 육체이자 영혼인 개인 정보가 내 의지와 상관없이 다른 사람들에게 알려지는 것이다. 그것은 끝장을 의미한다. 아니, 영원히 디지털 세상에 박제되어 죽어도 죽지 못한다. 죽어도 영원히 살며 고통받아야 한다. 끝장인 죽음이 아닌 영원한 죽음, 지옥이다.

이런 점에서 나는 젊은 여성들이 다른 어떤 주제보다도 '몰카'에 민감한 것은 당연한 일이라고 생각한다. 기술적 해결책이라도 있는 다른 주제와는 달리 흔히 '몰카'와 '리벤지 포르노'라고 부르는 디지털 범죄에서 벗어날 수 있는 탈출구는 없다. 피해자는 사회적 자유를 완전히 박탈당한다. 이는 주변 사람들에게 다 알려진다. 밖에 나가면 모두가 나를 알아볼 것 같은 공포에 시달린다. 존엄과 자유가 완전히 파괴된다. 살아도 살아 있는 게 아니고 죽어도 죽은 게 아닌 상태로 만드는 것이 바로 '몰카'다.

'몰카'와 '리벤지 포르노'가 표적으로 삼는 것이 있다. 얼굴과 신상이다. 얼굴은 짐승이 아니라 사람만이 가진다. 얼굴을 통해 사람은 자신의 감정과 삶을 고스란히 드러낸다. 따라서 얼굴이 그 사람의 고유함을 표출하고 증거한다. 얼굴은 그 사람의 인격이며 얼굴이 보존됨으로써 그의 존엄도 보존된다. 그런데 얼굴에다가 어디에 사는 누구라는 이름까지, 즉 그 사람의 신상이 따라붙는다. 얼굴에 이름이 붙는 순간 최소한의 익명성마저 사라지고 조롱당함으로써 그는 완전히 발가벗겨진다. '몰카'와 '리벤지 포르노'가 한 번 재생될 때마다 반복적으로 성폭력이 일어난다. 상징적인 것이 아니라 그의 '육체肉體'에 말이다.

젊은 세대와 기성세대가 개인 정보에 대해 갖는 감각은 확실히 다르다. 기성세대는 젊은 세대가 왜 그토록 개인 정보에 민감한지에 대해 잘 이해하지 못한다. 지나치게 예민하다는 반응을 보일 때가 많다. 그러나 젊은 세대는 이미 모든 것이 디지털화된 세상에서 개인 정보가 그저 정보에 그치는 게 아니라 인격의 파멸로까지 이어진다는 것을 어릴 때부터 반복적으로 경험했다. 인격의 의미 자체가 다른 것이다.

대표적인 것이 학교다. 요즘 학교에서는 담임이 학생들의 개인 신상을 그 학생의 허락을 받지 않고 반 학생들에게 알리는 것에 대해 지극히 민감하게 반응한다. 예를 들어보자. 한 학생의 아버지가 돌아가셔서 그 학생이 결석했다. 이럴 때 담임이 아침 조회 때 다른 학생들에게 "그 친구 아버지가 돌아가셔서 당분간 결석한다. 며칠 후 학교에 돌아오면 따뜻하게 위로해줘라"라고 말하는 것이 기성세대에게는 당연한 일이다. 그걸 알리고 반 친구들이 그를 위로하게 하는 게 담임의 역할이라고 생각한다.

그러나 젊은 세대에게 이것은 끔찍한 일이다. 그 친구가 '아버지가 없다는 것', 이것이 언제 누구에 의해 그 친구를 공격하는 무기가 될지 모르기 때문이다. 언제든 조롱거리의 빌미가 될 수 있다. 다수가 선의로 대하더라도 한 명이 악의적으로 이용하려고 할 수 있다. 전체는 언제든지 그 한 명의 악의에 휘둘릴 수 있다. 상황이 바뀐다면 말이다. 설령 그렇지 않더라도 한 명의 악의에 자기도 당할까 싶어 침묵하는 일이 많다. 따라서 학생들은 이렇게 말한다. "선생님, 절대 우리 반 아이들한테 말하면 안 돼요. 저는 알려지는 게 싫어요. 아무리 친해도 신상이 알려지는 건 끔찍한 일이에요."

이렇게 신상이 털리고 인육을 사냥당하는 사람은 인격이 파괴되면서 죽음에 이르는 극심한 고통에 빠진다. 이들이 자신의 고통을 설명할 수 있는 말은 없다. 고통은 느끼지만, 그 고통을 전달할 수 있는 언어는 없다. 그렇다 보니 이들은 자신의 고통을 호소조차 하지 못한다. 그런 호소를 들어주는 언어, 즉 법도 존재하지 않는다. 그래서 이들은 비명을 지르거나 혹은 멀쩡하거나, 둘 중 하나를 반복하며 파괴되어 간다.

그러나 이 처절한 고통은 관종들에게는 자신의 명망을 올릴 기회일 뿐이다. 앞에서 말한 명망가에 대한 도전과 비슷하다. 자신의 명망을 올리기 위해서는 '더 쎈 것'을 내놓아야 하고 그런 것을 내놓으려면 누군가의 고통은 더 극심해질 수밖에 없기 때문이다. 더 비참하고 엽기적인 것으로 만들어 전시해야 자기의 명망과 등급이 올라간다. 타인의 고통은 곧 관종의 명망이다.

6

억울한 내 사연에
'좋아요'는 몇 개나 달렸나요

피해자를 관종으로 만드는 플랫폼의 시대

고통을 당하는 사람이 제일 먼저 발견하게 되는 것은 자신에게
언어가 없다는 사실이다. 그 고통이 예기치 못한 것일수록, 극단
적인 것일수록, 그리고 외부로부터 온 가해의 결과일수록 더욱
그렇다. 자기에게 일어난 일을 설명할 수 없을 때 사람은 세계로
부터 단절되고 버림받는 파생적인 고통을 경험하게 된다. 세계
가 무너지지만, 자신은 다시 세계를 지을 수 없는 무력한 존재라
는 것을 뼈저리게 느끼게 된다.

피해자가 자신의 고통을 전하기 위해 기댈 수 있는 최초의
언어는 일종의 '상투어'다. 그것은 말할 수 없는 자신의 고통을

말로 담기 위해 피해자가 노력해서 만들어낸 언어가 아니다. 가까스로 상투어가 아닌 말로 뭔가를 얘기한다 한들 그런 말들은 오히려 외면된다. 그것은 그 사람의 언어이긴 하지만 사회가 들을 수 있는 언어가 아니다. 사회가 요구하는 것은 자신이 들을 수 있는 언어로만 말하는 것이다.

그 말이 '피해자다운 말'이다. 사실 피해자다운 '말'이란 없다. 피해자는 울부짖는 존재이지 말을 하는 존재가 아니기 때문이다. 고통을 당한 사람이 아니라 피해자는 고통에 몸부림쳐야 하고, 세상이 망하고 인생이 끝난 것처럼 행동해야 한다. 이 둘을 구분하는 것이 중요하다. 피해자는 물론 고통을 당한 사람이다. 그러나 고통이 곧 피해인 것은 아니고 피해가 곧 고통인 것은 아니다. 앞에서 이야기한 것처럼 고통은 말할 수 없고 소리치는 수밖에 없다. 그러나 피해는 다르다. 피해는 말할 수 있다. 피해로 인해 야기된 고통은 피해자를 말할 수 없는 실존의 차원으로 밀어 넣지만, 피해 자체는 실존적인 것이 아니라 권력 관계에 의해 만들어지는 사회적인 것이다.

그러나 여성학자 권김현영이 적확하게 지적한 것처럼 사람들은 그를 피해를 받은 사람이 아니라 고통을 당한 사람으로 바라본다. 그래서 고통을 당한 사람으로서 고통에 대해 이야기하고(말할 수 없는데도!) 고통에 찬 사람으로서 울부짖는 존재로만 재현하려고 한다. 그들에게 반복적으로 돌아오는 질문은 이런 것이다. "그때 심정이 어땠습니까?" 답은 언제나 정해져 있다. "죽고 싶었습니다." 질문이 상투적이기에 답도 상투적일 수밖에 없다. 피해자는 상투적으로만 존재할 수 있다.

그걸 통해 고통의 끔찍함을 드러내려고 한다. 그러나 피해자를 고통에 찬 사람으로만 재현하는 것은, 그가 피해자로서 말해야만 하는 것을 말하지 못하게 하고 고통에 몸부림치는 존재로만 보이게 한다. 이것은 그에게서 말도, 삶도 모두 박탈하는 폭력이다. 피해자는 고통받는 사람이기에 오로지 고통스러운 모습만 보여야 한다. 그에게는 고통 이외의 다른 일상이 없다. 아니, 고통 때문에 돌아갈 일상이 없는 존재이기에 그는 일상적으로 해야 하는 일을 하나도 하지 말아야 한다.

그는 밥도 맛있게 먹어서는 안 된다. 그는 누군가와 데이트를 해서도 안 되고 여행을 가서도 안 된다. 고통 이외에 다른 것을 말해서도 안 된다. 고통을 받는 그는 화려한 옷을 입어서도 안 된다. 고통에 몸부림치는 자에게는 일상이라는 삶이 허용되지 않는다. 그에게 허용되는 것은 오로지 '죽음'이다. 세상이 붕괴된 죽은 자로서만 존재해야 한다. 그것이 고통을 호소하는 피해자가 지켜야 하는 '일관성'이다.

그가 고통에서 벗어나 일상으로 돌아가는 순간 그는 더 이상 피해자로 여겨지지 않는다. 피해자는 피해로 인해 일상이 파괴된 사람이고 그 일상의 파괴로 인해 고통받는 사람이다. 그런데 일상으로 돌아갔다는 것은 그가 피해자가 아니라는 것의 반증으로 여겨진다. 따라서 피해자에 대한 연민은 고통을 당한 사람'답게'라는 가면이 벗겨지는 순간 순식간에 그에 대한 조롱과 공격으로 전환된다.

피해자는 세상이 무너진 듯 살아야 하나
그에게도 지켜내야 할 일상이 있는데

그런데 피해자에게는 돌아갈 일상이 없는가? 그렇지 않다. 여기에서 우리는 다시금 고통을 겪는 이에게 자신의 고통을 설명할 언어가 없다는 점에 주목해야 한다. 고통을 설명할 언어가 없는 동안에는 삶 전체가 하나의 덩어리, 즉 고통으로 여겨진다. 고통이 온 삶 전체를 잡아먹는다. 내 삶의 어떤 부분이 고통과 관련된 문제이고 어디서부터는 고통으로부터 떨어질 수 있는 것인지를 분할할 수 없다. 이게 고통을 말할 수 없는 것이 일상을 파괴하는 방식이다.

그런 상태에서 파괴된 일상은 고스란히 피해자의 앞에 놓여 있다. 이렇게 되면 피해자는 영혼이 무너진 상태에서 그 일상을 살아가게 된다. 언어가 없기에 현존하는 고통을 안고서는 자기 앞에 주어진 일상이 예전과 같은 방식으로 지속되지 않는다고 선언할 수 없기 때문이다. 그 선언의 언어가 없기에, 파괴된 일상은 마치 붕괴되지 않은 것처럼 지속된다. 피해자는 자신의 일상이 파괴된 고통에 시달리면서도 말조차 할 수 없는 상태로 그 일상을 지속해야 한다.

반대로 언어가 생긴다는 것은 세상이나 사태를 쪼개어 볼 수 있다는 것을 의미한다. 언어가 없는 동안에는 분별할 수 없던 것을 분별할 수 있게 된다. 어디에서부터 어디까지가 피해의 문제이고 어떤 부분은 그와 결부되지 않은 문제인지를 나누어 식별하게 된다. 그렇기에 피해에 대한 언어가 생기면 다시 자신의 일상을 복구하게 된다. 또한 이 말이 트이면서 비로소 다른 이들과 교류하고 소통하는 영역이 복구되기에 폐허 가운데서도 사람들과 함께 일상을 살아갈 수 있게 된다. 이것이 관종들에게는 '위선'으로 보이고 공격의 대상이 된다.

말할 수 없는 고통을 거치고서 비로소 자기 언어를 가지게 된 사람들은 관종들의 무차별적 공격을 받는다. 대표적인 것이 백남기 농민의 가족이다. 세상은 아버지를 잃은 이들이 슬픔에 젖어 아무것도 못하고 몸부림치기만을 바랐다. 그런데 그 가족은 아버지의 죽음과 그 고통을 야기한 피해에 대한 자신들의 언어를 가지게 된 사람들이기에 그 문제가 삶 전체를 파괴하지 못하게 했다. 그들에겐 아버지의 죽음이라는 고통과 함께 살아가야 할 일상이 있었고, 그들은 그 일상을 지켜냈다.

그들은 자신의 언어를 바탕으로 고통에 몸부림치며 소리를 지르고 일상이 파괴된 '피해자답게'라는 상투성을 거부했다. 그렇게 자신의 삶을 지켜냈다. 이에 대해 세상은 참지 않았다. 보수 언론을 중심으로, 그들은 아버지의 죽음에도 불구하고 여행이나 다니는 천륜을 저버린 존재로, 상복을 입지 않은 채 손님을 맞이하고 공원을 산책하고 웃고 맛있는 것을 먹으러 다니는 파렴치범으로, 그렇기에 아버지의 죽음을 정치적으로 이용하는 패륜아로 연일 매도되었다. 이런 공격을 이겨내는 것은 거의 불가능에 가깝다.

결국 피해자들은 두 가지 가면 중 하나를 선택할 것을 강요받는다. 하나는 피해자답게 모든 것이 무너져 있는 존재를 연기하는 것이고, 다른 하나는 마치 아무 일도 벌어지지 않았고 고통도 없었던 것처럼 연기하는 것이다. 어느 쪽이든 이 양자택일의 강요를 따르면, 피해자가 언어를 만들어 자신의 삶을 폐허 위에 복구하는 일은 완전히 불가능해진다. 삶이 복구되는 순간 그는 가짜로 매도당한다.

이 때문에 피해자에게는 이 두 가지 차원에서 언어를 가질 기회가 봉쇄된다. 그는 피해자로서 피해에 대해 말하고 문제에 대해 폭로할 수 있다. 그런 문제 해결 능력도 있다. 그런데 피해자를 오로지 '고통'으로만 재현함으로써 그가 피해에 대해 이의를 제기하고 항의하는 것, 즉 말할 수 있다는 것은 무시된다. 오로지 고통에만, 그 비참함에만 초점을 맞춰진다.

그 결과 그는 울부짖는 존재다. 울부짖는 것을 통해 다른 사람들에게서 주목을 끌게 된다. 관심을 받는 것은 자기 자신의 고통이 다른 사람에게 닿을 수 있는 것 같은 착각에 빠지게 한다. 그 결과 그는 말할 수 없는 고통이 말할 수 없음에도 공감받고 소통될 수 있는 것 같은 상상적 관계에 돌입하게 된다.

이런 상상적 관계는 그가 고통은 말할 수 없다는 사실을 응시하지 못하게 만든다. 고통에 대해 말할 수 없다는 것을 처절하게 직시할 때만 '그렇다면 고통에 대해 말할 수 있는 것은 무엇인가'라는 절박한 질문이 떠오르고 그에 답할 수 있게 된다. 고통의 절대성이라는 실존적 차원이 인간의 외로움이라는 보편성에 다다르게 하는데, 위와 같은 상상적 관계는 이 과정을 봉쇄한다. 그래서 그는 고통의 한 선정적 사례로 전시되고 소비되고 만다.

이와 함께 두 가지의 삶도 불가능한 것이 된다. 그는 고통받는 사람으로서 울부짖고 그 모습만 보여진다. 그는 최대한 그의 일상이 완전히 붕괴한 것만을 보여줘야 한다. 마치 '남아 있는' 일상이 하나도 없다는 듯이 말이다. 그는 그저 비참한 존재가 된다. 그 결과 피해를 증언하고 고통을 응시하며 폐허 위에 다시 삶을 복구하는 것도 부정당한다. 고통만 남아 있는 것으로 여기는 '피해자다움'이 야기하는 가장 끔찍한 결과다.

선정적 뉴스를 양산하는 플랫폼이 있다
그곳에서 고통의 올림픽이 열리고 있다

비극은 여기에서 또 한번 만들어진다. 피해자 역시 이런 세상의 이치를 간파한다. 어떻게 해야 자신의 이야기가 세상에 들리는지는 잘 안다. 고통을 말하는 자신의 언어를 만들고 세계를 복구했을 때 자기에게 어떤 비난과 공격이 돌아오는지도 잘 안다. 그렇기에 피해자 역시 문제를 제기하고 해결하기 위해 '피해자다움'을 연기하는/해야 하는 경우가 종종 있다. 무거운 고통을 짊어진 채 이외의 다른 길을 찾기 어려울 것 같다는 현실론적 판단이 그를 이렇게 이끌기도 했을 것이다. 자신의 고통을 도무지 말할 수 없고 그것을 다른 사람에게 들리게도 할 수 없다는 벽에 부딪힌 이들이 가게 되는 불행한 길이다.

여기에 이용되는 것이 고통의 절대성이다. 고통은 비교할 수 있는 것이 아니다. 고통은 고통을 당하는 이들에겐 절대적인 것이다. 세계의 붕괴와 그 세계를 다시 지을 수 있는 언어의 박탈로 인한 고통이라는 점에서 각자의 고통은 개별적이고 고립되어 있으며 그렇기에 절대적이다. 고통은 그 수준이나 정도를 가늠하여 비교할 수 있는 것이 아니다.

이런 고통의 절대성은 그 자체로 독자적인 가치를 가진다. 그러나 선정주의적 언론과 인터넷 게시판과 같은 공론 플랫폼은 각각의 고통의 절대성을 섬세하게 살피지 않는다. 그런 고통은 널리고 널렸다. 모든 고통이 가진 절대성을 의미 있게 여기고 다루는 것이 아니라 '뉴스 가치'에 도달할 정도의 수준과 내용, 강도인 고통을 건져 올릴 뿐이다. 그들에게 중요한 것은 고통의 절대성이 아니라 선정성이다. 따라서 이 플랫폼에 올라탈 때 피해자는 자기 고통의 절대성을 선정적으로 드러내야 한다. 물론 이때 돈을 버는 것은 고통의 절대성을 선정적으로 드러내어 주목을 이끌어내는 플랫폼 자체다. 앞에서 말한 것처럼 주목은 돈이 된다. 플랫폼에게 말이다.

이때 고통의 절대성은 내 고통이 다른 누구의 고통과 '비교'하더라도 절대적으로 고통스럽다는 것으로 의미가 변질된다. 고통 간에 경쟁하게 되고 소위 말하는 고통의 올림픽이 벌어진다. 고통이 고통을 밀쳐낸다. 자신의 고통이 다른 고통에 비해 절대적으로 고통스러운 것이라고 주장하기 위해 더욱더 자신의 고통을 적나라하게 드러내야 한다.

이것은 피해자 개인의 문제가 아니다. '베스트 댓글'이니 '실시간 검색어'니 '추천 수'니 하는 플랫폼의 장치들이 이런 경쟁을 부추기며 고통의 당사자들을 '관종'으로 만들어버린다. 고통을 말할 수 없다는 사실로 인해 힘들어하는 고통의 당사자들은 이런 플랫폼에서 자신의 고통에 대해 관심 있는 사람들을 만난다. 당사자로서는 자신에게 주목하는 사람의 관심의 '정도'에 대해 신경을 쓰게 된다. 내 사연이 담긴 글에 '좋아요'가 몇 개 달렸는지 헤아리게 되는 것이다. 자신이 더 고통스럽게 말을 해서 다른 고통을 밀어내면 더 많은 관심을 받는다는 것을 안다. 이것이 마치 고통이 만들어내는 외로움 그리고 세계의 파괴를 극복하는 것처럼 보인다. 추천 수만큼 내가 세계를 복구한 것으로 보이고 내가 고통에 대해 말할 수 있는 것처럼 보인다.

고통의 당사자에게 가장 큰 고통은 생각하는 것이다. 생각하기 싫어도 생각이 난다. 생각한다고 해도 답도 없는데 말이다. 그런데 이렇게 생각하지 않으면 빠져나올 수도 없다. 생각을 해야 말할 수 없는 것을 직시하게 되고, 그래야 말할 수 있는 것이 무엇인지 알게 되기 때문이다. 이게 가장 큰 고통이다. 고통을 당한 사람이 미치고 팔짝 뛰는 이유가 이것이다. 스스로 납득도 용납도 되지 않아 자기에 대해서는 미치고, 소통하고 공감받을 수 없으니 타인에 대해서는 팔짝 뛴다. 이것이야말로 고통이다.

이런 딜레마에 빠진 고통의 당사자에게 가장 큰 유혹이 생각하지 않고도 말하게 하는 것이다. 고통을 팔아먹는 플랫폼은 말하지 않고 울부짖게만 하면서도 그걸 분명하게 말했다고 생각하게 만든다. 플랫폼 스스로가 만든 부적을 붙이고 주문을 외게 하는 것이다. 고통의 당사자들이 자기 고통의 절대성을 응시하며 보편성으로 나아가게 하는 것이 아니다. 자신의 고통을 알리고 관심을 끌어낼 수 있도록 '선전'하게 한다. 이 플랫폼에서는 다른 고통과 경쟁하고 그것을 밀쳐내면서 자신의 고통을 선전해야 한다. 다시 강조하지만 이렇게 할 때 고통에 대해 생각하는 고통에서 해방되고 고통이 야기하는 가장 큰 고통인 외로움에서 벗어날 수 있다.

그런데 고통에 대한 언어는 고통을 말할 수 없다는 사실에 대한 처절한 자각으로부터 나온다. 말할 수 없기에 말할 수 있는 것이 무엇인지를 찾는 지난한 과정이 필요하다. 그 과정에서 말할 수 있는 것과 말할 수 없는 것을 분별하고 분할하게 된다. 말할 수 있는 것을 말함으로써 말할 수 없는 것이 있다는 것도 말할 수 있게 된다. 언어에는 신비로운 힘이 있어서, 말할 수 없는 것이 있다는 것을 표기함으로써 다른 사람들이 그 앞에서 침묵하게 하고 그가 당한 고통의 절대성에 예의를 갖추고 존중하게 한다. 관중 사회는 고통받는 사람의 존엄이 존중되는 바로 이 길을 봉쇄했다.

7

결국 자기를 빼곤
누구든 혐오한다

고통을 대결하는 콜로세움이 되어버린 공론장의 모습

그리스 민주주의를 꽃피웠다고 평가받는 정치인 페리클레스는 그의 유명한 장송 연설에서 이런 말을 했다. 그리스인 중에 집에만 틀어박혀 가사, 즉 경제만 돌보며 공론에 참여하지 않는 사람은 아무것도 하지 않는 인간이라고 말이다. 사람을 정치적 동물로 이해한 그리스인들이 보기에 정치에 참여하지 않는 것은 '인간'으로서 아무것도 하지 않는 것으로 멸시의 대상이었다.

그리스 사람들은 정치에 참여하기 위해 아침에 눈을 뜨면 아고라에 모였다. 거기에서 다른 사람들의 이야기를 듣고 그 말에 자기 의견을 내고 논박하며 하루를 보냈다. 지금으로 치면 공론장에 참여한 것이다. 그들은 공론장에서 다른 사람의 동의를 받고 타인을 논박하기 위해 비싼 돈을 들여 '변증술'을 배웠다. 비록 그게 궤변이라 할지라도 남이 알아들을 수 있도록 말하는 것은 사람에게 가장 중요한 역량이었다.

그러나 공론을 통해 정치에 참여하는 것은 위험한 일이기도 했다. 자칫 말을 잘못하거나 다른 사람에 의해 논박당해 패배하는 것은 그동안 자신이 쌓은 명성을 송두리째 무너뜨리는 일이기도 했다. 끊임없이 새로운 도전을 받았고, 패배하면 망신을 당하기 일쑤였다. 패배한 사람에게는 조롱과 비아냥거림이 돌아왔고 그는 수치심을 느낄 수밖에 없었다. 공론의 장에 참여한다는 것, 즉 대중 앞에서 무언가를 이야기한다는 것은 언제나 이런 위험을 감수하는 일이었다.

이는 현대 민주주의의 공론장에서도 마찬가지다. 그리스와 같은 아고라는 없지만, 현대적인 공론장에서는 끊임없이 토론과 논쟁, 논박이 일어난다. 어제까지 가장 명성을 날리던 사람이라 하더라도 오늘 말 한마디 잘못하거나 말이 삐끗 어긋나면 바로 망신을 당한다. 자칫하면 그리스에서 시민에게 가한 가장 큰 형벌인 추방처럼 공론장에서 영원히 쫓겨나고 매장당할 수 있다. 이런 위험은 늘 언제나 있었다.

물론 과거와 현재의 위험 사이에는 커다란 차이가 있다. 아고라에서의 토론은 신문과 잡지, 그리고 책과 같은 인쇄 매체를 중심으로 형성된 근대 이후의 공론장에 비해 시공간적 제약이 있었다. 아무나 무차별적으로 참여하는 것이 아니었다. 무엇보다 말을 하고 듣는 최소한의 역량을 가진 사람들로 구성되었다. 공론장에 있으려면 남을 설득할 역량뿐만 아니라 남의 이야기를 듣고 설득할 역량도 있어야 했다. 사실 자기 언어라는 것은 말하는 과정에서 생기는 것이 아니라 들으면서 생긴다.

따라서 말하는 역량만큼이나 듣는 역량이 필수적이다. 상대방이 한 이야기를 제대로 듣고 이해하지 못하거나, 자기의 논리가 상대방보다 부족하다는 것을 인정할 줄 모르는 사람은 배제된다. 들을 줄을 모르는데 말을 하는 것은 불가능하다. 말한다는 것은 언제나 '응답'이기 때문이다. 내가 상대에게 하는 말은 그의 말에 대한 응답일 경우에만 가치가 있다. 그러려면 상대가 말한 것이 무엇인지를 제대로 알아들어야 했다. 응답은 늘 상대의 말에 대한 정리와 그 정리에 대한 상대의 인정이 필요하다. 그래야 '대화'가 가능하다.

공론장은 고통끼리 경쟁하는 싸움판이 되었다
사람들은 팝콘을 먹으며 구경을 한다

남의 언어를 듣고 내 언어를 만들기 위해 필요한 것이 '교양'이었다. 우치다 타츠루內田樹는《민들레》115호에 수록된「표현을 세밀히 나눈다는 것」이라는 글에서 교양의 가장 큰 역할을 쪼개는 것이라고 말한다. 다른 사람이 보기에는 별 차이가 없는 것도 배운 사람, 즉 언어가 있는 사람에겐 쪼갤 수 있는 미세한 차이가 보인다. 그는 이를 해상도에 비유한다. 즉 교양이 있다는 말은 사물이나 사건에 대한 해상도를 높이는 것이다. 다른 사람의 말에 대한 해상도 역시 마찬가지다. 높은 해상도에서 그의 말을 듣고 보면 그의 말에서 차이 같지 않은 차이를 감지하고 그에 대해 말할 수 있다.

이것이 망신의 위험을 무릅쓰고서도 사람들이 공론장에 참여하는 또 하나의 이유였다. 해상도가 높은 공론장에 참여하여 패배하는 것은 그저 망신이기만 한 것이 아니었다. 자기보다 해상도가 높은 사람을 만나 대화하고 그에게서 논박을 당하면 자기도 모르던 자기 말의 미묘한 차이와 모순, 균열을 배울 수 있었다. 공론장은 그저 남을 이기고 망신 주기 위해서 참여하는 것이 아니라 내 언어의 해상도를 높여가는 배움의 공간, 성장의 기회이기도 했다. 따라서 사람들은 패배하더라도 배울 수 있었기에 기꺼이 공론장에 참여했다.

그러나 현재의 공론장은 철저하게 타인을 망신 주고 몰락을 구경하는 곳으로 변했다. 설혹 해상도 높은 이야기가 나오더라도 논리만 논박하는 것이 아니라 그 사람의 인격을 조롱하는 공간이 되었다. 나아가 이런 망신이 궁극적으로 폭로하고자 하는 것은 '논리'가 아니라 '위선'이었다. 과거에 했던 이야기뿐만 아니라 그의 삶을 파헤쳐서 어긋나는 지점을 찾아내 위선자로 공격하고 조롱거리로 만들며 몰락시키는 것이다.

이제 공론장에 나가는 것은 그저 논리의 부족으로 망신을 당하는 게 아니라 언제 누군가로부터 어떤 신상이 어떻게 털릴지 모르는 일이 되었다. 이 신상에는 그의 모든 것이 망라된다. 과거의 모든 것, 내밀한 모든 것, 관계의 모든 것이 다 포함되어 탈탈 털리게 된다. 누구도 침범해서는 안 되는 그 어떤 것도 남겨두지 않는다. 정보화 시대의 육身 전체가 발가벗겨진다. 인격의 완전한 파괴에 이른다.

공론장이 이렇게 변하면서 해상도 높은 언어를 가지고 있거나 그런 언어를 기대하는 사람들은 급속도로 물러났다. 새로운 이야기를 들으며 자기 언어의 해상도를 높이는 성장을 도모하지 못할 뿐만 아니라 말 한마디 잘못했다가 신상이 털리고 인격이 파괴되는 위험을 감수할 이유가 없기 때문이다. 이들은 공개적으로 대중 앞에서 말하는 것을 피하고 시공간적 제약이 있는 곳에서만 모이고 이야기를 나누려고 한다.

불가피하게 대중 앞에서 이야기해야 할 때도 '하나 마나 한 말씀'에 가까운 이야기만 한다. 그래야 안전하기 때문이다. 아니면 자기 말을 검열하여 조금이라도 오해를 살 만한 이야기는 하지 않으려고 한다. 이들에게 지금 가장 필요한 것은 폴리스를 돌보는 게 아니라 자기의 안전을 돌보는 것이 되었기 때문이다. 자기 말에 문제가 있을 때 그 자리에서 토론되고 정정되는 것이 아니라 모든 것이 녹음되었다가 어떤 공간에서 누군가에게 어떤 난도질을 당할지 모르기 때문이다. 가장 중요한 것은 관종의 먹이가 되지 않는 일이다.

다른 한편에서도 문제가 발생했다. 고통의 당사자들에게 강요되는 '피해자다움'이라는 상투어와 이 상투어에 의해 야기된 비참을 전시하는 고통의 올림픽 말이다. 고통의 당사자들은 피해에 대한 고통을 극대화해서 전달할 때 그나마 관심을 받을 수 있기에 자신의 고통을 절대화하여 말하기 시작했다. 이들은 자기의 고통 앞이나 옆에 다른 고통이 들어서는 것을 견디지 못한다. 자기의 고통이 그 고통에 의해 밀려나 주목받지 못하고 곧 잊힐지도 모르기 때문이다.

이 바람에 고통 간의 피 튀기는 전쟁이 벌어진다. 어느 고통이 더 많은 사람들이 겪고 있는 더 큰 고통인가를 두고 경쟁하게 된다. 금방 모든 것을 시시한 것으로 만들어 선정주의적으로 소비하는 공론의 장치들이 아니라 다른 고통이 고통의 적이 되었다. 고통 간에 싸우고 다른 고통을 고통이 아닌 것으로 밟아야 한다. 그래야 자신의 고통이 지속적으로 중요한 문제로 여겨질 수 있다. 관심을 끌고 지속시키는 것은 생존의 문제가 되었다.

망신과 몰락, 비참의 전시, 비참 간의 경쟁. 이 모든 것이 이 시대 공론의 공간에서는 가장 즐거운 구경거리가 되었다. 어디서 진흙 구덩이 싸움이 났다고 하면 팝콘을 들고 먹으며 구경한다. 이른바 '팝콘각'이다. 싸움의 이유는 중요하지 않다. 싸움 그 자체가 재미있는 구경거리이기 때문이다. 싸움이 지저분할수록, 난장판일수록 구경꾼들은 더 즐거워한다. 자기가 입 다물고 있는 한, 그 진흙이 나에게 튈 리는 없기 때문이다.

물론 이들이 모두 처음부터 재미를 찾아 이 싸움 구경에 나선 것은 아닐지도 모른다. 다른 사람들은 어떻게 살아가는지 알기 위해, 세상이 어떻게 돌아가는지 들여다보기 위해 이곳에 찾아들었을 것이다. 타인의 이야기를 듣고 자신의 의견을 이야기하고자 했을 것이다. 세상의 부조리가 눈에 보였을 때 그것을 타파하는 데 힘을 보태고 싶었을 것이다. 그랬을 때 '정의'를 앞세운 싸움에 더더욱 눈길이 갔을 것이다. 어제의 '정의'와 오늘의 '정의'가 달리 여겨지는 내 마음 때문에 때때로 부끄러움을 느꼈지만, 그곳에서 더 나은 정의를 찾을 수 있으리라고 기대했을지도 모른다. 그럼에도 이 진흙 구덩이 싸움판으로 들어가 주위를 둘러봤을 때, 그 싸움을 재미있어하는 사람들을 분명 발견했을 것이다. 팝콘을 먹으면서 낄낄거리며 구경하는 자의 옆에 앉아 투덜댔지만, 차마 그 자리를 떠나지는 못했을지 모른다.

그런데 구경꾼들이 많이 모일수록 이득을 보는 것은 공론의 플랫폼들이다. 이들은 끊임없이 구경거리를 양산해야 한다. 이들이 보기에 세상의 비참이란 해결해야 할 문제가 아니다. 공론장에서 벌어지는 논쟁도 문제를 해결해가는 과정이 아니다. 이 모든 것이 서로 겨루고 다투는 '싸움'의 속성을 지닌 한 좋은 구경거리로 가치를 가질 뿐이다. 그렇기에 이 시대의 공론 플랫폼들은 끊임없이 싸움을 부추기고 싸울 수 있는 공간을 만들어 사람들을 밀어 넣는다. 다시 한번 강조하지만 주목은 돈이 된다. 돈이 되기에 관종은 사회적이고 정치적인 존재감의 차원만이 아니라 시장에 의해서 끊임없이 재생산된다.

비참 간에 경쟁을 하게 하고, 비참을 해결하려는 의견 간에 경쟁하게 한다. 그리고 그 '경쟁'을 구경하게 한다. 따라서 공론장은 사실상 싸움을 구경하는 콜로세움이 되었다. 콜로세움의 본질은 검투가 벌어지는 것이 아니다. 그 검투를 구경하는 극장이다. 가장 안전한 거리에서 가장 비참하고 끔찍한 것을 구경하며 환호하고 즐거워하는 극장이다. 이 시대의 공론 공간 역시 이런 극장이다.

이 관심의 콜로세움에 모두가 있다. 한편에서는 끊임없이 사람들을 끌고 와 사자 밥이 되게 하는 노예 상인들이 있다. 이들은 어디에서든 끊임없이 무고한 자를 끌고 와 위선자로 고발한 다음 그의 모든 것을 발가벗겨 망신을 주고 파괴한다. 자신이 끌고 와 희생되는 사람들이 관중의 관심을 끌어야만 존재감을 가질 수 있다. 그렇기에 이들은 늘 타인을 더 비참하고 수치스럽게 만드는 것을 생각한다.

다른 한편에는 자신이 살기 위해 다른 사람의 비참과 고통을 밀쳐내야 하는 검투사들이 있다. 그들 역시 다른 사람의 관심을 끌어야만 자신의 문제를 해결할 수 있다. 그러기 위해서는 자신의 고통을 절대화하고 비참을 전시하여 자신만이 절대적으로 피해자임을 주장해야 한다. 이들은 다른 고통과 피 튀기는 경쟁을 하며 그 고통을 밀쳐내야 한다.

그리고 관객들이 있다. 이들이야말로 이 관종 극장을 유지하고 지속시키는 존재들이다. 이들은 팝콘을 들고 와 가장 안전한 자리에서 이 모든 것을 구경하고 소비한다. 때로는 검투사에게 값싼 동정을 보내며 그를 살려줄 것을 '황제'에게 요청한다. 그들에겐 그런 권력이 있다. 이들의 손가락, 즉 '좋아요'에 누군가의 고통이 지속해서 해결되어야 할 문제로 여겨지는지 아닌지가 결정된다. 그러나 그들의 손가락은 곧 새로운 구경거리로 넘어간다.

이들은 또한 가장 안전한 장소에서 이 모든 구경거리를 만든 노예 상인들을 조롱하고 비하한다. 그들을 관심에 목을 매고 무슨 짓이든 다 하는 더러운 인간이라고 욕하고 멸시한다. 관심을 끌기 위해서는 자기 자식도 팔고 자신도 발가벗을 놈들이라고 경멸한다. 그러나 정작 이들은 계속해서 이 노예 상인들이 만드는 구경거리에서 눈을 떼는 법이 없다. 욕하면서 이들은 그 노예 상인들에게 '더 쎈 것'을 내놓으라고 요구한다. 이들에게 이좋은 구경거리를 즐기기 위해 스스로 준비해야 하는 것은 딱 하나밖에 없다. 팝콘. 팝콘을 손에 들고 가장 안전한 곳에 있는 이들이야말로 이 플랫폼을 가장 공고히 하는 '공동정범'들이다.

나는 너를, 너는 나를 혐오한다
그렇기에 이 콜로세움에서 물러난 이들이 있다

이 콜로세움에서는 모두가 모두를 혐오한다. 노예 상인들은 자신의 노예가 된 사람들을 혐오하고 멸시한다. 그들의 위선이 그들을 노예로 만들었고 그들의 나약함이 그들을 노예로 만들었다며 그들을 혐오하고 멸시한다. 또한 이 노예 상인들은 자신이 하고 있는 일을 비하하고 욕하면서도 정작 자신에게 그 일을 계속하라고 말하는 저 위선적인 관객들을 혐오한다. 호시탐탐 기회가 닿으면 그 안전한 자리에서 누구든지 끌어내어 그 위선을 폭로하고 발가벗길 궁리를 하면서 말이다.

검투사들 역시 모든 것을 혐오한다. 자기와 고통을 경쟁하며 자신을 밀쳐내려고 하는 다른 고통의 당사자를 혐오한다. 그들이 자기를 밀어내도 혐오하고, 자기가 그들을 밀어내도 혐오한다. 밀려날 정도로 별것 아닌 고통을 고통이라고 말하는 그들의 고통이 가증스럽기에 혐오한다. 관객들에 대한 혐오 역시 마찬가지다. 그들이 자신의 문제를 해결하기보다는 구경만 한다는 것을 고통의 당사자들은 그 누구보다 잘 알고 있다.

관객들도 마찬가지다. 이들은 구경거리로 끌려 나온 이들의 위선을 혐오한다. 그렇기에 그들의 비참을 별다른 죄의식 없이 감상할 수 있다. 다른 사람의 비참을 끌어내서 먹고사는 노예 상인들을 혐오한다. 아무리 그래도 그렇지 어떻게 저런 일을 하느냐며 경멸한다. 자기를 빼고 나머지 관객들도 혐오한다. 어떻게 이런 것을 구경할 수 있느냐고 말이다. 자기 빼고 모두를 혐오한다.

그 결과 관심을 끌어 존재감을 구하려고 하는 이 콜로세움을 지배하는 것은 인간에 대한 혐오다. 관종이란 타인의 관심을 끌기 위해 무슨 짓이든 할 수 있는 사람들이지만, 정작 이들이야 말로 인간을 가장 경멸하고 혐오하는 사람들이다. 타인의 고통, 심지어는 자기의 고통까지도 비참하게 전시해야지만 겨우 관심을 주는 저 '인간'들을 혐오하지 않을 수 없다. 그들의 관심이 보이는 얄팍한 연민을 경멸하지 않을 수 없다. 사람의 관심을 갈구하면서 동시에 사람을 혐오하게 일이 벌어지고 있는 것이다.

여기서 다시 악순환이 반복된다. 인간을 혐오하기에 인간을 발가벗기고 그 존엄을 파괴하는 것은 문제가 되지 않는다. 혐오하는 대상에게 지켜야 할 예의는 없다. 멈추어야 할 선도 없다. 인간은 그렇게 존엄하게 보호받아야 할 가치가 없다. 오히려 인간은 낱낱이 발가벗겨져 위선이 폭로되고 망신을 당해 몰락해야만 하는 가증스러운 존재다. 이처럼 관종 현상의 바닥에는 인간에 대한 혐오가 짙게 깔려 있으며 모두를 인간 혐오자로 몰아간다.

이 혐오의 악순환에서 벗어나는 길은 하나밖에 없다. 콜로세움에서 물러나는 것이다. 앞에서 말한 공론의 장에서 급속도로 물러난 사람들이다. 이런 선택을 한 이들은 한편으로 관종의 먹이가 되지 않고 자기를 보호하기 위해 공론장에서 물러났다. 그러나 다른 한편에서 이들이 콜로세움에서 물러난 것은 인간에 대한 혐오에 빠지지 않기 위해서다. 그 자리에 있으면서 노예 상인과 옆에 선 다른 관객과 다른 사람의 고통을 밀쳐내고 있는 고통의 당사자들이 펼치는 참혹함을 보면서 인간을 혐오하지 않을 방법은 없기 때문이다. 자기 자신과 인간에 대한 연민을 보호하기 위해 이들이 택한 것은 '사라지는 것'이다.

고통의

3부

윤리학

고통의 이야기를 만들어내는 곁에 대하여

1

고통에 대해
말할 수 있는 자리는 어디인가

고통의 곁에 선다는 것에 대하여

고통은 고통 그 자체도 괴롭지만 그것을 말할 수 없다는 것이
사람을 미치고 팔짝 뛰게 만든다. 자기가 겪고 있는 것을 제대로
말할 수 없으니 미칠 수밖에 없고 상대가 제대로 알아주지 않으
니 팔짝 뛸 수밖에 없다. 미치고 팔짝 뛰면서 더 말을 쏟아내지
만 그때마다 그가 느끼는 것은 더 큰 답답함이다. 도저히 말로
드러낼 수 없기 때문이다.

　고통을 겪는 이가 경험하는 것은 이러한 절망이다. 자기 몸
에서 분명히 느끼고 있는 그 고통을 말할 수 없다는 것은 깊은
좌절과 절망에 빠뜨린다. 거기에서 벗어나기 위해 사람들은 때

로 주문을 외우며 '고통은 말할 수 없다'는 사실을 외면하려고
한다. "다 필요 없다"고 소리치기도 한다. 아예 말문을 닫아버리
고 허탈하게 웃기만 하기도 한다.

고통받는 이들의 곁이 되어준 사람들이 있다
그들이 겪어야 했던 또 다른 고통이 있다

여기에 또 다른 괴로운 사람들이 있다. 이런 고통의 당사자 옆
에 있는 사람들이다. 이들 역시 깊은 고통을 느낀다. 재희 어머
니 곁에 있는 재희와 같은 경우다. 처음 어머니가 힘들어할 때
재희는 어머니를 위로해주어야 한다고 생각했다. 일방적인 말을
무조건적으로 받아들였다. 비명을 지르면 얼마나 고통스러운가
를 순간이나마 함께 겪기도 했다. 침묵을 지키면 그 또한 얼마나
절망적이면 저럴까 생각했다. 한없이 이어지는 넋두리 역시 고통
을 겪는 이의 당연한 반응이라고 생각했다.
　　그러나 재희는 곧 깊은 절망에 빠졌다. 어머니의 비명과 침
묵과 넋두리에 자신이 할 수 있는 말이 없기 때문이었다. 일방적
으로 듣는다지만 자신이 듣는 것은 '말'이 아니라 '소리'라는 것
을 고통을 겪는 이보다 그 옆의 사람이 먼저 알아차리게 된다.
그가 하는 말이 말이라면 듣는 자기가 답할 수 있는 말이 있어

야 하는데 그렇지 않기 때문이다. 재희는 자기가 듣되 할 수 있는 말이 없었으며, 말을 하되 그게 어머니에게 들리지 않았다. 어머니는 자기가 무슨 말을 하든 똑같은 말만 했다.

응답을 요구하지도, 응답할 수도 없는 말을 듣는 것만큼 괴로운 일은 없다. 그 말을 듣는 이는 자기에게 하지 않는 말을 그저 듣고 있어야 하기 때문이다. 그 순간 고통을 겪는 이는 "너 아니면 이야기를 들어줄 사람이 없다"고 말하지만, 듣는 이는 알고 있다. 다른 사람이 있더라도 그는 아마 똑같은 말을 하리라는 것을 말이다. 그가 필요로 하는 것은 자기 말을 듣고 응답하는 존재가 아니라 그저 그 앞에 있으며 무한 반복되는 자기의 이야기를 듣기만 하는 존재라는 것을 말이다.

응답하지 않고 듣기만 한다고 문제가 해결되는 것은 아니다. 재희가 멍하니 듣고만 있으면 어머니는 신나게 넋두리를 쏟아냈다. 잠시도 쉬지 않았다. 그러다가 재희가 그저 듣고만 있다고 화를 냈다. 할 말이 없냐면서 왜 가만히 듣고만 있냐고 했다. 뭐라도 답을 하라고 했다. 재희가 당황해서 다른 말을 하면 자기는 너무 아픈데 건성으로 듣는다고 화를 냈다.

어머니는 어디가 아프다는 말을 끊임없이 하고 있었지만 그건 자기가 아픈 것에 관한 말이 아니었다. 어머니는 아프다는 말과 함께 끊임없이 누군가에 대해 불평하고 불만을 늘어놨다. 무릎이 아프다고 말하면서 "옆집 사람은 수술한 지 10년이 지났는

데도 멀쩡한데 나는 왜 이렇냐?"며 수술을 집도한 의사를 비난했다. 잠이 오지 않아 너무 힘들다면서 "너네 아버지는 낮잠도 잘 자니 저렇게 건강하지"라며 아버지를 비난했다. 어머니의 불평불만을 피해갈 수 있는 사람은 단 한 명도 없었다. 어머니는 자기가 고통을 받고 있다는 것에 분노하고 있었다. 끊임없이 분노를 쏟아낼 대상을 찾고 있었다.

그때 재희는 자기가 어머니의 말을 듣는 것이 왜 힘든지 알게 되었다. 어머니에게 필요한 것은 자기 분노를 발산할 수 있는 사람이었다. "아프다는 이야기였다면 그냥 들어줄 수 있었을 것 같아요. 그런데 그게 아니었어요. 끊임없이 누군가에게 분노를 쏟아내는 걸 듣는 건 정말 고역이었어요. 그 분노의 대상 중에는 내가 사랑하는 사람도 많죠. 내가 사랑하는 사람이 내가 사랑하는 사람에게 분노를 표출하는 걸 듣는 건 정말 절망적이고 괴로워요."

어머니가 무차별적인 분노를 쏟아낼수록 어머니의 세계가 무너져가는 것이 재희의 눈에는 적나라하게 보였다. 어머니의 친구들이 떨어져 나갔다. 심지어 같은 병원에서 같은 수술을 받고 '동지애'를 느끼던 사람들도 머리를 절레절레 흔들며 떨어져 나갔다. 한번은 어머니가 병원에서 옆 침대에 누운 할머니에게 아버지에 대한 불평을 쏟아냈다. 그러자 그 할머니가 소리쳤다. "이 할망구야, 정신 차려. 이 병실에 팔십 넘은 남편이 날마다 병문안 오는 사람이 당신 말고 누가 있어? 감사한 줄 알아야지!"
순간 어머니는 당황했지만, 다음 날에도 불평은 이어졌다.

어머니의 세계가 깨지고 고립될수록 어머니의 분노는 더욱
깊어졌다. 고통의 자리는 '그라운드 제로'다. 폭탄이 떨어져 아무
것도 남아 있지 않은 폐허가 고통의 자리다. 그 자리에서 확인할
수 있는 것은 내가 있는 곳이 폐허라는 사실뿐이다. 폐허의 자리
에서 가능한 것은 절규와 침묵뿐이다. 옆에 누가 있건 없건 재희
어머니의 말이 절규와 침묵뿐인 이유가 여기에 있다. 그라운드
제로의 '안'에서는 폐허를 응시할 수 없다.

그라운드 제로를 경험하는 것은 어머니뿐만이 아니다. 어머
니의 폐허를 응시하며 재희의 삶도 그라운드 제로가 되었다. 한
편에서 자기가 사랑하는 어머니의 세계가 깨지는 것을 보는 것이
절망적이었고, 다른 한편에서는 자기가 이 모든 것을 겪고 감당
해야 한다는 것이 무섭고 절망적이었다. "사람들이 다 떨어져 나
가고서 어머니가 '이제 나한테는 너밖에 없다'는 말을 했을 때 너
무 무서웠어요. 왜 하필 나밖에 없다고 말하는 건가. 아버지도 있
고 다른 형제들도 있고 그들 역시 다 최선을 다하고 있는데."

재희는 곧 알게 되었다. 다른 사람들이 다 떨어져 나가면서
어머니는 "이제 나한테는 너밖에 없다"고 말하지만, 그건 자기를
인정하는 말이 아니라는 것을 말이다. "어머니가 진짜 자기 곁
에 나밖에 없다는 걸 깨달았다면 내 말을 듣겠죠. 내 명령을 들

으라는 게 아니라 내가 하는 말에 귀를 기울이겠죠. 하지만 전혀 그렇지 않아요. 어머니는 그저 자기 말의 배설구, 감정의 배설구가 사라지는 게 무서울 뿐이에요. 저 상태가 되어서도 어머니에게 필요한 건 '나'가 아니라 '누군가'일 뿐이죠."

말을 한다는 것은 상대를 내 말을 듣는 '그'로 여긴다는 것이다. 이렇게 말하는 이가 듣는 이를 다른 누구도 아닌 그 사람으로 여길 때 사람은 듣는 것만으로도 존재감을 느낄 수 있다. 그가 다른 누구도 아닌 바로 나에게 말을 하기 때문이다. 이렇게 듣는 사람이 될 때 사람은 말을 할 때보다 더 스스로를 대체 불가능한 존재로 느끼며 자존감의 고양을 경험할 수 있다. 이것이 듣는 이를 기쁘게 하고 듣는 것을 지속시킬 수 있다.

어머니의 말이 지워버린 것이 바로 이 듣는 이의 위치다. 어머니의 말은 '아무나'에게 하는 말이다. 그 위치에서 사람이 느끼는 것은 존재감의 고양이 아니라 모독이다. 그 사람에게 내가 대체 불가능한 존재가 아니라 그저 '아무나'에 불과하기 때문이다. '아무나'에게 하는 말은 말이 아니다. 그 말은 응답을 기대하는 말이 아니며, 듣는 이를 존중하는 말도 아니며, 듣는 이와의 관계를 하나의 세계로 짓는 말이 아니다. 오히려 듣는 이는 "너밖에 없다"는 말을 들을 때조차 모독감을 느낀다. 말하는 이에게 자기가 그저 단 하나 남은 '아무개'에 불과하다는 것을 알기 때문이다.

당사자의 '위치'에서는
그 어떤 고통도 제대로 말할 수 없다

이것이 감당할 수 없는 고통을 겪는 이의 곁에 있는 사람의 세계가 같이 무너지는 이유다. 감당할 수 없는 고통을 겪는 이는 자기의 고통에 함몰된다. 그 곁에 있는 사람은 존중감을 전혀 느끼지 못한 채 감정의 배설구가 된다. 고통의 곁에서 그 자신이 고통의 당사자가 된다. 그러면서 아이러니한 일이 벌어진다. 재희역시 다른 사람을 만나면 어머니에 관해 끊임없이 불평불만을 늘어놓기 시작한 것이다. 어머니가 자기의 고통을 이야기하는 것처럼, 재희 역시 어머니로 인한 자기의 고통이 감당할 수 없는 수준이 되자 상대가 누구든 상관없이 다른 이에게 일방적으로 불평불만을 쏟아내기 시작했다.

여기에 고통에 대해 말하는 것의 미묘하지만 결정적인 차이가 있다. 재희가 어머니가 겪고 있는 고통에 관해 말할 때는 누군가에게 듣고 싶은 이야기가 있었다. 어머니의 고통을 조금이라도 경감시켜주기 위해 다른 이의 경험을 듣고 싶었다. 어머니와 비슷한 질병을 앓고 있는 이들의 인터넷 카페에 가입한 것도 그런 이유에서였다. 서로 하염없이 넋두리를 늘어놓을 때도 있었지만, 그 넋두리 사이사이에서 서로의 경험을 나누는 유용한 이야기들이 오고 갔다. 그 유용한 이야기들 사이에는 또 서로서로

기운 내자고 응원하고 격려하는 말들이 오고 갔다. 이 이야기들은 나누고 보태는 것이 있었기에 단지 유용한 것을 넘어서 재희에게 힘이 되는 이야기였다.

그러나 재희가 자기의 고통에 관해 이야기하면 다른 사람들도 할 말이 없었다. 그저 힘내라고만 했다. 재희가 다른 사람의 이야기를 들을 때도 마찬가지였다. 그저 듣는 것 말고는 할 수 있는 일이 없었다. 서로가 서로에게 감정의 배설구 역할을 할 뿐이었다. 그나마 다행인 것은 여기서 만난 사람들은 그게 일방적인 것으로 끝나지 않는다는 점이었다. 오늘은 네가 넋두리를 하면 내일은 내가 하는 식으로 순환되는 상호성이 있었다. 물론 가끔 이 상호성을 깨고 일방적으로 말을 쏟아내는 사람이 있었다. 그런 사람이 등장하면 모임은 곧 깨졌다. 누구도 또 다른 누군가의 일방적인 감정의 배설구가 되려 하지 않았다. 다들 거기에 지친 사람들이기 때문이다.

재희의 이야기가 우리에게 알려주는 것이 있다. 재희는 자기 어머니의 고통에 관해서는 들을 이야기도 있었고 나눌 말도 있었다. 그러나 어머니의 고통으로 인해 생긴 자신의 고통에 대해서는 어머니처럼 비명을 지르거나, 주문을 외거나, 혹은 누군가를 향해 일방적으로 감정을 배설했다. 그리고 그 배설의 상호성이 사라질 때 어머니가 자신의 세계를 파괴한 것처럼 그의 세계역시 파괴되었다.

그렇다면 고통에 대해 말할 수 있는 자리는 어디인가? 그 자리는 당사자가 아니라 당사자의 '곁'이다. 고통은 고통을 겪는 이가 아니라 그 곁에 있는 이를 통해 다른 사람들에게 말을 건다. 고통을 겪는 이가 고통의 절대성으로 인해 응답을 바라지 않는 말, 상호성을 제거한 일방적인 말만 함으로써 말을 파괴한다면, 응답을 기대하는 말, 응답할 수 있는 말을 하는 것은 고통의 당사자가 아니라 그 곁에 서 있는 이다.

고통을 겪는 이가 나누고 싶은 것은 자기의 경험이 아니다. 그는 자신의 고통에 관해 '아무나'에게 호소하려고 할 뿐이다. 일방적으로 들으라는 명령을 할 뿐이다. 이것은 응답을 기대하는 말이 아니다. 돌아오기를 기대하는 말이 아니라서 여기에는 보태고 나눌 수 있는 것이 없다. 이어지는 것이 없고 지속되는 것이 없다.

고통의 당사자가 자신에 대해 가장 잘 알고 말할 수 있겠지만, 역설적으로 이야기를 이야기로 만드는 가장 중요한 것이 당사자의 말에는 빠져 있다. 이야기는 듣는 이가 나누고 보탬으로써 이야기로 이어지고 이야기를 하는 것이 지속된다. 그런데 고통의 당사자는 자기의 경험을 누군가에게 보태고 나눌 수 없다. 응답이 가능하지 않은 소리를 내기 때문이다. 당사자의 말은 모든 보태고 나누는 행위를 거부·파괴하고 그 자리에 절대적으로 자기의 호소, 즉 소리만을 위치시킨다.

오해가 없어야 한다. 고통의 당사자는 절대 고통을 말할 수 없는가? 반드시 남을 필요로 하는가? 그렇지 않다. 이 말은 당사자의 '위치'에서는 말을 할 수 없다는 것이지, 당사자가 말을 할 수 없다는 것이 아니다. 당사자가 자신의 고통에 관해 말하기 위해서는 당사자의 위치에서 나와야 한다. 고통이 아니라 이 말을 하는 자리다. 따라서 고통의 당사자가 자신의 곁에 서는 것, 그것이 당사자가 자신의 고통에 관해 말을 할 수 있는 자리가 된다. 말은 곁의 자리에서 만들어진다.

**자신에 대한 앎에 도달하는 글쓰기를 통해
사람은 그 자신과 동행할 수 있다**

그렇다면 고통의 당사자는 어떻게 스스로 자신의 곁에 설 수 있는가? 절규하는 자에서 말하는 자로 바뀔 수 있는가? 근대 사회는 이 문제를 풀어가기 위해 훌륭한 도구를 발견하고 그것을 보편화했다. 바로 글이다. 글을 읽고 쓰는 것을 통해 사람은 고통받는 타인의 곁뿐만 아니라 고통을 겪고 있는 자기의 곁에 설 수 있게 되었다. 글쓰기는 고통의 당사자가 고통의 절대성에 절규하는 당사자의 자리에 머무르며 외로움 때문에 세계를 파괴하는 것에서 벗어나게 했다. 자기 자신의 곁에서 스스로에게 말을 걸어 세계를 구축하게 했다.

글쓰기는 자신의 내면에 '자기의 복수성'을 구축하고 인식하게 만들었다. 고통의 소통 불가능성에 의해 외부에서 폭파된 세계를 내면에 구축할 수 있게 해주었다. 고통의 당사자에게 글쓰기의 목적은 다른 사람을 설득하는 것보다는 자기가 자기에 대해 해명하고 자기를 납득하는 것이기 때문이다. 근대적 글쓰기의 탄생이 자서전과 일기에서 비롯되었던 이유가 여기에 있다. 그런 글쓰기가 근대적 주체인 개인, 즉 홀로 있으며 남과 소통할 수 있는 존재를 만들었다.

이것을 차근차근 살펴보자. 그러려면 이전 여러 저작에서 말했지만 먼저 아렌트가 인간의 조건이라고 말한 '복수성'의 개념을 이해해야 한다. 사람은 신이나 동물과는 다르다. 신에게는 다른 존재 자체가 필요하지 않다. 홀로 충만한 자족적 존재이기 때문이다. 전통적 관점으로 보면 동물은 먹고살기 위해 다른 존재를 필요로 한다. 그러나 그 다른 존재는 '대상' 이상의 의미를 지니지 않는다. 먹이는 먹이로서만 가치를 지니고 존재할 뿐이다. 이런 '대상'은 '상대'로서의 의미는 전혀 가지고 있지 않다.

사람의 경우는 다르다. 사람은 다른 존재를 필요로 한다. 다른 존재를 통하지 않고서는 자기를 비춰볼 수가 없다. 거울이 없으면 자기 얼굴을 볼 수 없는 것처럼 말이다. 신은 이미 스스로에 대한 절대적이고 완전한 앎에 도달한 자이기에 거울이 필요 없다. 동물은 자기에 대한 앎을 필요로 하지도 않고 무관심하기 때문에 거울이 필요 없다. 오로지 자기를 알고자 하는 인간에게 만 남이라고 하는 거울이 필요하다.

이것이 인간 존재의 조건인 '복수성'의 핵심을 이룬다. 우리 는 남을 통해 나를 알게 되고, 남으로부터의 인정을 통해 존재의 의미와 가치를 갖게 된다. 그러나 그것만으로는 부족하고 공허 하다. 그 남과 헤어지고 홀로 있는 순간, 나를 인정하고 알게 해 준 그 남은 언제든 사라지는 존재라는 것을 쉽게 알 수 있다. 따 라서 그들로부터 온 인정과 앎 역시 허망하게 사라지는 허무한 것이다.

홀로 남았을 때 사람은 비로소 '남을 넘어선 남', 남이 사라 지더라도 언제든 자기와 함께하고 있는 남이 있다는 것을 알게 된다. 이 '남을 넘어선 남'이 바로 자기 자신이다. 그로부터 인정 받아야 하고, 그에 비추어 자기에 대한 앎에 도달해야 한다. 그 렇기에 사람은 홀로 있을 때 자기 안의 복수성을 인식하게 되고 그 자기 자신에게 말을 걸고 이해를 구하려 한다. 세상에서 가장 답답한 때가 바로 자기가 자기를 인정하지 못하고 자기도 자기 를 납득하지 못할 때가 아닌가? 그것은 인간이 바로 '자기의 복 수성'의 존재이기 때문이다.

『개인의 발견』이라는 책에서는 이것을 이렇게 말하고 있다. 근대 르네상스 시기에 전기傳記에 대한 관심은 자기를 알고 자기

답게 살아가려는 욕구에 따른 것이다. 그래서 자기에 대해 관찰하고 기록하고 생각했다. 대표적인 것이 에라스무스다. 많은 병에 시달린 그는 그의 몸 상태와 그에 따른 기쁘고 슬프고 괴로운 자기의 감정까지 상세히 보고했다고 한다. 무엇보다 다른 사람에게 의지하지 않고 자기가 자기를 관찰하고 성찰했다. 자기가 자기의 관찰자이자 기록자였던 것이다.

　이 책에서는 이렇게 자기만의 방식으로 자아를 무대에 올리고 분석한 세 사람의 사례를 소개하고 있다. 이 글들에는 공통점이 있다. 글을 쓰는 목적이 남에게 보여주려던 것이 아니라는 점이다. 자기를 알아가는 것, 그 외에는 다른 관심을 두지 않았다. 다른 삶의 주목을 끌기 위해서가 아니라 오로지 자기 자신을 위해, 자기에게 집중해서 썼다.

　고통은 이런 자기를 문제화하는 글쓰기에서 중요한 주제 중의 하나였다. 고통은 원하지 않아도 스스로를 문제화하게 하였다. 자기 자신과의 관계가, 정신이, 몸이 이미 문제화되어 있기 때문에 고통을 겪으니 말이다. 에라스무스뿐만 아니라 파스칼도 평생을 온갖 고통에 시달렸다. 그런 고통이 그로 하여금 고통의 의미를 찾는 과정에서 자기를 점검하고 조사하고 해명하며 자기 자신에 대한 앎에 도달하게 했다. 이것이 고통이 가진 유일한 가치다.

　일기와 자서전은 바로 이런 자기가 자기를 납득할 수 있는 앎에 도달하여 스스로를 인정하기 위한 고군분투다. 이것이 근대 초기에 일기와 자서전 쓰기가 그토록 붐을 이룬 이유다. 부르주아를 중심으로 스스로에 대한 자의식을 가지기 시작하면서 사람들은 자기에 대해 글을 쓰기 시작했다. 반대로 말하면 이런 자기에 대한 글쓰기는 자기의 내면세계에 '자기의 복수성'을 구축하는 과정이기도 했다. 이런 구축에 대한 이해가 없이 글쓰기를 그저 자기 표현과 성찰의 과정으로만 생각하는 것은 근대적 주체인 개인의 발명에서 글쓰기가 가진 의미를 형편없이 축소하는 것이다.

글쓰기는 그저 자신의 삶을 돌아보는 '성찰의 도구'이기만 한 것이 아니라 인간 존재의 근본적 조건인 복수성을 짓는 '구축의 도구'이기도 한 셈이다. 글쓰기를 통해 사람은 자기 자신과 동행할 수 있었다. 동행이 있을 때 사람은 동행의 말에 자신을 비추어보고 그 말에 응답하면서 자신의 말과 글을 쓸 수 있었다. 말과 글의 자리는 그라운드 제로가 아니라 '곁'이었다. 곁에서 말과 글이 나오고, 말과 글을 통해 곁이 생긴다. 말과 글을 만들고 또 그 말과 글을 만들 수 있는 곁을 만드는 것, 그것이 바로 '동행'이다. 글을 통해 사람은 자기 자신과 동행할 수 있게 되었다.

2

고통의 곁에도
곁이 필요하다

고통의 곁에 선 사람을 지키는 법

고통을 겪는 이에게 절망은 이 고통이 끝나지 않을지도 모른다
는 것이다. 반면 고통의 곁에 있는 이에게 절망은 고통을 겪는
이가 그 절망에서 벗어나지 못하고 곁에 서 있는 자신을 끝끝내
보지 못할지도 모른다는 것이다. 언젠가 절망에서 벗어나 곁에
있는 자신의 얼굴을 보고 힘을 내며 응답할 것이라는 희망이 무
너지는 것이다. 응답하지 않을 사람의 곁을 끝까지 지키는 것은
거의 불가능에 가까운 일이다.

　재희도 알고 있다. 어머니가 마음을 바꾸어서 자신의 얼굴
을 보고 응답하기에는 몸도 마음도 많이 노쇠해지셨다. 더구나

어머니의 일생 자체가 그런 '변화'를 허용하지 않을 것이다. 어머니가 아니었다면 당시의 많은 한국 가족들이 그러했듯이 재희네 집은 중산층에 진입하지 못했을 것이다.

어머니는 평생을 자기가 옳다는 확신으로 사셨다. 어머니는 틀릴 수가 없었다. 자신이 틀렸다고 생각하는 순간 어머니도 무너졌고 집도 무너졌다. 이런 점에서 어머니는 무조건 옳아야 했던 분이다. 자기 확신으로 버틴 사람이 이제 몸이 무너졌다고 그 마음을 바꿀 리 없었다. 아니, 오히려 그렇기에 더 몸의 변화를 부인했다. 자기 몸이 그럴 리가 없는 것이다. 과거에는 어머니의 '억척스러움'이 집안을 일으켰지만 이제는 그것이 어머니를 무너뜨리고 있었다. 하지만 재희가 보기에 이걸 어머니가 받아들일 것 같지는 않았다.

처음에는 재희도 어머니의 마음을 바꾸기 위해 많이 노력했다고 한다. 어머니에게 나이가 들어가고 있다는 것을 받아들이시라고 했고, 어머니가 잘못 생각하고 있는 것들을 알려드렸고, 재희를 비롯한 남의 이야기를 들으시라고도 했다. 간절하게 이야기하기도 했고, 야단을 치기도 했고, 싸움을 하기도 했다. 계속 이런 식이면 더 이상 찾아오지 않겠다고 협박을 하기도 했고, 실제로 감행하기도 했다. 그러나 그 모든 것은 씨알도 먹히지 않았다.

고통이 만든 절망의 구덩이에서 벗어나지 못하는 어머니를 보며 재희도 절망했다. 언제까지 버틸 수 있을지 자신도 없었다. 긴병에 효자 없다는 말이 절실하게 와닿았다. 어머니를 바꿀 수 없다면 자기를 바꾸자고 수도 없이 마음을 먹었지만 그게 그리 쉬울 리 없었다. 사랑이라는 이름으로 가해지는 '현존의 강요'를 언제까지 견딜 수 있을지 몰랐다.

고통은 곁을 고통에 빠뜨린다
그 곁에게도 다른 누군가가 필요하다

"버틸 수 없다면 버티지 마라." 재희가 그 형제자매들에게 듣는 말이다. 재희에게는 형제자매가 여럿 있다. 전국 각지에 흩어져 있다. 재희가 어머니를 돌보게 된 것은 그가 어머니와 같은 지역에 살기 때문이다. 이런 재희에 대해 모든 형제자매들이 고마워했다. 그들은 어머니를 걱정하는 만큼이나 그 어머니를 돌보고 있는 재희를 걱정했다. 쉬운 일이 아니고 끝도 없는 일이라는 것을 그들도 잘 알고 있었기 때문이다.

재희가 무너지면 어머니를 돌보아야 하는 게 자신들의 일이 될까봐 두려워서 그런 것은 아니었다. 그들에겐 그들의 어머니만큼이나 재희도 소중한 사람이었고 고마운 사람이었다. 어머니를 돌보는 일과 관련해 재희가 무언가를 요청해오면 형제자매들은 무조건 함께했다. 또한 자신들이 보기에 어머니를 돌보는 일에 재희가 혹시 무리라도 하는 것 같으면 오히려 그들이 말렸다. 할 수 있는 한계를 넘어서는 순간 재희도 무너질 수 있기 때문이었다. 재희가 어머니 고통의 곁을 지키고 있다면, 그들은 그 곁의 곁을 지키려고 노력했다.

여기서 주의 깊게 차이를 살펴보아야 한다. 고통과 그 고통의 곁에 놓인 고통의 차이에 대해서 말이다. 앞에서 말한 것처럼 고통이 만드는 절망은 끝이 없을 것이라는 절망이다. 이 절망에 의해 '그라운드 제로' 상태가 되면 바깥이 없어진다. 상대의 얼굴을 보지 않는다. 응답을 기대하는 말을 하는 게 아니라 옆에서 그냥 현존하며 목석처럼 듣는 것만을 바란다. 그러다가도 듣기만 한다고 버럭 화를 냈을 때 그 화를 받아주기만을 바란다. 그게 현존의 강요다.

반면 '고통의 곁'의 고통은 그가 끝까지 응답하지 않을지 모른다는 절망이다. 고통이 타자를 삭제해버린다면 고통의 곁에는 응답이 삭제된 타자만 있다. 응답이 삭제된 것은 고통의 당사자이지 그 곁에 선 이가 아니다. 다른 말로 하면 고통의 곁에서 고통받는 이는 고통의 당사자와는 달리 여전히 말할 수 있는 상태다. 그리고 그 말을 나누면서 상대의 말을 들을 수도 있다.

이것이 고통의 곁과 그 곁의 곁 사이의 결정적 차이다. 고통은 그 곁에 말할 사람이 있어도 그 사람을 보지 못한다. 그 사람을 보고 말하지 않는다. 반면 고통의 곁에 선 이는 여전히 말을 할 수 있다. 자기 말을 들을 사람을 필요로 한다. 그 사람이 자기의 말에 응답했을 때 숙고한 다음 그 말에 답할 수 있다. 그는 응답을 바라며 말하고 응답에 응답한다. 고통이 자기에게 함몰되어 말하는 법을 잃어버린 것이라고 한다면, 고통의 곁에는 이 힘이 아직 보존되어 있다.

이 차이를 아는 것이 중요하다. 고통의 곁에 서는 것은 불가능한 것을 요구한다. 그래서 고통이 곁을 고통에 빠뜨린다. 곁에 선 이는 그저 현존하기만 하는 '식물' 아니면 '신'과 같은 존재가 되기를 강요받는다. 따라서 그 곁에 선 이에게 신이 아니라 인간으로 돌아가게 하고, 인간으로서의 숨구멍을 틔워주는 것은 고통의 당사자가 아니라 고통의 곁이 된 이의 곁에 서 있는 누군가다. 고통에 곁이 필요한 만큼 고통의 곁에도 곁이 필요하다. 곁이 없는 고통의 곁은 인간으로서 지속될 수 없다.

재희는 자신의 곁에 형제자매들이 있다는 것을 안다. 어머니가 계신 집에 모두 모이면 형제자매들은 어머니보다 더 많은 시간을 재희와 함께 보낸다. 어머니는 때로 "너희는 왜 나하고 시간을 안 보내고 재희하고 더 많은 시간을 보내냐?"고 투정하지만, 그때마다 형제자매들은 단호하게 대답한다. "재희도 쉬어야 하고 말할 사람이 필요해요."

그저 위로 차원이 아니다. 보통 어머니의 상태와 동향, 그리고 앞으로 어떻게 하는 게 좋을지 등으로 이야기를 시작하지만, 곧 서로 사는 이야기, 특히 나이 들어가며 느끼는 것에 관한 이야기를 나눈다. 과거를 떠올리며 즐거워하기도 하고 미래에 어떻게 살 것인지에 대한 몽상을 나누기도 한다. 의지할 수 있어서 좋고, 앞으로 서로 의지할 것을 다짐하는 자리이기도 하다. 어머니의 고통에 재희가 동행하고 있다면 재희와 동행하기 위해 형제자매들은 노력한다.

재밌는 것은 형제자매들과 이야기를 나누며 어머니에 대한 재희의 생각이 많이 바뀌었다는 점이다. 사실 재희는 주변 친구들의 어머니가 다들 부드럽고 순한 분들이어서 자기 어머니의 격렬함을 받아들이기 힘들어했다. 한 친구의 어머니는 동네에서 성불한 사람이라는 칭찬을 듣는 분이었다. 늘 불경을 필사하며 여생을 보내셨다. 그분이라고 아픈 곳이 없을 리 없었지만 크게 내색하지 않으셨다.

다른 친구의 어머니는 요실금에 방광까지 문제가 생겨 수시로 밤에 화장실을 왔다갔다 하셨다. 그러나 티를 내지 않으셨다. 그 친구는 어머니의 방광에 문제가 있다는 것을 한참이 지나서야 알게 되었다고 한다. 어느 날 어머니 집에 찾아갔다가 밤에 보니 어머니가 계속 화장실을 들락날락하는 것을 보고서야 알게 되었다는 것이다. 그 어머니는 "나이가 들면 다 그렇지, 뭐"라고 말했다. 친구는 그제서야 어머니를 병원으로 모시고 갔다고 한다.

재희는 이 이야기를 하며 자기 어머니는 완전히 달랐다고 말한다. 어머니는 화장실 가는 횟수가 조금만 더 늘어도 못 참았고 반대로 조금만 더 줄어도 못 참으셨다. 그러니 자기 친구들의 어머니와 비교하며 이런 어머니가 유난스럽다는 생각을 지울 수가 없었다. 그런데 형제자매들과 이야기해보니 자기 친구 부모들의 경우가 특이할 수도 있겠다는 생각을 했다고 한다. "이야기를 안 나눴으면 난 우리 어머니만 별나다고 생각했겠죠. 그런데 언니와 이야기를 나눠보니 언니 친구 어머니들은 다 우리 어머니와 비슷하더라고요. 깜짝 놀랐어요."

언니 친구들의 어머니 중에서는 자식들이 자기 마음에 들게 행동하지 않는다고 병원에 가는 걸 거부한 분이 있었다고 한다. 그 이야기를 들으며 재희는 "아니, 그러면 안 데려가야지!"라고 저도 모르게 말했다. 그러자 언니가 "그럼 너는 어머니가 병원 안 가겠다고 하면 어떻게 하겠니?"라고 묻자 그게 그렇게 쉬운 게 아니라는 걸 알았다고 한다. 그 자식이 어머니 앞에서 무릎을 꿇고 머리를 조아리며 제발 병원 같이 가달라고 해서 겨우 모셔갔다는 이야기를 전해주면서 재희는 "우리 어머니는 양반이더군요"라고 말했다.

고통의 곁 옆에 또 다른 곁이 있을 때
그는 기약 없는 희망을 포기하지 않을 수 있다

이런 비교의 이야기는 단지 더 불행한 이야기, 더 지독한 이야기를 들으며 내 경우는 그래도 낫다는 식의 위안에 그치는 것이 아니다. 그것은 세상에 '다양한 사람들'이 있다는 것을 넘어 그 어머니들이 살아온 시대에 관한 이야기로 흘러갔다. 그때 여성들의 삶이 어떠했는지, 어머니처럼 억척스럽지 않았다면 어떻게 버틸 수 있었겠는지에 대한 말로 이어졌다. 전문 지식은 없지만 그런 이야기를 나누다 보면 떠오르는 소설도 있고 드라마도 있었다. 그런 대화가 아니었다면 다 잊어버렸을 것들이었다.

형제자매뿐만이 아니다. 친구들도 있다. 재희는 한 친구로부터 아무도 이야기를 나눠주지 않는다며 늘 불평하던 자기 어머니가 급기야 방에 들어온 사마귀를 놓아주지 않고 한동안 그 사마귀와 이야기를 하더란 말을 들었다고 한다. 재희는 "우리 어머니는 그 정도는 아니지!"라고 말했다. 내가 재희에게 영화 〈공동정범〉에 나온, 달팽이와 이야기 나누는 사람의 에피소드를 말해주자 바로 딱 그렇다고 신기해하며 재미있어했다. 재희는 언니나 나와 같은 친구와 나누는 이런 이야기를 "재밌는 이야기"라고 불렀다.

이게 바로 고통과 고통의 곁의 차이다. 고통은 이야기를 들을 줄 모른다. 이야기를 듣고 이야기를 만들어가지 못한다. 고통의 이야기는 각각 고통의 순간들에 대한 푸념과 한탄, 원망과 분노로 끊어져 있다. 내가 『단속사회』에서 쓴 개념대로 말하면 단속되어 있다. 이어짐이 끊어져 있다. 이야기와 이야기가 끊어져 있고, 이야기를 나누는 사람과 이야기를 나누는 사람이 끊어져 있다. 그렇기에 이 이야기에는 보태고 나누는 것이 없다. 그러니 재미도 없다. 이어지지 않으니 이야기도 아니다.

반면 고통의 곁에는 말하고 듣는 힘이 남아 있다. 그렇기에 고통의 곁과 그 곁 사이에서는 이야기가 이어지고 만들어진다. 곁에 서 있는 사람의 말에 다른 사람의 말이 보태지고, 그 말에 또 곁에 선 이의 응답이 이어지면서 이야기가 만들어진다. 명령하고 금지하는 말이 아니라, 보태고 나눌 수 있고 또 다른 이야기로 이어지니 듣는 이에게 생각할 수 있는 게 생긴다. 그래서 재희는 이런 이야기를 "재밌다"고 말한다. 아무리 곁이 있다고 하더라도 고통 자체에서는 이런 것이 나오지 않는다. 고통의 곁에서만 가능한 것이 바로 이 '이야기'이며 이야기가 주는 재미다.

재희는 형제자매들이 자기에게 고마워하고 함께하기 위해 노력하고 있다는 것을 잘 알고 있다. 그래서 형제자매들이 고맙다고 말할 때마다 "그런 말 하지 마. 내가 할 수 있으니까 하는 거야. 못할 것 같으면 언제든지 말할게"라고 대답한다. 당연히 힘들지만 "너희들과 함께 이야기할 수도 있고 해서 아직까지는 괜찮아"라고 말한다. 이러한 곁이 없다면 '고통의 곁'은 결코 오래 버틸 수 없다.

재희도 이것을 잘 알고 있다. 고통의 곁을 지키는 다른 친구들의 경우를 보면 잘 알 수 있다. 환우회 모임에 나가봐도 그랬고, 주변의 이야기를 들어봐도 그랬다. 보통 오랜 병환으로 부모가 곁을 파괴하기 시작하면 모두들 도망가기 바빴고 한 명이 '독박'을 쓰는 경우가 많았다. 처음에는 고통의 곁을 지키는 형제자매에게 고마워하지만 시간이 지나면 고마움은 사라지고 부담스러워하는 경우가 많아졌다. 고통의 곁을 지킨다는 이유로 자신들에게 '무리한 것'을 요구할지 모른다며 피하고 급기야는 관계가 단절되었다.

이렇게 되면 고통의 곁은 양쪽 모두에서 파괴된다. 고통은 자신을 지키고 있는 곁을 모른다. 곁에게 현존을 강요하며 곁을 파괴한다. 반대쪽에서는 고통의 곁을 지키고 있는 자신의 곁이 점차 사라진다. 종국에는 고통의 곁에는 고통만이 남게 된다. 사정이 이렇게 되면 곁 역시 자신의 고통에 함몰되고 붕괴한다. 고통의 곁이야말로 완벽하게 홀로 버려지는 외로운 상태가 되고 만다. 그것도 고통처럼 아예 바깥이 붕괴한 외로움이 아니라 바깥밖에 남지 않은 외로움 말이다.

그렇기에 우리는 여기서 고통과 연루된 두 개의 곁이 있다는 것과 그 차이를 알아야 한다. 먼저 고통의 곁이 있다. 이 곁에게 강요되는 것은 인간이 감당할 수 있는 것이 아니다. 현존의 기쁨이 현존의 고통으로 전환되는 것이 고통의 곁이다. 이 곁에서 오래 버티기를 요구하는 것은 그 자체로 곁에 선 이를 파괴하는 폭력이다.

그리고 그 곁의 곁이 있다. 고통의 곁에 선 이는 고통을 겪는 이가 아니라 자신의 곁에 선 이와 말을 나눌 수 있다. 여기가 바로 고통에 관한 이야기가 만들어지고 전해지는 자리다. 고통의 곁에 선 이의 옆에 다른 곁이 있을 때, 그는 고통의 곁을 견디며 고통에 관한 이야기를 만들어갈 수 있다. '곁의 곁'이 없이 '곁'만 강조하면 그 곁은 붕괴하게 된다.

고통은 동행을 모른다. 동행은 그 곁을 지키는 이의 곁에서 이뤄진다. 그러므로 고통을 겪는 이가 자기 고통의 곁에 서게 될 때 비로소 그 곁에 선 이의 위치는 고통의 곁의 곁이 된다. 이렇게 고통의 곁에서 그 곁의 곁이 되는 것, 그것이 고통의 곁을 지킨 이의 가장 큰 기쁨이다. 그렇게 되었을 때 비로소 고통의 곁에 선 이는 고통을 겪는 이와 이야기를 나눌 수 있게 된다. 반대로 말하면 고통의 곁을 지키는 이에게 곁이 있을 때, 그 곁을 지키는 이는 이 기약 없는 희망을 포기하지 않을 수 있다. 관건은 고통의 곁, 그 곁에 곁을 구축하는 것이다.

3

'지금 당장'에서
'지금 여기'로 나아가기

고통을 매개하는 간극과 시야가 필요하다

선아는 얼마 전 있었던 일을 나에게 말해줬다. 어머니를 모시고 친구들과 함께 들판을 걷는데 강에 오리 떼가 헤엄을 치며 가고 있었다. 그중 한 마리가 따로 떨어져 있었다고 한다. 선아가 무심결에 "어머, 저 오리는 혼자 떨어져 있네"라고 말했는데 사람들 반응이 정말로 다 달랐다고 한다.

늘 사람과 함께 지내야 한다고 생각하는 친구는 그 오리에게 "저렇게 혼자 떨어져 있으면 안 되지. 다른 무리 속으로 들어가야지, 왜 저렇게 혼자 있는 거야"라고 말했다고 한다. 활발하게 살다가 나이가 들어 집에 혼자 있는 선아의 어머니는 "불쌍

하다. 쟤는 무슨 일이 있어서 저렇게 혼자 왕따가 되었을까?"라
고 했단다. 그리고 결혼해서 잘 살면서 늘 혼자 여행도 잘 다니
는 친구는 "뭐가 문제야. 저렇게 혼자 자유롭게 다니면 되지"라
고 말했다.

선아는 이 이야기를 들으면서 정말 신기했다고 한다. 홀로
노는 오리 한 마리를 가지고도 사람들이 전혀 다른 생각을 할
수 있으며, 그 각각의 생각에 그 사람들이 살아온 방식과 지금
겪고 있는 문제가 고스란히 드러난다는 것이 말이다. 오리 이야
기를 하고 나서 같이 길을 걷던 이들은 제각각 자기의 신세 한
탄을 풀어냈다. 누가 억지로 고백하라고 하지도 않았고, 눈치를
보며 말하지 않아도 되었다.

길을 걸으면서 이야기를 나누면 우연히 눈에 보이는 것을
놓고 이야기하게 된다. 눈에 보이는 것들이 말 걸기의 도구가 된
다. 이렇게 말을 건다면 각자가 겪고 있는 일을 직접적으로 이야
기하지 않아도 된다. 말 걸기의 도구 없이 각자의 이야기를 풀어
내면 듣는 이는 상당한 윤리적 부담을 느낀다. 그의 말에 맞장
구를 치거나 판단을 해야 하기 때문이다. 그저 흘려들을 수도 없
고 자기 생각을 다른 데 빗대어 말하기도 어렵다. 중간에 매개하
는 것이 없기 때문에 가치관과 판단이 직접 충돌하게 된다.

이에 반해 길을 걸으며 이야기하게 되면 '오리'처럼 가치관
을 매개하는 것들이 수도 없이 주어진다. 꽃을 보면서 누구는

"나는 노란색 꽃이 참 좋아"라고 말을 꺼내놓고서도 "하지만 저렇게 진한 노란색은 부담스러워. 너무 진하잖아. 좀더 평범한 색깔의 꽃이 난 더 좋더라. 그러고 보니 나는 초록색도 너무 진한 초록은 부담스러워서 싫어. 대신 연두색이 좋더라고"라고 말할 수 있다. 그 이야기에는 이미 이 사람이 겪어왔고 겪고 있는 일들과 그 고단함이 묻어 있다.

이런 말을 듣고서 "너는 어떻게 그렇게 말할 수 있니?"라고 말하는 사람은 없을 것이다. "어, 너는 그렇니? 나는 좀더 화려하고 진한 색깔의 꽃이 좋던데"라고 말할 뿐이다. 그렇게 말하고 나서 자기가 왜 그런 꽃을 더 좋아하는지를 이야기할 수 있다. 그러나 길을 걸으며 이야기 나누는 사람들은 다 안다. 그게 꽃에 관한 이야기일 뿐만 아니라 살아온 나날들, 그리고 살아가고 있는 지금에 관한 이야기라는 것을 말이다.

그 이야기들은 이야기와 이야기로, 생각과 생각으로, 판단과 판단으로 부딪치지 않고 서로에게 말을 건다. 부딪치지 않고 서로에게 말을 할 수 있고, 그 이야기를 하며 자기를 발견할 수 있다. "확실히 앉아서 이야기 나누는 것과 길을 걸으며 이야기 나누는 건 달라요. 앉아서 이야기를 나누다 보면 반발이 생기거나 억울함이 들 때도 많은데 걸으면서 이야기를 나누면 이상하게 그럴 수도 있겠다는 생각이 들면서 여유로워지는 것 같아요."

"오리 이야기를 들으면서 나는 정말 깜짝 놀랐어요. 저 오리

한 마리를 보면서도 다들 다른 생각을 하고 있구나 하면서 말이에요. 그리고 내가 별생각 없이 그 오리를 바라보고 있다는 것을 알게 되고, 나는 왜 이렇게 생각하는지를 생각하게 된 거고요." 처음 집단 상담과 마음 수양을 하면서 가졌던 기쁨을 선아는 다시 길을 걸으며 느낀다고 했다. 자기에 대해 생각하고 자기를 발견하는 기쁨 말이다.

'지금 당장'의 강박에서 해방될 때
나를 돌아볼 수 있는 시야가 생긴다

다른 충격적인 사건이 직접적인 계기가 되긴 했지만, 선아가 상담과 수양을 그만두게 된 것은 오가는 이야기들이 너무 직접적인 판단이었기 때문이다. 처음에는 자기가 무슨 말을 했을 때 돌아오는 사람들의 반응을 '다른 생각'이라고 여겼다. 그런데 점차 시간이 지나면서 살펴보니 그것은 '다른 생각'이 아니라 '가치 판단'이었다.

물론 처음에는 그것이 자기를 돌아보는 데 도움이 되었다. 하지만 시간이 갈수록 부담스러웠다. 자기 생각이 판단받고 있다는 생각을 하게 되자 생각할 여유를 갖는 게 아니라 죄책감과 자책, 혹은 분노가 올라오는 경우가 많아졌다. 자기 또한 다른 사람에게 그렇게 판단을 돌려주는 것이 부담스러웠다. 이 때문에 이야기를 나눌 때 이야기가 이어지는 게 아니라 조심하면서 끊어지는 경우가 있었고, 그럴 때마다 마음이 무거워졌다.

앉아서 이야기할 때는 상대방의 말에 고도의 집중을 하는 것 같지만 동시에 나는 어떻게 대답해야 할지를 집중적으로 생각해야 했다. 그러다 보니 듣는 데 집중하는 것처럼 보이지만 실제로는 오히려 건성으로 듣게 되었다. 그 사람 말을 듣는 것보다 그 사람 말에 반발하게 되면서 실제로 대답을 하건 하지 않건 자기 생각을 하느라고 바빴기 때문이다. 몸은 듣는 것에 집중하는데 마음은 자기 생각에 집중하다 보니 이중으로 피곤했다.

자기 생각에 집중하는 것도 문제였다. 이런 생각은 상대의 이야기에 대한 판단이다 보니 구체적인 것을 떠올리기보다는 이야기에 동의하거나 반박하는 식으로 '옳고 그름'을 가늠하는 데 머물렀다. 여기서는 자기의 모습을 발견하기보다는 자기를 방어하거나 혹은 반성하거나 하는 양자택일만 있었다. 방어하다 보면 공허했다. 반성에 집중하면 이번에도 내가 잘못했구나 하는 자책만 늘었다. 다른 사람에 비추어 자기를 발견하는 과정에서 점점 더 비켜져 갔다.

길을 걸으며 이야기 나눌 때는 상대 이야기를 듣는 것과 자기에 집중하는 것, 이 두 가지가 동시에 잘 된다. 상대 이야기를 들으며 굳이 내 판단을 바로 말하지 않아도 된다. 그렇기 때문에 한참을 길게 들을 수 있다. 앉아서 이야기할 때처럼 바로 반박하듯이 말하지 않아도 된다. 부담스러운 말은 흘려들으며 다른 것을 봐도 무방하다. 같이 걷기 위해 같이 있는 것이지, 말하기 위해 같이 있는 게 아니라는 걸 상대도 알기 때문이다. 걷기가 생각과 생각, 말하기와 말하기 사이를 띄워주고 완충해준다.

그렇기에 상대의 이야기를 충분히 듣고 난 다음에 자기에게 집중할 수 있다. 재밌는 이야기였으면 그 이야기를 듣고 내 생각은 어떤가에 집중한다. 자기를 발견하기 위해 집중했을 때 상대방이 왜 대답이 없냐고 다그치는 경우도 별로 없다. 자기가 말을 하고 난 다음에 상대가 무언가를 골똘히 생각하고 있는 것을 발견하면 말을 하던 사람은 오히려 말하기를 멈추고 그에게 생각할 시간을 준다. 혹시 자기 말이 부담스러워서 그가 피하는 것 같으면 그 역시 말하기를 중단하고 다른 화제로 돌린다. 그렇지 않으면 같이 걷는 것이 망가지고 중단되기 때문이다.

앉아서 이야기하는 것과 걸으며 이야기하는 것의 차이가 만들어지는 이유는 '세계' 때문이다. 앉아서 이야기할 때 만들어지는 세계는 앉아 있는 사람들 '사이'에 있다. 이 사이의 바깥은 무시된다. 앉아서 이야기를 하며 이야기를 나누는 사람들 '사이'의 바깥을 바라보는 일은 매우 드물다. 반면 걸으며 이야기하는 것은 다르다. 걸으며 이야기할 때 이야기를 나누는 사람들은 바깥이라는 세계 '안'에 말을 나누는 이들의 '사이'가 들어가 있다.

바깥이 세계이기에 언제든 바깥에 눈을 돌리며 동시에 말을 나누는 이들 사이에 머무를 수 있게 된다. 바깥이 존재하며 머무르되 벗어날 수 있음, 이것이 앉아서 이야기하는 것과 걸으며 이야기하는 것의 결정적 차이다.

걷기는 이처럼 눈에 보이는 것을 말 걸기의 도구로 삼아 생각과 생각, 말하기와 말하기를 매개하며 동시에 직접적으로 이들이 부딪치지 않도록 완충한다. '지금 당장' 대답할 것을 요구하지 않으며 '지금 당장' 대답해야 한다는 강박에서 벗어나게 한다. 그의 이야기와 나의 이야기가 서로의 이야기에 대한 '지금 당장'의 도덕적·윤리적 판단이 되는 부담에서 벗어나게 해준다. '지금 여기'에서의 걷기가 둘 사이의 이야기를 '지금 당장'에서 해방시켜준다. 그렇기에 걸으면서 나누는 이야기는 앉아서 나누는 이야기보다 훨씬 더 여유롭고 사람의 숨통을 틔워준다.

걷기는 말과 이야기를 '지금 당장'에서 '지금 여기'로 전환시킨다. '지금 당장'은 '실시간'을 말한다. 우리는 이야기를 나누면서도 늘 '지금 당장' 반응해야 하고 '지금 당장' 판단해야 한다는 강박에 시달리고 있다. 그렇게 말하지 않으면 말하지 못한다고 생각하고, 그렇게 대답하지 않으면 그건 대답을 거부한 것이라고 생각한다. 그렇기에 '지금 당장'이라는 시간은 우리에게서 생각할 수 있는 시간을 앗아간다. 생각하지 않고 판단해야 하며, 생각하지 않고 말해야 한다. '지금 당장' 반응하는 것이 마치 상대에 대해 '윤리적'인 것처럼 되었다.

그러니 이야기와 이야기가 생각으로 매개되지 못한다. 그러한 이야기들끼리는 서로 부딪칠 수밖에 없고, 말을 하면 할수록 말하는 이를 성찰로 이끌기보다는 자기 이야기를 방어하기 위한 공격으로 내몬다. 여기서는 이야기를 나누는 것을 통해 알지 못하던 자기의 새로운 모습을 발견할 수도 없고, 그 새로운 모습에 대해 성찰할 수도 없다. 자기를 발견할 수 없다. 이미 발견된 자기를 지키는 것만 있을 뿐이다.

실시간으로 대화하고 실시간으로 생각하고 실시간으로 판단하는 것은 사람을 늘 조급하게 몰아간다. 그래서 늘 바삐 생각해야 한다. 과거를 돌아보고 미래를 생각하는 것이 아니라 지금 당장 주어진 것에 대해 '빨리빨리' 반응하는 것만 가능하다. 그렇게 반응하지 않으면 사람을 무시하는 것으로 취급받기 때문에 더더욱 즉각적으로 반응해야 한다. 당연히 이런 즉각적 반응에서는 새로운 언어가 생길 수 없다. '빨리빨리' 반응하기 위해서는 새로운 언어를 만드는 것이 아니라 이미 있는 언어에 기댈 수밖에 없기 때문이다. 이미 있는 언어, 이것이 내가 말한 '주문'이다.

고통에 대한 이야기를 나눌 때는 더더욱 그렇다. 고통에 처한 사람은 자기 이야기를 듣는 사람이 즉각적으로 반응해주기를 바란다. 그에게 고통은 실시간으로 느끼는 것이기 때문에 그렇다. 내 고통이 실시간인 만큼 그에 대한 상대의 반응도 실시간이기를 바란다. 그렇기에 고통에 처한 사람은 자기의 '절규'를 듣는 사람이 즉각 반응하지 않으면 그가 나의 고통을 무시하고 있다고 생각한다. 재희 어머니가 늘 화가 나 있는 것이 바로 이런 이유다. 자기의 절규에 대해 식구들의 반응이 즉각적이지 않기 때문이다. 고통은 사람을 실시간으로 몰아넣고 그에 대해 응답해야 하는 사람도 실시간으로 몰아넣는다.

사실 이런 점 때문에 고통에 처한 사람은 잘 걸으려고 하지 않는다. 지금 당장 말을 해야 하고 그 말을 하고 나서는 지금 당장 상대가 반응해주기를 바라기 때문에, 걷기가 만들어내는 '여유로움'과 '매개'를 답답해한다. 걷는 것이 귀찮다고 말하고 무의미하다고 말한다. 앉아서 하염없이 하소연하거나 혹은 홀로 웅크리고 돌아누워 있으려고 한다. 세상에서 제일 힘든 일 중 하나가 고통을 하소연하는 사람을 일으켜 걷게 하는 일이다. '지금 당장'의 고통은 사람을 '지금 당장'에 묶어놓고 좀처럼 벗어나지 못하게 한다.

일단 걷고 나면 사정이 조금씩 달라진다. 이것은 걷기가 만병통치약이라는 말이 아니다. 걷기가 주는 것과 같은 매개와 완충, 머무름과 벗어남이 회복되어야 한다는 말이다. 이야기를 나누는 사람들 사이에 만들어지는 세계만이 아니라 그 관계가 담겨 있는 바깥이라는 세계가 있어야 한다. 그래야 그 관계 안에 함몰되지 않을 수 있다는 것이다. 걷기 이외에도 같이 음식을 만들며 이야기를 나누거나 그림을 그리며 이야기를 나누는 것 등 많은 것들이 매개와 완충, 머무름과 벗어남을 가능하게 하는 방편이 된다. 이렇게 고통의 '지금 당장'에서 해방될 때 비로소 나를 돌아볼 수 있는 것들이 눈에 들어온다. 자신의 고통에 매몰되어 있는 고통의 당사자의 눈에 다른 것들이 들어오게 한다.

비록 그것이 잠시라고 하더라도 다른 것들이 눈에 들어옴으로써 고통에 처한 사람의 이야기가 고통에서 벗어나 다른 것들에 관한 이야기로 넘어갈 수 있다. 다른 것들에 관해 이야기하는 동안에 그는 고통의 '지금 당장'에서 벗어날 수 있다. 고통이 만들어내는 '실시간'이라는 시간에서 해방되기 때문에 자기를 돌아보고 발견할 수 있게 된다. 자신에 대한 성찰과 발견은 이처럼 타자의 매개를 통해 완충될 때만 가능한 것이다.

말할 수 없는 고통의 외로움은
사람과 사람 사이를 통하게 한다

자기 고통의 '지금 당장'에서 벗어날 때 비로소 보이는 것이 다른 사람의 고통이다. 그 무엇보다도 다른 사람의 '고통'이 눈에 들어오는 것은, 그 자신이 고통에 예민해져 있고 고통을 겪는다는 것이 어떠한 것인지 절실히 알고 있기 때문이다. 고통을 겪는 사람들은 타인의 고통에 대한 민감도가 높아지는 것이다. 선아는 처음 사람들과 함께 걸었을 때 자기 고통을 그들에게 말하는 데 더 많은 시간을 들였다고 한다. 그러면서 자기가 고통의 당사자이니 같이 걷는 사람들이 자기 이야기를 들어줘야 한다고 생각했다. 상대의 이야기를 듣기보다는 자기 한탄을 할 수 있는 기회라고 여겼다.

그런데 선아가 사람들과 함께 걸으면서 자기의 이야기 사이사이에 그들의 이야기가 들어오는 것이 보였고 그 이야기를 듣게 되었다. 흔한 말이지만 자기만이 아니라 모두에게 다 각자의 고통이 있었다. 종류와 강도, 그리고 대처법은 다르지만 말이다. 다른 사람의 고통이 보이고 그 고통에 관한 이야기를 들으면서 선아가 깨닫게 된 것이 있다. 고통을 겪는 이들이 한결같이 동시에 겪는 것이 바로 고통이 야기하는 또 다른 고통인 '외로움'이라는 것을 말이다.

고통은 외로움이 예외적인 것이 아니라 인간의 보편적인 존재 양식임을 알게 한다. 고통에 처했을 때야 비로소 우리는 우리가 얼마나 외로울 수밖에 없는 존재인지를 알게 된다. 그 외로움 때문에 우리는 고통의 절대성에 매몰되고 자신의 고통을 '지금 당장'에 묶어버린다. 그 결과 우리 모두의 고통이 다 절대적이라는 것을 잊어버리고 자기의 고통만이 절대적이라고 생각하게 된다. 자기의 고통에 함몰되는 것이다.

그러나 매개와 완충을 거친 걷기의 이야기는 나의 고통만이 아니라 너의 고통도 그만큼 절대적이라는 것을 알게 한다. 내 고통이 절대적이기에 너의 고통은 상대적이고 사소한 것이라며 타인의 고통을 무시하고 파괴하는 것이 아니라 이 두 고통 모두 절대적인 것이기에 결코 다른 사람과 나눌 수 있는 게 아니라는 것, 그렇기에 존중받아야 한다는 것을 알게 한다.

고통의 '지금 당장'이 사람을 '나만 고통스럽고 버림받았다'라는 생각에 머물게 한다면, 같이 걷고 이야기하며 알게 되는 '지금 여기'는 '너도 외롭구나'라는 생각으로 나아가게 한다. 고통의 절대성에서 비롯된 보편성인 '외로움'에 눈뜨게 한다. 그렇게 타인과 세계에 가닿게 한다. 여기에서 고통의 당사자들은 서로의 고통에 관해 이야기를 나누지는 못하지만, 고통을 겪으며 자신들이 얼마나 외로운 존재였는지에 대해서는 말할 수 있게 된다. 고통은 말할 수 없지만, 고통에 대해 여전히 우리는 말할 수 있는 존재다.

선아가 들판을 걸으면서 발견한 것이 바로 이것이다. 다른 사람에게 자기가 겪고 있는 고통 자체에 대해서는 설명할 수 없었다. 말을 하려고 할수록 혀가 꼬였고 늘 제대로 말하지 못하고 있다는 생각이 들었다. 그래서 지금까지 하던 것을 다 그만두고 또 다른 무언가를 찾아야만 할 것 같았다. 하지만 고통에 대한 언어를 찾았다고 생각하는 순간, 자신의 고통은 손에서 빠져 나갔다. 말하면 말할수록 공허했고 나중에는 말하는 것 자체가 귀찮아졌다.

그러나 걸으면서 이야기를 나눌 때 주로 한 이야기는 고통 자체에 대한 이야기가 아니라 각자가 그 고통을 어떻게 겪고 있는지에 대한 이야기였다. 고통의 원인이나 정체에 대한 이야기가 아니었다. 대신 그 원인도 정체도 알 수 없는 고통을 각자가 어떻게 겪어내고 있으며, 그 과정에서 우리 모두는 얼마나 외로운 존재로 고군분투하는지를 발견할 수 있었다. 나도 너도 외로운 존재라는 것을 발견했을 때 반가웠다. 나만 그런 게 아니라 너도 그렇다는 것을 알았을 때, 자신이 세상에 홀로 버려진 존재가 아니라는 것을 알게 되어 반가웠다.

그 고군분투와 외로움에 관한 이야기를 하면 상대 역시 그랬다. 고통 자체에 관한 이야기는 서로를 절대성에 몰아넣어 상대의 이야기를 상대화하며 죽여버렸다. 하지만 고통을 어떻게 겪어내고 있는지, 그 외로움에 대한 이야기를 나눌 땐 서로의 이야기를 반가워할 수 있었다. 버림받았다는 생각에서 벗어날 수 있게 해주었다. 고통에 관한 이야기이면서도 기쁘게 나눌 수 있었다. 내 이야기가 상대의 이야기를 억압하는 것이 아니라 반기고 이어졌다. 상대의 이야기에 내 이야기가 보태지고, 그 이야기와 이야기가 서로를 격려하며 새로운 이야기로 샘솟았다. 이야기를 나눈다는 것이 공허한 게 아니라 기쁜 일이라는 것을 알게 했다.

고통 자체에 대해서는 말할 수 없었지만, 고통을 겪으며 홀로 고군분투한 이야기, 그 외로움에 대한 이야기는 상대와 상대의 이야기를 환대했다. 비로소 언어가 세계를 짓는 언어로 귀환한 것이다. 고통苦痛은 고통孤通이 되었다. 선아에게 걷기는 고통이 외로움을 통해 인간을 소통시킨다는 것을 깨닫게 해주었다.

4

세상을 보좌하는 글쓰기는
가능할 것인가

동원의 언어를 넘어, 동행의 언어를 찾아서

`

고통의 당사자들은 자신이 겪고 있는 고통에 대해 할 수 있는 말을 찾지 못해 어려움을 겪었다. 이들은 다른 사람들이 각자의 고통에 대해 무슨 이야기를 하고 어떻게 말하는지 궁금해했다. 고통의 문제에 대한 다른 사람들의 글을 참조하면서 무엇보다 자기와 동행하는 법을 배워 나갔다. 글은 외로운 사람들을 서로 소통할 수 있게 해주었다.

글을 특정인의 것이 아니라 모두의 것이 되게 한 것은 구텐베르크의 인쇄 혁명이었다. 인쇄 혁명은 사람들이 자신을 성찰하고 세계를 짓는 방법을 근본적으로 변화시켰다. 인쇄술이 발달하기 전까지는 자신의 고통을 이야기하고 만날 수 있는 사람이 물리적 공간에 의해 한정되어 있었다. 철학자나 수도자를 제외한다면 대부분은 마을이었다. 언어도 소통도 마을에 갇혀 있었다. 여기에는 '다른 생각'이 들어설 여지가 별로 없었다. 마을이 보유하고 있는 언어를 잘 전승받고 그걸 조금 바꾸는 정도만 가능했다.

그러나 인쇄 혁명은 사람들을 시간과 공간을 넘어 연결했다. 인쇄술의 발달은 가까이 있는 것을 밀쳐내고 멀리 있는 것을 끌어당기며 개인을 마을에서 해방하고 세계로 확장시켰다. 가까이 있는 것은 똑같아지기를 강요하여 '다른 생각'을 허용하지 않았다. 멀리 있는 것은 가까이 당길 수 있는 매체가 없었기에 존재하지 않는 것이었다. 인쇄 혁명으로 이 두 가지를 동시에 극복할 수 있었다. 멀리 있는 것을 당겨내어 다양한 다른 생각을 들을 수 있게 되었다. 그 힘으로 같을 것을 강요하는 가까운 것을 밀쳐낼 수 있었다. 가까운 것에서 멀어지고 먼 것에서 가까워지면서 그 사이에 '나'라는 개인이 들어설 자리가 만들어졌다.

사람들이 자기만의 생각을 가지기 위해서는 무엇보다 자기의 공동체로부터 해방되어야 했고, 인쇄술이 그 일을 가능하게 해주었다. 여러 가지 매체를 통해 다른 사람들의 생각이 마을로 들어왔다. 이들의 생각을 읽으면서 지금까지 '세계의 지식'이었던 마을의 생각에 의문을 품을 수 있었고, 그렇다면 과연 '내 생각'은 무엇인지를 고민할 수 있게 되었다. 사람들은 저 멀리서 오는 소식과 논쟁을 들으며 마을을 넘어서는 자기만의 생각을 가질 수 있게 되었다.

자신의 경험, 특히 자신이 겪은 고통의 경험에 대한 자기만의 생각과 언어를 고민하게 되면서 사람들이 폭발적으로 관심을 두게 된 것이 있다. 다른 사람의 삶, 즉 경험이었다. 사람들은 자기만의 생각을 가지기 위해 자기만의 생각을 가지게 된 사람들이 어떻게 그렇게 될 수 있었는지를 참조하고 싶어했다. 그 덕분에 많은 사람이 읽기 시작한 것이 다른 사람의 자서전이나 회고록, 그리고 일기와 같은 것이었다. 다른 누구에게 읽히기 위해 쓴 것이 아니라 오로지 자기에 대해 해명하기 위해 쓴 글들이 오히려 다른 사람들이 읽고 싶어하는 글이었다. '자기'에 대한 욕망이 생기면서 다들 하고 싶었던 것이 바로 그것이었기 때문이다.

이처럼 글을 읽고 쓰는 것은 자기를 만들어가는 것이었다. 자기를 만들기 위해서는 무엇보다 자기가 해명되어야 했다. 이를 위해 사람들은 자기가 겪어온 경험을 이해하고 그 의미를 찾으려고 했다. 그 경험 중에서도 가장 불가해한 것이 고통이었다. 사람들은 고통에 몸부림치면서도 왜 하필 내가 이런 고통을 겪어야 하는지, 그것을 겪는 것으로부터 무엇을 배울 수 있는지 알고 싶어했다.

고통이란 그것을 통해 배우는 것이 아무리 많다고 하더라도 겪고 싶지 않은 것이었기 때문이다. 배움을 찾더라도 고통은 그 배움을 뛰어넘으며 무의미한 것으로 만들어버렸기 때문이다. 고통은 아무것도 배우지 못한다 하더라도 당하지 않는 것이 나았다. 그래서 당하지 않더라도 나은 것보다 더 큰 것을 찾고 배우는 것만이 고통을 겨우 감당할 수 있게 하였다. 고통이 사라지지 않는 한 사람들은 여기에 매달릴 수밖에 없었다.

공론장은 근대 사회의 근본적 토대다
바로 이곳에서 해상도 높은 글들이 유통되었다

불가해한 자기의 고통을 이해하고 말하기 위해서 제일 먼저 열린 것은 '입'이 아니라 '귀'였다. 말하기 위해서라도 들어야 했다. 사람은 다른 사람의 이야기라는 '거울'을 통해서만 자기를 볼 수 있고, 다른 사람의 언어를 도움닫기로 해야지만 자기 언어로 올라갈 수 있다. 따라서 입보다 귀가 먼저 열려야 했다. 다른 사람의 몸부림과 그 몸부림의 언어를 듣는 귀가 있어야 자기에 대해 말할 수 있었다.

　　다른 사람이라는 거울, 즉 말과 이야기를 통할 때 비로소 사람은 자기로부터 거리를 둘 수 있다. '오리 이야기'에서 선아가 다른 사람의 이야기를 통해 자기 자신에 대해 궁금해하며 자기의 생애를 돌아보고 그 이유를 재구성할 수 있었던 것처럼 말이다. 다른 사람의 경험을 참조하며 그들의 언어에 매개되어 자신을 돌아볼 때만 자기 자신에 함몰되지 않고 스스로에게 집중할 수 있었다.

이런 점에서 글을 읽으려고 하던 사람들은 '준비가 된' 사람들이었다. 이들은 들을 준비가 되어 있었다. 장 뤽 낭시Jean-Luc Nancy가 『나를 만지지 마라』에서 말한 것처럼 귀가 열린 사람들이었다. 무엇보다 이것이 강조되어야 한다. 글이 사람의 귀를 열게 한 것이 아니라 귀가 열린 사람이 글을 읽고 참조했다. 귀가 열리지 않은 사람에게는 아무리 쉬운 말로 가르친다고 하더라도 가르치는 게 불가능하다. 배우려고 하지 않기 때문이다. 배우려고 하지 않는 사람을 가르칠 수 있는 방법은 없다.

귀가 열려 들으려고 하는 사람들을 자기에게 함몰되지 않게 하면서 스스로에게 집중하게 하고 언어의 도움닫기를 할 수 있도록 해준 근대 최고의 발명품은 책과 잡지였다. 다른 사람이 했던 경험의 기록, 즉 책을 참조하면서 사람들은 자기가 겪은 것을 어떻게 적어야 하는지 견주어볼 수 있었다. 동시에 자신의 경험에 대해 어떻게 해석하고 어떤 의견을 가져야 하는지 생각하기 시작했다. 고통에 대한 기록에는 고통을 겪으며 그들이 발견한 것, 그리고 그에 대한 해석이 들어 있었다. 사람들은 이 기록과 해석을 읽으며 질문하게 되었다. "그렇다면 나는 어떠한가?"

이렇게 활자를 통해 다른 사람의 경험과 의견을 참조하며 자기의 언어를 만들기 위해 활발하게 교류하는 공간이 만들어졌다. 자기를 해명하기 위한 노력은 필연적으로 인생과 세계에 대한 인식을 필요로 했다. 삶이란 무엇인가, 인간이란 무엇인가, 그리고 사는 의미는 무엇인가, 어떤 삶이 좋은 삶인가 등등. 이런 질문들은 필연적으로 사람들에게 자신의 인생이 담겨 있는 세계인 사회에 대해 생각하게 만들었다. 세계관이 생기자 사회에 대한 비판적인 의식이 생기고 그것을 교류하게 되었다. 좋은 삶에 대한 생각은 좋은 사회에 대한 생각으로 이어졌다.

이것이 바로 근대 사회의 핵심적 역할을 담당하고 있는 '공론장'이다. 이 공론장에 참여하는 사람들이 시민이었고, 그들의 참여를 통해 정치 공동체에 하나의 공론장이 형성되었다. 참여하는 공론의 공간들은 많았지만, 그 공간들은 하나로 수렴되었다. '사회'라고 부르는 것으로 수렴되었다. 이런 점에서 찰스 테일러Charles Taylor는 하나의 정치 공동체에 하나의 공론장이 존재한다고 말한다.

공론장의 활성화는 근대 사회의 근본적 토대다. 공론장이 무너지면 민주주의도 무너지며 '정치' 공동체도 만들어지지 않고 정치 '공동체'도 만들어지지 않는다. 정치란 기본적으로 의견의 경합이기 때문에 다양한 의견들이 제출되어 서로 활발히 충돌을 일으켜야 한다. 그 충돌들은 근본적으로는 서로 적대하며 분열되어 있지만 매 순간 '협상과 타협'을 거치면서 '합의'라는 이름으로 봉합되어 '공동체'를 이룬다. 그렇기에 하나의 공론장은 하나의 정치 공동체를 만들고 유지하는 데 있어 필수적이다.

정치 공동체를 유지하고 지속하는 방법은 두 가지이다. 하나는 독재국가에서 하는 것처럼 공론장 자체를 억압하는 것이다. 허용된 말만 할 수 있고 다른 말은 억압한다. 이 통치의 핵심은 말하지 못하게 하는 데 있다. 권력을 가진 자가 말을 하고, 권력이 없는 자는 말을 억압받고 듣기만 해야 한다. 이를 통해 '정치'를 죽이고 '공동체'만 살린다. 그 결과 독재국가는 정치 '공동체'가 된다. 정치가 없는 정치 '공동체'다.

다른 하나는 정치를 활성화하는 것이다. 소위 말하는 민주주의다. 여기에서는 말하는 것이 장려된다. 말하는 것을 통해 서로의 말을 견주게 하고 그중에서 다수의 지지를 받고 합의되는 것이 잠정적으로 권력을 획득한다. 이때 '공동체'는 정치에 의해 늘 분열된 상태이지만 그 분열의 힘을 이용하여 분열을 극복해가는 역동성을 가진다. 분열을 만드는 '정치'의 힘을 통해 잠정적으로 '공동체'를 형성하고 그 공동체에 역동성을 주는 것이다. 이런 공동체는 말의 억압이 아니라 말의 생산을 통해 생명력을 가지게 된다.

책과 잡지로 대표되는 인쇄술은 이러한 말의 생산을 장려했고, 그 인쇄술이 만들어낸 거리 단축과 세계 확장은 절묘했다.

책과 잡지는 아무나 내고 싶다고 다 내는 것이 아니었다. 다양한 생각과 기발한 이야기가 꽃피었지만, 그것이 '아무것이나 다 허용된다'는 말은 아니었다. 책과 잡지에는 '편집'이 있었다. 편집의 권위와 역할은 저자만큼이나 중요했다. 이들은 아무것이나 내는 것이 아니라 자기들이 봤을 때 가치가 있는 것을 자기 이름을 걸고 발간했다. 편집을 거치며 이야기들은 글로 최소한의 '문턱'을 넘어야 했다. 그렇지 못한 이야기는 탈락했다.

이것은 글을 읽으며 자기 생각을 만드는 사람들에게도 자기 생각의 수준과 규모에 대해 생각하게 했다. 자기가 갖고 있는 생각과 언어가 어느 정도 소통될 수 있는 말이며 누구에게는 문턱을 넘을 수 없는 말인지에 대해 생각하지 않을 수 없었다. 자기의 언어에 대해 점검하는 것이 글을 읽고 쓰는 과정에 들어가 있었다. 자기와 비슷한 생각을 하는 사람들이 얼마나 되는지, 혹은 그 생각에 대해 타인들은 어떻게 생각하는지를 살펴야 했다.

이런 점에서 사람들에게 필요한 것이 '교양'이었다. 들을 준비가 되어 있던 사람들이 글을 읽고 견문을 넓혔다. 우치다 타츠루는 「표현을 세밀히 나눈다는 것」이라는 글에서 견문이 넓어지는 것을 해상도가 높아지는 것이라고 적절하게 비유했다. 교양이 쌓이면 어휘가 풍부해진다. 어휘가 풍부해진다는 것은 이전까지 분별하지 못하던 것을 더 세밀하고 정확하게 분별해낼 수 있다는 것을 말한다. 분별력이 높아지니 사물이나 사건을 바라보는 해상도가 높아진다. 더 생생하고 세밀하고 정확하게 사물과 사건을 포착해낼 수 있게 한다. 이것을 우치다 타츠루는 '교양'이라고 말한다.

사람들이 바란 것도 해상도가 높은 글이었다. 내가 생각하는 것보다는, 일반적인 것보다는 더 섬세하게 사태를 파악할 수 있는 언어가 들어 있는 글이 활자의 문턱을 넘었다. 글을 많이 읽을수록 사람들은 해상도가 높은 글을 쓰는 것이 어렵다는 것을 알게 되었다. 쉽게 쓰는 글보다 더 위험한 것은 없었다. 교양을 망쳐 세상을 흐릿하게 보는 데 머무르게 하기 때문이다. 글을 많이 읽을수록 사람들은 글쓰기에 진중해져 갔다. 글은 아무나 쉽게 쓰는 것이 아니었다.

해상도는 떨어지고 자극적 색감만 올라간
인터넷의 '세계'가 구축되었다

사실 이 '절묘함'은 어떤 소수자들에게는 매우 억압적이었다. '다수'가 될 필요는 없지만 최소한 어느 정도의 '규모'는 되어야 하며, 출판이 설정해놓은 언어의 '문턱'인 검열을 넘어야 한다는 말이었기 때문이다. 그렇기에 어떤 소수자들의 언어는 아예 출판되지 못하고 그 문턱에서 넘어지고 억압되었다. 여성들도 그랬고,

성소수자들이 그랬고, 인종차별을 받는 사람들이 그랬다. 이들은 세계 어디에도 자기와 비슷한 사람들이 없고 자기들은 외톨이로 고립되어 있다고 생각했다.

인터넷이 일으킨 혁명은 바로 이 부분을 획기적으로 확장시켰다는 것이다. 이론적으로 본다면 인터넷은 내가 아무리 이상한 생각을 하더라도 지구 어딘가에는 존재하는 나와 비슷한 사람과 나를 연결해준다. 마을에서 같아질 것을 요구받고, 출판 매체에서도 배제되었던 사람들이 시공간의 한계를 완전히 뛰어넘어서 서로 연결되고 교류할 수 있게 되었다. 적어도 인터넷 세상에서는 '소수'는 있어도 '혼자'는 없다. 찾아보면 어딘가에 반드시 최소한 딱 한 명은 더 있을 것이며, 그와 연결되면서 고립을 넘어 '세계'를 지을 수 있게 되었다.

여기에서 국가를 넘어 세계를 시공간적으로 압축시킨, 인터넷에 의해 만들어진 '세계'의 역설이 시작되었다. 어딘가에는 있는 나와 같은 사람들과 연결되고 그 안에 안주함으로써 다른 세계가 필요 없어진 것이다. 나를 억압하고 배제하고 탄압하던 세계를 떠나 '우리'끼리 모일 수 있는 세계가 가능해졌다. 바깥 세계가 필요하지 않은, 바깥을 적대시하는 고립된 게토와 같은 세계가 구축되었다. 같은 사람들끼리 모여 바깥에는 만리장성을 쌓았고, 그 바깥은 세계도 아닌 세계로 적대했다(실제로 중국인들은 중국 바깥을 '천외천天外天'이라고 부른다. 하늘 바깥의 하늘이라는 뜻이다).

이것은 인쇄술로 만들어졌던 공론장과는 전혀 반대 방향으로 작동한다. 인쇄술이 바깥과의 끊임없는 교류를 통해 안으로부터 거리를 두게 하는 것이었다면, 인터넷은 반대로 안에 웅크리고 앉아 내부와 절대적으로 동일시하며 바깥을 끊임없이 적대시하도록 한다. 가까운 것을 밀쳐내고 멀리 있는 것을 가까이 끌어당기는 것을 넘어 가까운 것을 적대로 돌리고 멀리 있는 것을 지나치게 끌어당겨 새로운 '내부', 그것도 절대적인 내부로 만들었다. 마을도 아닌 언어의 철옹성, 게토가 만들어져 갔다.

새로운 내부가 바깥, 세계에 대해 수행하는 것은 전쟁이다. 전쟁을 수행하기 위해 내부에 있는 사람은 내부와 불화를 일으켜서는 안 된다. 그가 요구받고 자발적으로 해야 하는 것은 내부에 '충성'하는 것이다. '우리'를 억압하는 '바깥'과의 싸움에서 나는 더 많은 전과를 올려 내부에 '충성'해야 하며, 그 충성을 통해 나는 내부에서 '명성'을 쌓을 수 있다. 내부에서 일어나는 것은 의견 충돌이라는 '정치'가 아니라 더 높은 명성을 얻기 위한 충성 경쟁이다.

내부에서 충성을 인정받고 더 많은 명성을 얻는 데 필요한 것이 전리품이다. 전리품이 더 많고 더 센 것일수록 충성은 높이 평가되고 명성은 올라간다. 전쟁에서 장수들이 자신의 전과를 보여주기 위해 포로들의 귀와 코를 베어 꿰어간 것처럼, 상대편 장수의 경우에는 목을 잘라 소금에 절여 왕에게 바친 것처럼, 그런 전리품을 획득해야 한다. 충성 경쟁이란 그런 전리품의 경쟁이다. 이 전리품에 대해 내부 사람들이 환호할수록 나는 고양된다. 나를 위축시킨 세상에서는 결코 경험하지 못하는 기쁨이 찾아온다. 당연히 사람들은 이런 전리품을 챙기기 위해 자발적으로 전쟁을 수행한다.

외부와의 전쟁만이 아니다. 내부의 충성 경쟁도 전쟁이다. 전리품이 너무 흔한 것이 되었기 때문이다. 모든 것이 시시해지는 시대이기 때문에 더 센 것을 전리품으로 내놓지 못하면 경쟁에서 탈락하고 금방 잊힌다. 겨우 찾은 자신의 게토에서 금방 잊혀 묻혀버리는 것은 재앙이다. 사람들은 내부에서 잊히지 않기 위해 더 선정적이고 자극적인 글을 쓰기 시작했다. 외부를 조롱하고 비웃고 사냥하는 글들이 난무했다.

여기에 다른 언어가 끼일 틈은 없었다. 다른 언어는 배척되어야 한다. 그 결과 글을 읽을수록 해상도가 높아지기는커녕 점점 더 떨어졌다. 이것을 흔히 세상이 납작해졌고 납작하게 세상을 본다고 말한다. 사물과 사람, 사태를 보는 입체적인 이야기는 배척받아 사라졌다. 대신 그 자리는 선악 이분법이 매우 또렷한 글들이 채워갔다. 해상도는 떨어지고 색감만 자극적으로 올라갔다. 공론장에 선 사람들은 이쪽과 저쪽으로 줄을 서야 했다. 줄을 서지 않으면 가차 없이 비난받고 단죄되었다. 동행의 언어는 사라지고 동원의 언어만 남았다.

나를 드러내는 용기가 만용이 된 시대,
자기 보호를 위한 사라짐은 정당한 것일까

말과 글을 사랑하는 사람들이 이 상황을 못 견디고 제일 먼저 사라졌다. 말을 하고 글을 쓸 때 세상과 불화하는 것이 아니라 세상으로부터 받을 화가 두려워 해상도가 낮은 말과 글을 구사할 수밖에 없는 것이 무엇보다 괴로운 이들이었다. 특히 해상도가 높은 글은 그 복잡함으로 인해 이분법의 세계에서 필연적으로 논란을 불러왔다. 논란은 논란으로 끝나는 것이 아니라 인격에 대한 모독, 존재에 대한 위협으로 돌아왔다. 조리돌림, 인육 사냥이다. 따라서 논란을 피하는 유일한 방법은 글을 쓰지 않는 것이었다. 자기를 보호하는 가장 좋은 방법이 사람들 앞에서 사라지는 것이었다.

그러나 이렇게 사라지는 것이 온당한 일인가? 읽기와 쓰기가 만개하던 시대에 교양을 쌓으며 언어의 해상도를 높이던 사람들이 글쓰기를 두려워한 것은 세간의 평판 때문만이 아니었다. 자기의 글이 혹시라도 사람들의 언어에 대한 해상도를 높이기는커녕 방해하는 것이 되지 않을까 두려웠기 때문이다. 글을 읽고 공부를 하면 할수록 이 두려움은 더욱 커졌다. 글쓰기가 어려웠던 것은 세상으로부터 나를 보호하기 위해서가 아니라 자신으로부터 세상을 보호하기 위해서였다.

그게 피에르 자위Pierre Zaoui가 『드러내지 않기』에서 말하는 사라짐의 기술이었다. 글을 쓰기 전에 사람들은 되묻곤 하였다. 이 글이 정말 세상이 필요한 글인가? 그렇지 않다면 글을 왜 써야 하는가? 글을 쓰고 책을 내기 위해 베어져야 하는 나무에게 죄짓는 것은 아닌가? 사람들은 자기 글과 책이 나왔을 때 세상이 얼마나 달라지는지를 고민하기 전에 이 글이 없더라도 세상은 별 탈이 없는지를 물었다. 자기가 사라지더라도 세상이 별 탈 없다는 것, 그것을 아는 것이 중요했다.

내가 사라지더라도 세상이 별 탈 없다면 사람들은 좀더 신중해진다. 하지 않아도 되는 것을 굳이 할 필요는 없으며, 굳이 한 그 일이 세상을 위협할지도 모른다는 생각에 더욱 신중해진다. 그것은 세상으로부터 나를 보호하기 위함이 아니라 나로부터 세상을 보호하기 위함이었다. 신중한 사람들은 자신의 말과 글로부터 타자와 세상을 보좌했다. 그러기 위해 자기가 존재해야만 하는 세상이 아니라 자기가 사라지고 없는 세상을 상상했다. 그 세상이 상상되어야 자신의 말과 글, 그리고 행위에 신중해질 수 있었다.

『드러내지 않기』에서 필자는 레비스트로스를 인용하며 금기의 기능에 대해 반대로 설명한다. 보통 사람들은 금기 사항이 위협적인 타자로부터 '우리'를 보호하기 위한 것이라고 말한다. 경계를 넘어 '다른 것'이 섞이고 교류하는 것을 위험하다고 생각하기 때문에 그렇다. 인류학에서 말하는 '오염 이론'과 같은 것이 대표적이다. 인도의 카스트 제도가 기반하고 있는 것도 이런 오염 이론이다. '불가촉천민'이라는 말이 잘 보여주듯이 접촉하는 것 자체가 상대방을 오염시킨다고 생각한다. 그렇기에 이런 오염을 방지하기 위해서 경계를 짓고 접촉을 금지한다.

그러나 반대의 금기들이 있다. 위협적인 우리로부터 타자를, 그리고 세상을 보호하기 위해 존재하는 금기들이다. 초원의 유목민 문화 중에는 냇가에 들어가는 것이 엄격히 금지되어 있는 경우가 있다. 냇가에 바로 소변을 보면 가혹한 형벌에 처했다. 초원에서 살아가는 사람들에게 물은 생명이다. 그 물이 오염되었을 때 사람뿐만 아니라 동물도 치명적인 해를 입게 된다. 모두가 몰살이다. 따라서 이런 금기는 인간으로부터 자연을 보호하기 위해 만들어진 것이다. 우리로부터 타자를 보호하기 위함이다.

자신의 위험함을 아는 사람이 되는 것, 그것이 자기를 보호하는 것이 아니라 세상을 보좌하는 길이다. 글쓰기를 두려워한 것도 이처럼 세상을 보좌하기 위함이었다.

지금은 반대가 되었다. 글쓰기로부터 세상을 보호하는 것이 아니라 세상으로부터 자기를 보호해야 한다. 자기를 드러내는 용기가 만용이 되고 위험한 일이 되었다. 자기를 감추는 것이 신중한 것이 아니라 비겁한 것이 되었다. 굳이 내가 하지 않더라도 세상은 잘 돌아간다는 것을 깨달으며 글쓰기에 더욱 신중해지는 것이 아니라 세상이 망해가기 때문에 그 세상으로부터 도피하기 위해 글쓰기를 중단하였다. 글쓰기의 두려움이 세상을 보좌하는 것에서 세상을 보좌하지 않고 자기만을 보존하는 것으로 바뀌었다. 따라서 우리는 되물을 수밖에 없다. 이런 사라짐은 정당한가?

다른 이와 동행하며 세상을 보좌하기 위해 우리에게 필요한 '신중하게 자기를 드러내는' 글쓰기는 다시 가능할 것인가? 신중함은 자기를 보호하기 위함이 아니라 세상을 보좌하기 위함이다. 자기를 드러내는 것은 관심, 즉 주목을 끌기 위해서가 아니라 오로지 자기를 해명하는 데 집중한 바로 그것이 다른 사람에게 도움이 되기 때문이다. 이를 통해 세상은 보호받으며 동시에 새로 지어질 수 있다. 이 시대에 사라짐의 기술을 대체해야 하는 것은 신중하게 자기를 드러내는 기술이 될 것이다. 그리고 그런 신중한 드러냄이 보호받을 수 있는 사회를 만드는 것일 테다.

참고 문헌을 대신해서

신중한 읽기와 쓰기를 위하여

이 시대가 거의 완벽하게 잃어버리고 있는 삶의 태도가 신중함
이다. 사건이나 사태에 대해 신중한 태도를 보이는 것은 비겁하
거나 혹은 중립적인 태도로 비판받는 경우가 종종 있다. 이 바람
에 공론장에서 신중한 사람들이 사라지고 있다. 대신 그 자리는
사람들의 역동을 격화시키는 이야기들이 재빠르게 차지하며 사
회 전체의 역동을 걷잡을 수 없게 만들어가고 있다. 신중하게 생
각하고 길어내어 들을 만한 이야기들이 점점 더 사라지고 있기
때문이다.

신중한 사람들의 이야기를 대체하고 있는 것은 어떤 이야기
들인가? 나는 이를 스냅숏snap-shot 이야기라고 부른다. 신중하지
않은 사회에서는 어떤 사건이나 사람을 볼 때 그 장면을 만들기

위해 켜켜이 쌓여 있는 역사와 맥락을 파악하고 그 속에서 이야기를 읽어내려고 하지 않는다. 이런 읽기를 위해서는 장면의 앞뒤를 길게 연속적 흐름으로 파악해야 하기 때문에 시간을 들여야 한다. 이런 점에서 모든 읽기는 역사적 읽기라고 할 수 있다.

대신 이 시대는 사건의 특징적인 단면을 잘라내어 한 장면을 포착하고 그것이 마치 전체에 대한 진실인 것처럼 말하는 이야기를 선호한다. 시간을 들여 앞뒤의 연속적 전개를 보는 것이 아니다. 카메라가 한 장면을 놓치지 않는 것처럼 진실을 드러낸다고 생각하는 순간을 포착하려고 한다.

이때 진실은 역사적 과정과 전개에 있는 것이 아니라 순간이라는 한 장면에 응축되어 있다. 순간은 역사 속에서 의미가 있는 것이 아니라 역사 밖으로 단절되면서 감추어진 본질을 드러낸다. 예리함이란 이런 장면을 포착하여 본질을 드러내는 것이지 과정과 전개를 이해하는 것이 아니다. 이렇게 장면을 포착하여 감추어진 본질을 드러내는 것으로 우리 시대의 현자賢者들이 된다.

읽기를 대체한 것이 바로 이 포착이다. 지층을 파고 맥락을 읽어내고 사건의 위치를 파악하는 연구자의 자리를 이 현자들이 차지했다. 과거의 현자들은 우화와 잠언의 형태로 말을 했다. 진실은 그 자체로 드러낼 수 있는 게 아니라 우화의 형태로 이야기할 수 있을 뿐이기 때문이다. 그러나 이 시대의 현자들은 순간을 캡처하고 박제하는 것으로 본질을 드러낸다. 과거의 현자들은 진실을 드러낼 수 없다고 생각했지만, 현재의 현자들은 본질을 드러낼 수 있다고 믿고 있다는 점에서 완전히 다르다.

순간을 포착하고 박제하는 데 집중하면서 우리의 읽는 능력은 점점 떨어지고 있으며, 이런 집중을 통해 자신이 얼마나 예리한 사람인지를 드러내려고 하는 사람이 늘고 있다. 이것이 주목이 정치가 되고 경제가 된 사회에서 자본을 축적할 수 있는 좋은 방법이다. 소비자본주의에 맞게 큰 공을 들이지 않고 시간을 아끼며 본질에 다가설 수 있다고 생각하기 때문이다. 여기에는 신중함보다 민첩함이 더 중요하다. 드러낼 수 없기에 어떻게 이야기할지에 대해 고민하는 신중한 접근보다는 남들보다 먼저 포착하고 좀더 분명하게 드러내야 한다는 재빠른 접근이 더 중요하다.

그러나 이 책 전체를 통해 이야기한 것처럼 만일 고통이 말할 수 없는 것이라면, 고통에 대한 접근에서는 고통의 본질을 보여주는 장면에 대한 예리한 포착보다 그 지층에 대한 신중한 읽기와 쓰기가 더 필요하다. 그러한 접근을 통해 길어온 말과 이야기가 고통을 겪는 이와 그 곁에 선 사람이 상황을 파악하고 자신에 대한 앎에 이르며 또한 보태고 나누면서 고통에 대한 쓸모 있는 이야기를 만들 수 있기 때문이다.

여기에서는 이 책을 쓰는 과정에서 내가 읽고 참조한 신중한 이야기들을 소개하면서 동시에 이러한 이야기가 담긴 책들을 어떻게 읽을 수 있는지에 대해 간략히 말하려 한다. 이 책들이 내가 고통에 관해 이야기하는 것에 대해 안다고 생각할 때 아는 것이 아니라 좀 아는지 모르는지 좀더 신중한 태도로 다가설 수 있게 해주었기 때문이다.

고통에 대한 책의 대부분은 자신의 고통에 대한 자전적 이야기다. 이런 이야기가 자전적인 것은 자신의 경험을 바탕으로 함으로써 타인의 고통을 선정적으로 전시하고 그로부터 이윤을 취하는 것을 피할 수 있기 때문이다. 자신의 고통 역시 충분히 전시하며 스스로 착취할 수 있지만, 타인의 고통을 다룰 때 아무래도 윤리적 문제가 더 발생할 수 있다. 또한 타인의 고통에 대한 이야기는 아무래도 조심스러울 수밖에 없는 반면 자신의 고통은 '고백'과 '증언'이라는 형태로 드러낼 수 있기 때문이다.

이런 책 중에서 가장 먼저 소개하고 싶은 것은 『한낮의 우울』(앤드류 솔로몬 지음, 민승남 옮김, 민음사, 2004)이다. 이 책은 우울에 대한 책으로는 거의 백과사전이라고 부를 만하다. 책의 두께도 만만치 않지만 문학을 비롯해서 의학에 이르기까지, 그리고 역사적인 것에서 최신의 과학적 성과까지 최대한의 것을 망라하기 위해 노력한 책이다. 게다가 이 책의 저자 솔로몬이 우울에 대한 자신의 경험을 얼마나 세세하고 꼼꼼하게 서술하고 있는지, 그 고통의 과정에서 어떻게 이런 글쓰기가 가능한지에 대해 감탄하지 않을 수 없다.

이 책의 본문에서도 말했지만, 고통을 겪는 이와 고통의 관계를 고목과 그 나무를 휘감고 오르는 넝쿨식물에 비유한 것은 『한낮의 우울』의 백미라고 생각한다. 고통을 겪는 이에게 세계와 다른 타자는 사라지고 오로지 고통이라는 타자만이 존재하며 그 둘의 위치도 역전되어 고통을 겪는 이가 주체가 아니라 고통이 주체라는 것을 이보다 더 아름답게, 그러나 뼈아프게 묘사할 수는 없을 것이다.

다음으로 소개할 『아픈 몸을 살다』(아서 프랭크Arthur Frank 지음, 메이 옮김, 봄날의책, 2017)는 사회학자인 저자가 심장병과 암을 겪고 난 다음 자신의 경험을 질환을 앓고 있는 환자가 아닌 질병이 있는 사람의 입장에서 쓴 책이다. 이 책은 고통을 겪는 이를 의료의 대상으로만 취급했을 때 그가 자신의 언어를 완전히 박탈당한다는 사실을 비판한다. 또한 질병이 결국 그것을 겪는 이의 총체적 삶을 바꾼다는 점을 보여주면서, 그 변화를 어떻게 받아들이고 그것으로부터 무엇을 배울지에 대해 잘 서술하고 있다.

무엇보다 이 책의 미덕은 고통을 겪는 이의 삶이 파괴되는 것만이 아니라 고통의 과정에서 그것이 재건되기도 한다는 것을 보여준 점이다. 즉 자신의 경험을 통해 고통을 겪는 이 스스로가 자신의 삶을 바라보는 관점을 바꾸어야 한다는 것을 깨닫게 도와준다. 질환이 그 질환으로 문제가 생긴 신체 '부위'를 '그것'이라고 부르며 거기에만 집중한다면, 살아가는 사람으로서 우리가 집중해야 하는 것은 우리의 삶 전체이기 때문이다.

이런 관점에서만 고통을 겪는 이가 자신을 이야기하는 사람으로 생각하며 고통으로부터 빠져나올 수 있다. 아서 프랭크는 사회학자답게 이야기를 하는 것이 인간에게 얼마나 중요한 것인지를 잘 설명하고 있다. 고통 그 자체는 사람의 주체성을 파괴한다는 점에서 의미도 가치도 없는 것이지만, 자신의 고통에 관해 남에게 들릴 만한 이야기를 할 수 있다면 이를 통해 사람은 주체성과 존재감을 회복할 수 있다.

이밖에도 당사자들이 고통을 겪는 과정에서 자신의 고통에서 잠시라도 빠져나와 정신을 집중하여, 이 책에서 내가 표현한 대로라면 자신의 곁에서 고통을 겪는 스스로를 관찰하며 쓴 책들이 여럿 있다. 불안 장애를 앓고 있는 사람이라면 『나는 불안과 함께 살아간다』(스콧 스토셀Scott Stossel 지음, 홍한별 옮김, 반비, 2015)를 참조해도 좋을 것이다. 이유를 알 수 없는 고통으로 괴로워하는 분이라면 코믹하기 짝이 없는 『요통 탐험가』(다카노 히에유키高野秀行 지음, 박승희 옮김, 부키, 2012)를 읽으면서 잠시라도 위로를 얻을 수 있을 것이다.

그러나 이런 책들을 읽을 때 조심해야 하는 것이 있다. 무엇보다 이런 이야기가 넋두리나 한탄이 아니라는 점이다. 이 가운데에는 '들을 만한' 이야기가 있다. 즉 고통의 과정에서 자신이 경험한 것을 아무렇게나 말한 것이 아니라 신중하게 남에게 나누고 남들이 보탤 수 있는 이야기로 썼다는 것이다. 이 남은 우선 고통을 겪고 있는 자기 자신이었을 것이고 주변의 사람이었을 것이고 세상 모든 사람이었을 것이다. 그러나 그 대상이 누구든 간에 신중하게 골라내 그들이 듣고 보탤 만한 이야기로 만들었다는 데 주목해야 한다. 타자가 존재한다는 점에서 이들 이야기에는 이미 신중함이 있다.

이 저자들이 대부분 '지식인'이라는 것 역시 조심해서 접근해야 할 지점이다. 지식인은 그것이 무엇이든 언어를 다루는 사람이다. 고통이 남의 문제가 아니라 자신의 문제가 되었을 때, 자기가 가지고 있다고 자신하던 언어는 모두 무너질 수 있다. 이 책에 등장하는 덕룡 아버지처럼 말이다. 그러나 그 후에 다시 삶을 재건하는 과정에서 이 언어들은 자원이 된다. 덕룡 아버지가 새로이 믿게 된 종교를 불교와 비교하며 그 종교의 가치를 높이 평가할 때 불교에서 배운 언어들은 어떻든지 동원된다. 이런 점에서 지식인의 언어는 자원이다.

이 말은 지금까지 거론한 책의 필자들을 그저 '고통을 겪는 이'로 생각하고 고통을 겪는 모든 이들이 조금만 하면 이런 글을 쓸 수 있다고 생각하는 것이야말로 신중하지 못한 태도라는 뜻이다. 저 사람들은 말을 하고 글을 쓰는 것이 삶이고 직업이었던 사람들이기에 고통의 과정에서도 말을 하고 글을 써야 한다는 의지가, 그것을 통해 자신을 존재하게 해야 한다는 생각이 보통 사람과는 비교할 수 없게 컸던 사람들이다. 이 점을 간과해서는 안 된다.

예를 들어보자. 『아픈 몸을 살다』에는 저자가 한밤에 깨어나 아름다운 장면을 포착하는 이야기가 나온다. 이때 그는 고통을 당하고만 있는, 주체성을 상실한 사람이 아니라 아름다움을 향유하는 주체가 된다. 그리고 '시'를 쓴다. 시를 쓴다는 것은 아름다움을 향유하고 넘어가는 것이 아니라 그 아름다움을 향유한 순간을 역사에 기입하는 것이다. 자신이 다시 고통의 격량으로 빨려들어가더라도 그 바깥으로 빠져나올 수 있었음, 그 힘을 가진 주체였음을 기록하는 것이다. 여기에서 시를 쓸 수 있는 사람과 그렇지 않은 사람 사이에는 커다란 격차가 있다.

오해하지 말았으면 한다. 지식인만 글을 쓸 수 있다는 것이 아니다. 배운 게 하나도 없더라도 자신의 경험을 바탕으로 지식인보다 더 훌륭한 글을 쓴 사람은 얼마든지 있다. 제도 교육 안에서 배운 사람만 시를 쓰는 게 아니라 배우지 않은 사람들이 훨씬 좋은 시를 쓰기도 한다. 그러나 모두에게 가능하다고 해서 모두가 그럴 수 있는 것은 아니다. 이것이 무엇보다 필요한 신중함이다.

고통이 말할 수 있는 것이 아니라는 것에 대한 철학적 성찰은 대부분 아우슈비츠 생존자들의 이야기를 참조했다. 이미 한국에서도 유명한 프리모 레비와 장 아메리의 책들이 대표적이다. 레비의 『이것이 인간인가』(이현경 옮김, 돌베개, 2007), 아메리의 『죄와 속죄의 저편』(안미현 옮김, 길, 2012)은 고통에 대해 관성적으로 의미를 부여하고 가치가 있다고 말하는 것이 얼마나 안이하고 신중하지 못한 태도인가에 대해 깨닫게 한다. 여기에 조르조 아감벤 Giorgio Agamben의 『아우슈비츠의 남은 자들』(정문영 옮김, 새물결, 2012)이 철학적 사유를 좀더 깊게 할 수 있게 도와줬다.

이중에서 프리모 레비의 『고통에 반대하며』(채세진·심하은 옮김, 북인더갭, 2016)를 읽어보기를 바란다. 이 책은 제목과는 달리 고통에 대한 책이 아니라 글쓰기에 대한 책이다. 고통에 관한 내용은 거의 나오지 않는다. 그가 읽은 책, 그리고 호기심을 느끼며 글을 써보고 싶었던 주제와 대상에 대한 이야기를 통해 글쓰기에 대한 그의 생각을 알 수 있다. 무엇보다 글쓰기를 사랑했던 그가 아우슈비츠에서 도저히 그 무엇도 쓸 수 없는 경험을 했을 때 상실한 것이 무엇이고 어떤 절망을 느끼며 살아갔을지를 조금이나마 가슴 아프게 느낄 수 있다.

레비는 아리스토텔레스의 구분을 충실히 따른다. 말과 소리를 구분한다. 글은 소리에 속하는 게 아니라 말에 속하는 것이다. 말은 전달하는 데 목적이 있다. 그렇기에 오해라고 하더라도 이해를 목적으로 필사적으로 노력하는 것이 바로 말이다. 이 노력을 포기하는 순간 말은 말이 아니라 사막에서 부르짖는 소리, 울부짖음이 된다. 이 책에서 레비는 "의미론적 거부"에 불과한 "형언할 수 없는 것, 실재하지 않는 것, 동물 울음소리의 한계에서 울리는 텍스트들을 찬사하는 것에 진저리가 난다"고 하면서 이를 "치밀하게 결합된 협잡꾼"이라고까지 말한다.

이 대목에서 나는 한숨을 깊게 쉬었다. 그야말로 어찌 보면 가장 말할 수 없고, 눈물 말고 다른 언어가 없으며, 짐승처럼 울부짖고 사막에서 부르짖을 수밖에 없는 경험을 한 사람이 아닌가. 그리고 그 경험을 결코 쓸 수 없다는 것을 자신의 삶으로 보여준 사람이 아닌가. 그것이 고독이 아니라 얼마나 철저한 외로움의 세계로 사람을 몰아넣는지를 알고 있던 사람이 아닌가.

그런데 그는 "산 사람은 고독하지 않으므로 마치 우리가 고독한 것처럼 써서는 안 된다"고 믿었다. 외로움의 한가운데 있으면서도 글은 그래서는 안 된다고 그는 생각했다. 그게 글 쓰는 사람의, 사랑 있는 사람의 책임이라고 그는 불렀다. 그런 그에게 글이 얼마나 위로가 되며 동시에 배신이 되었을지 상상조차 되지 않는다. 글을 쓰며 위로받고 위로받자마자 배신당하지 않는 글이라는 게 어떻게 글일 수 있겠는가.

마지막으로 나는 자기의 고통이 아닌 타인의 고통에 대해 글을 쓰는 지식인의 위치는 무엇이며 그 글은 어떠해야 하는지에 대해 묻고 싶다. 고통의 문제를 다루는 지식인의 신중함에 대해서 말이다.

지식인들은 종종 자신이 쓰는 글이 고통을 겪는 이에게 도움이 되기를 바라는 강렬한 열망을 표출하곤 한다. 고통을 겪는 이가 무기로 사용할 수 있든, 아니면 사회가 고통에 관심을 갖도록 촉구하여 문제를 해결하는 데 기여하든, 자신의 언어가 고통을 겪는 이에게 도움이 되기를 바란다. 그러나 이것은 명백한 착각이다.

냉정히 말해서 지식인이란 고통의 곁에 있는 사람이 아니다. 고통의 곁에 잠시 머무르는 사람이다. 지식인들은 고통의 곁에서 연구하며 그 연구가 끝나면 언어를 회수해서 자신의 자리로 돌아간다. 그 언어가 고통의 자리에, 고통의 문제를 해결하는 것에 아무리 도움이 된다고 하더라도 지식인의 자리는 고통의 곁이 아니라 자신의 연구실이며 서재이다. 아무리 현장을 누비는 지식인이라고 하더라도 마찬가지다.

곁에 잠시 머무르는 사람이 곁에 서 있는 사람처럼 행세할 때 타격을 받는 것은 바로 곁에 서 있는 사람이다. 이는 고통의 현장에서 종종 일어나는 일이다. 고통을 겪는 이들은 사회적으로 발언력을 가진 사람이 자신의 문제를 다루는 것에 대해 일차적으로 환영할 수밖에 없다. 아직 언어를 가지고 있지 못한 경우뿐만이 아니라 언어가 있다 하더라도 그것을 알릴 수 있는 힘을 가지지 못했을 때도 마찬가지다.

이럴 때 밀쳐지는 사람이 그 곁을 지키고 있던 사람들이다. 그들에게 "너넨 내 고통을 모른다"고 말하던 사람들이 어떻게 해서든 지식인들에게 자신의 말을 들리게 하기 위해 노력한다. 물론 지식인들이 돌아가고 나면 곁에 있던 이들에게 "그래도 우리에겐 너네가 더 소중하지"라고 말할 것이고, 이것이 고통을 겪는 당사자들의 진심에 가까울 것이다. 곁을 지키던 이들 역시 이것을 잘 알고 있기에 "이해해요. 우리한테 의지하니까 저렇게 이야기하시는 거죠"라고 말하는 것이고 말이다.

현장 연구를 하면서 나는 이런 장면을 숱하게 봐왔다. 그리고 그 지식인들의 글과 말이 고통을 겪는 이는 다루지만 그 곁에 선 이들을 간과하는 것도 많이 봐왔다. 지식인들의 이야기가 학문적인 언어로 정제되진 않았지만 바로 곁에서 이미 만들어지고 있던 이야기임에도 불구하고 그들이 최소한의 존중을 표시하지 않는 것도 숱하게 봐왔다.

곁을 삭제하는 것, 그것이 학문일 수는 있지만 이야기일 수는 없다. 왜냐하면 그 글과 말은 그가 쓰기 이전에 이미 곁에서

웅성거림으로 존재했기 때문이다. 앞서 이야기된 것에 대한 존중이 없는 글, 자신이 보태는 것이 아니라 처음의 말인 것처럼 행세하는 글, 그런 글은 보태어진 글이 아니기에 나누어지는 글이 아니라 다른 말과 글을 지배하는 글이다. 그 말과 글 주변에서 다른 말과 글은 만들어지지 않는다. 보태는 것으로 시작하지 않고 나누는 것으로 이어지지 않는 글, 그런 것을 이야기라고 하지 않는다.

『아픈 몸을 살다』의 저자는 고통을 겪는 이에게 필요한 것은 이야기라고 말한다. 자기도 이야기할 수 있다고 생각하게 하는 이야기, 그러나 남에게 나눌 이야기이기에 고통을 겪는 이로 하여금 좀더 신중하게 하는 이야기 말이다. 프리모 레비 또한 같은 말을 한다. 울부짖는 것이 필요하지만 아무래도 말은 다른 사람에게 말을 거는 이야기라고 말이다.

그러므로 나는 지식인들이 곁에 서 있다는 착각에서 물러났으면 좋겠다. 대신 나는 지식인들이 곁에 선 이들의 이야기를 듣고, 그 이야기를 받아서 다음 이야기로 넘기는 이야기를 만들었으면 좋겠다. 싸움이 일어나고 싸우고 있으며 또한 이야기가 만들어지고 이어지는 자리는 아무래도 그 곁이기 때문이다.

292

고통과 연대하는
우회로를 찾아서

재일조선인 사상가 서경식과 한국의 철학자 김상봉의 대담을 담은 『만남』을 읽으며 심한 부끄러움과 괴로움에 빠진 적이 있다. 슬픔을 공유하는 것을 통한 만남의 가능성을 주장하는 김상봉과 반대로 자신의 경험에 대한 사유를 통해 그 가능성을 부정하는 서경식 사이의 위태위태한 대담은 내가 선 자리가 어디인지를 묻게 했고 그 답할 수 없음에 며칠 앓아눕게 하였다.

고통을 나누는 것을 통해 새로운 '공동'을 만드는 현실은 김상봉의 주장과는 달리 서경식의 말에 더 가깝다. 이 책에서 내내 이야기한 것처럼 사람이란 만나기 위해서는 말을 나눠야 하는데 고통을 이야기하는 것은 불가능하기 때문이다. 따라서 고통을 통한 연대는 종종 "너희가 내 고통을 아느냐?"는 울부짖음으로 서로에게 더 큰 상처를 주고 끝나는 경우가 많다.

심지어 같은 장소에서 같은 일을 겪은 사람들 사이에서도 고통이 공동을 만들어내는 것보다 있던 공동마저 깨버리는 경우가 많다. 깨지는 순간에야 사람들은 그 공동이 자기들의 머릿속에서 그리던 그런 공동이 아니었음을 절실하게 깨닫게 되지만 말이다. 바로 이 점에서 공동이 깨지는 것이 더 큰 고통이 되어 고통의 당사자들을 덮치는 경우도 많다. 이 책에서 소개한 영화 〈공동정범〉에 적나라하게 나타나는 것처럼 말이다.

따라서 고통에 대해 말하는 것은 고통은 말할 수 있는가라는 문제와는 별개의 문제를 만들어낸다. 고통이 발생했다는 것을 입 밖으로 꺼내 말하는 순간, 공동이 깨질지도 모른다는 공포 말이다. 특히 그 고통이 자신이 있는 곳의 비리나 부정, 폭력으로부터 야기된 피해로 인한 고통일 경우에 고통의 당사자는 자신의 피해에 대해 말하는 것이 공동을 깰 수도 있다는 생각에 멈칫거리게 된다. 고통에 관해 말하고 난 다음 공동이 깨지면 그것을 깼다는 죄책감에 새로운 고통을 경험하게 되는 경우도 많다.

이 점을 노리고 많은 조직들은 고통에 관해 말하는 것을 금기시하고 억압한다. "너 하나만 입 다물면 모두가 편안하다"는 말로 아예 입을 봉해버린다. 가뜩이나 자기가 입을 열 경우 가해자뿐만 아니라 다른 사람들 모두 다칠 수 있다는 생각에 머뭇거리는 사람들은 이런 협박 앞에서 더욱 입을 다물고 쥐도 새도 모르게 조용히 제거되거나 스스로 사라진다. 고통을 말할 수 없다는 실존에 부딪히기도 전에 고통을 아예 말해서는 안 된다는 폭력에 의해 말소된다. 이런 폭력의 가장 잔인한 측면이 바로 고통의 당사자로 하여금 그 실존성에 다다르지 못하게 한다는 점이다.

당연히 우리는 이런 폭력에 저항해야 한다. 고통을 말할 수 없다는 것은 피해를 말할 수 없다는 게 아니다. 고통의 극한 지점이 개인의 실존에 닿아 있다면, 피해는 그것이 야기하는 고통의 크기와 정도와는 무관하게 사회적으로 응답되어야 한다. 고통에 대해 말할 수 없다는 말이 고통에 대해 말하지 말아야 한다는 말, 그것은 개인이 감수해야 한다는 말로 둔갑해서 피해에 대해 입 다물게 하는 사태는 발생하지 않아야 한다. 여성학자 권김현영이 적절하게 지적한 것처럼 우리는 고통과 피해를 구분할 줄 알아야 하고, 피해에 관해 이야기하고 그에 대한 사회적 관심을 촉구해야 한다.

그러나 조직이 억압하지 않더라도 고통을 말하는 순간 공동이 붕괴된다는 사실을 직감하고 마치 고통이 없었던 것처럼 고통을 외면하는 경우도 있다. 이 책을 쓰는 동안 나는 이에 대해 드라마 같은 이야기를 한 분으로부터 들었다. 그분은 외딴 섬에서 나고 자랐다. 그분에게는 동생이 한 명 있었는데, 그 동생이 부모님이 뭍으로 출타한 사이에 열병에 걸려 며칠을 시름시름

앓다가 죽었다고 한다. 부모는 돌아와서야 그 사실을 알고 대성 통곡했다. 아이의 상을 치른 후 부모가 한 일은 나에게 말을 전해준 분을 포함하여 자식들을 뭍에 있는 친척들에게 보낸 것이라고 한다. 동생이 죽은 그 고통의 현장에 다른 자식들을 두고 싶지 않았기 때문이라고 한다. 그 장소에 있는 한 계속해서 그 죽음이 회상될 것이기 때문이다.

그 후 이 가족은 동생의 죽음에 대해 누구도 입을 열지 않았다고 한다. 마치 아무런 죽음도 없었던 것처럼 살았다고 한다. 뭍에서 공부하다가 방학이 되어 집으로 찾아갈 때도, 뭍으로 자식들을 보러 부모가 나올 때도, 대학에 진학하고 결혼을 하고 그 자식이 자식을 낳아 명절에 방문할 때도, 아무도 그 죽음에 대해 말하지 않았다. 그런 일이 있었던 것이 지어낸 것이라는 생각이 들 정도로 아무도 말을 하지 않았다.

그러나 그 죽음은 역설적으로 말하지 않는 것을 통해 늘 그들 근처에 머물렀다. 아무도 말하지 않았지만, 말하지 않는 것을 통해 그 죽음은 늘 의식되었다. 그럼에도 그들이 죽음이 없었던 것처럼 매일 연기하고 연기하는 만큼 죽음을 의식할 수밖에 없었던 데는 이유가 있었다. 누군가 하나 그 이야기를 꺼내는 순간 아무도 감당하지 못할 것이라는 점을 잘 알고 있었기 때문이다.

동생을 잃은 내 슬픔이 아이를 잃은 어머니의 슬픔에 견줄 수 있을까. 아이를 잃은 내 슬픔이 아무리 깊다 하더라도 어린 나이에 죽음을 목격한, 그것도 부모가 부재한 상황에서 죽음을 목격한 자식은 그 고통을 감당할 수 있을까. 정확하게 또 정반대의 마음도 있었다고 한다. 누군가 그때의 고통을 떠올리면 "아무리 그래도 네가 내 고통을 아느냐?"는 마음이 올라오는 것 말이다. 이 두 마음 사이에서 가족들은 약속이나 한 듯 모두가 입을 다물었다. 그것만이 이 가족의 '공동'을 파괴하지 않는 일이었다.

고통을 통한 연대가 아니라 슬픔을 같이 공유할 수 없다는 그 침묵으로 이 가족은 서로에게 곁이 되었다. 그 고통을 이야기하는 순간 아무도 누구에게도 곁이 될 수 없다는 것을 알고 있었기에 말하지 않는 것을 통해 곁이 되었다. 재희의 형제자매들이 어머니의 곁이 된 재희 옆에서 끊임없이 서로 이야기를 나누는 것으로 곁이 된 것과 달리 모두가 고통의 당사자인 이 가족은 침묵으로 슬픔을 공유할 수 없는 슬픔을 공유하며 '곁'이 되었다.

그러나 재희의 이야기에서도, 이 가족의 이야기에서도 곁, 즉 유대와 연대의 가능성에 관해 같은 것을 배우게 된다. 고통을 통한 연대, 정확하게 말하면 고통을 통한 직접적인 연대는 없다는 것을 말이다. 고통을 통해 연대가 이루어진다면, 곁이 만들어지고 그 곁으로부터 이야기가 만들어진다면, 그것은 오로지 '우회'만을 통해 가능하다. 고통의 곁에 곁이 되는 연대를 통해서, 혹은 슬픔을 공유할 수 없다는 슬픔을 공유하는 것을 통해서 말이다.

동행과 연대는 고통으로부터 한 다리 건넌 우회만을 허락한다.

이 우회를 통해서만 우리는 고통과 동행할 수 있다. 그 동행을 견딜 수 있는 가능성이 생긴다. 끝나지 않을 것 같다는 고통이 만드는 절망을 동행이 주는 기쁨으로 대체할 가능성이 그나마 생긴다. 그리고 혹여라도 고통이 끝난다면 새로운 것을 시작할 수 있다. 아니, 새로운 것을 시작하는 것을 계속해서 도모하다가 새로운 것이 탄생한다면 고통을 끝맺을 수 있다.

이 가족의 드라마 같은 이야기가 바로 그렇다. 죽음으로부터 몇 십 년이 지난 어느 명절에 부모가 계신 섬에 방문했다. 노년에 집을 개조해서 숙박업을 하고 있던 이 집에 웬 낯선 청년이 한 명 있더란다. 어느 날 섬에 흘러 들어온 청년인데, 청소하며 일을 도울 사람을 구한다는 공고를 보고 찾아왔단다. 그날로 이 집에 눌러앉게 되었고 밥을 먹는 것에서부터 잠을 자는 것에 이르기까지 스스럼없이 부모와 너무 자연스럽게 물 흐르듯 같이 하였다고 한다.

"OO가 돌아왔네요." "응. 나도 그렇게 생각해." 정말 몇 십 년 만에 죽은 동생의 이름이 가족들 사이에서 거론되었다. 그리고 그 숱한 세월 서로에게 상처가 될까봐 차마 말을 꺼내지 않았던 이들이 마치 아무 일도 없었다는 듯 그 이야기를 주고받았다고 한다. 환생해서 돌아온 자식을 두고서야 가슴에 묻었던 자식의 이름을 꺼냈다. 그리고 이 환생한 자식과 더불어 그들은 더 단단한 '공동'이 되었다.

드라마 같은 이 이야기를 들으며 나는 언제 고통에 관해 말할 수 있는지에 대해 새삼스럽게 느꼈다. 그것은 고통이 끝나고 새로운 것이 시작될 때다. 새로운 것이 시작되지 않는다면 고통에 관해 이야기하는 것은 부질없는 짓이다. 이 책에서 반복해서 말한 것처럼 말하는 것이 아무 가치가 없는 일이기에 말을 하지 않게 된다. 고통은 끝나지 않을 것이고, 끝나지 않는다면 말할 이유가 없다. 말할수록 상처만 더 깊어진다. 자기뿐만 아니라 자기와 함께 있는 다른 사람들까지 말이다.

고통은 끝나고서야 말할 수 있다. 고통은 새로운 것이 시작되고서야 말할 수 있다. 그렇기에 자기에게 함몰되어 새로운 것을 시작할 수 없는 상태에서 고통은 끝나지 않으며, 고통이 끝나지 않는 한 새로운 것을 도모할 수 없다. 새로운 것을 도모하다가 그것이 시작되었을 때 고통은 끝날 수 있다. 환생한 자식과 함께 살아가며 죽은 자식에 대해 비로소 말할 수 있게 되며 새로운 이야기를 쓰기 시작한 것처럼 말이다.

이것은 재희의 경우도 마찬가지다. 어머니의 고통은 끝나지 않을지 모른다. 어머니는 계속 응답할 수 없는 말을 하고, 응답하기를 바라지 않을지 모른다. 그래서 어머니의 고통 곁에 있는 재희의 고통도 끝나지 않을지 모른다. 그러나 재희는 이미 자신의 곁이 된 형제자매와 친구들과 함께 이미 새로운 이야기를 하고 있다. 재희가 "재밌는 이야기"라고 부르는 그 이야기들 말이다. 어머니와 이 이야기를 나눌 수 있게 된다면 더할 나위 없이 기쁜 일이겠지만, 그렇지 않더라도 그건 할 수 없는 일이다. 거기에 매몰되는 순간 재희 역시 나락으로 떨어질 것이며, 그 곁에 선 이들은 바로 그것을 막으려고 하기 때문이다.

선아는 스스로 자신의 고통에 함몰된 상태에서 나와 자기의 고통과 동행하게 되었다. 마음 수양에서부터 걷기에 이르기까지 새로운 것을 부단히 시도했다. 그 과정에서 자신의 곁에 서 있을 수 있게 되었다. 오늘도 뚝길을 걸으며 선아와 동행하고 있는 이들은 선아의 고통에 동행하는 것이 아니다. 고통과 동행하고 있는 선아와 동행하고 있다. 선아가 자기 고통의 곁에 서게 됨으로써 동행하는 이들과 이야기를 나눌 수 있고, 그 이야기를 통해 자신과 세계에 대해 새로운 것을 발견하고 그것을 재밌어할 수 있게 된 것이다.

———————— ◈ ————————

나는 오랫동안 인권 활동의 곁에 머물러왔다. 감히 인권 활동을 했다고 말하지는 못하겠다. 다만 책을 읽고 사람 이야기를 듣고 그 이야기의 의미를 잡으려고 하는 사람으로서 인권 활동의 변두리에 머물렀을 뿐이다.

이 변두리에서 인권운동을 하다가 지쳐 떨어져 나간 사람들을 많이 봤다. 여러 가지 이유가 있었지만 그중에는 타인의 고통, 그 곁에 머물다가 자신의 곁을 구축하지 못한 경우가 꽤 많았다. 고통에 몸부림치는 타인의 이야기를 듣다가 그 절망에 자신들도 함몰되는 것이다. 고통을 겪는 이와 동행하다가 자기가 붕괴해버리는 것이다.

인권 단체에 있다 보면 수도 없이 전화를 받게 된다. 고통의 당사자들이거나 당사자로 자처하는 이들에게 걸려온 것이다. 이들은 한도 끝도 없이 자기 이야기를 들어줄 것을 원한다. 한 시간이고 두 시간이고 듣다가 "선생님, 이제 그만하시지요"라고 하면 벼락같이 화를 낸다. "인권 단체라고 했으면서 이 이야기도 들어주지 못하냐?"고 말이다. 자기 이야기는 한두 시간이 아니라 몇 날 며칠을 하더라도 다 할 수 없을 만큼 많다고 말하는 경우도 꽤 있다. 이 과정에서 사람들은 지쳐 나가떨어진다.

고통과 동행하려는 이들이 몰랐던 것이 있다. 바로 고통은 동행을 모른다는 점이다. 고통과 동행하려다가 끝끝내 그 고통이 동행을 모르게 되어 자기가 망가지고 난 다음에야 이것을 알게 된다. 고통은 동행을 모른다는 것을 말이다. 고통은 동행을 모르기에 끝끝내 동행을 파괴한다. 그리고 그렇게 곁과 동행을 파괴한 다음에는 그래서 자기가 고통스럽다며 자신의 고통을 정당화하고 다시 다른 동행을 집어삼키려고 한다.

그렇기에 고통과 동행하려는 인권활동가들은 늘 자기가 파괴되는 위험을 감수해야 했고 실제로 많이 파괴되었다. 나는 이 현상을 오랫동안 목격하며 나의 위치와 의무에 관해 묻곤 했다. 고통과 동행하려는 이에게, 그 곁에 선 내가 해야 할 일은 무엇인가? 특히 말을 하고 글을 쓰는 것, 언어를 만드는 게 임무인 나 같은 인간, 소위 지식인이라고 하는 사람이 해야 하는 일이 무엇일까?

나는 그것이 그들과 함께 고통과 동행하는 것이 아니라 고통과 동행하는 그들에게 동행하는 것이라고 생각한다. 그들이 대면하고 있는 고통의 자리에 아직 새로운 것이 시작되지 않았더라도 새로운 이야기가 만들어질 수 있는 곁이 되는 것 말이다. 그들의 이야기를 듣고, 숙고하여 다른 이야기로 변위해 돌려주고, 그들이 거기에 다시 응답하여 새로운 이야기가 끊이지 않게 하는 것 말이다.

이 책은 이런 고민의 보잘것없는 결과다. 인권활동가들에게 이 책을 드린다.

고통은 나눌 수 있는가
고통과 함께함에 대한 성찰

ⓒ 엄기호

초판 1쇄 발행 | 2018년 12월 7일
초판 8쇄 발행 | 2023년 8월 1일

지은이 | 엄기호
펴낸이 | 임윤희
디자인 | 디자인 서랍
제작 | 제이오

펴낸곳 | 도서출판 나무연필
출판등록 | 제2014-000070호(2014년 8월 8일)
주소 | 08613 서울 금천구 시흥대로73길 67 금천엠타워 1301호
전화 | 070-4128-8187
팩스 | 0303-3445-8187
이메일 | woodpencilbooks@gmail.com
페이스북 · 인스타그램 | @woodpencilbooks

ISBN | 979-11-87890-12-6 03300

• 이 책의 국립중앙도서관 출판시도서목록(CIP)은 e-CIP 홈페이지(www.nl.go.kr/cip.php)와
  국가자료공동목록시스템(www.nl.go.kr/kolisnet)에서 이용하실 수 있습니다.
  (CIP 제어번호: CIP2018037606)

·
·
·

**고통은
나눌 수 있는가**